大国浮沉500年

经济和地理背后的世界史

温伯陵 著

图书在版编目(CIP)数据

大国浮沉500年:经济和地理背后的世界史 / 温伯陵著.
—上海:上海财经大学出版社,2024.6
ISBN 978-7-5642-4370-8/F·4370

Ⅰ.①大… Ⅱ.①温… Ⅲ.①世界史-通俗读物 Ⅳ.①K109

中国国家版本馆CIP数据核字(2024)第077220号

□ 责任编辑 刘 兵
□ 封面设计 贺加贝

大国浮沉500年

经济和地理背后的世界史

温伯陵 著

上海财经大学出版社出版发行
(上海市中山北一路369号 邮编200083)
网 址:http://www.sufep.com
电子邮箱:webmaster@sufep.com
全国新华书店经销
苏州市越洋印刷有限公司印刷装订
2024年6月第1版 2024年7月第3次印刷

787mm×1092mm 1/16 21.5印张(插页:3) 359千字
印数:10 001—15 000 定价:88.00元

目录 | Contents

第一部分　美洲篇

第二部分　欧洲篇

第三部分　亚洲篇

第四部分　非洲篇

第五部分　其他

第一部分

美洲篇

魔幻的美国开国往事

壹

18 世纪，北美大陆就像是一位正值妙龄的佳人，英国和法国则是迷恋佳人的凡夫，为了争夺佳人的芳心，他们不惜使出浑身解数。

那时法国以加拿大为起点，一路沿着五大湖、密西西比河南下，最终在落基山脉落脚，建立起包括“路易斯安那”在内的新法兰西殖民地。而且法国殖民者与印第安人结盟，不论皮毛贸易还是军事行动，都能共进退。

英国的殖民地，分布在大西洋的西海岸附近，地盘没有法国殖民地大，但胜在人口众多，将近 300 万人。

北美虽好，但容不下两个国家。英、法两国经过野蛮生长之后，殖民地的边境线逐渐接壤，想继续扩张，便要击败另一个国家，抢占对手经营多年的殖民地。基本就是殖民“内卷”化了。而英、法两国争锋的最前线，便是俄亥俄河谷。

1749 年，法国在俄亥俄河谷建立堡垒，作为继续前进的桥头堡，相当于大张旗鼓地向英国喊话：“你能把我怎样？”

面对如此嚣张的法国，英国不能忍，也派人到了俄亥俄河谷，言外之意便是：“我人多，就问你怕不怕？”

明白的人都知道，决战的日子已经不远了。英、法两国都没有退路，如果不能击败对手独占北美，那么作为失败者，必然要输掉一切。

战事一触即发。1754 年，英国的弗吉尼亚总督派出一队民兵，到俄亥俄河谷继续修建堡垒，并且驻扎在那里，试图阻挡法国向东扩张的脚步。

那些民兵的指挥官，名字叫作乔治·华盛顿——未来的美国开国总统。

不过，此时的华盛顿，年仅23岁，刚刚继承祖辈传下来的数千英亩土地、36名奴隶，以及兄长劳伦斯的民兵领袖职位，属于初出茅庐的精神小伙，根本没有统领一国军政的能力。

但是，华盛顿刚在俄亥俄河谷修建堡垒，便主动攻击法军，结果被法军包围，麾下民兵战死1/3，华盛顿觉得胜利无望，才走出包围圈，向法军投降。

华盛顿的行为直接激化了英、法在北美大陆的矛盾，长达9年的“英法北美战争”自此开始。

法国和印第安联盟，依仗强大的军事实力，暂时处于领先优势，英国殖民者溃不成军，纷纷向东撤退，避开法国的锋芒。但是英、法在北美大陆的战争，必然要牵扯到欧洲大陆的博弈，于是英、法之间合纵连横的博弈，激化了欧洲各国的固有矛盾。

1756年，英国和法国正式宣战，同时卷入战火的，还有英、法两国的小兄弟们。英国、普鲁士、葡萄牙是一拨，法国、奥地利、瑞典、西班牙和俄国是一拨，两大阵营在欧美大陆打得鸡飞狗跳，战火甚至燃烧至印度殖民地。这就是改变世界格局的“七年战争”。

从战争范围、惨烈程度和争夺世界霸权的目的来说，七年战争，基本是两次世界大战的预演。

战争过程就不说了，我们只要知道，英国用海军封锁海岸线，法国不能全力支援殖民地，导致法国战败。

1763年，法国割让加拿大殖民地给英国，路易斯安那送给西班牙、放弃印度殖民地，并且因为战争欠了一屁股债，成为“七年战争”最大的输家，从此失去争夺世界霸权的资格。

即便在欧洲，法国也沦为二流国家，到哪儿都抬不起头来。其他国家动不动就嘲笑法国：“哈，这不是不可一世的法国公鸡吗？”和鲁镇人民嘲笑孔乙己似的，欧洲充满了快活的空气。

另一个输家是西班牙，虽然得到法国的路易斯安那，却割让了佛罗里达给英国，甚至连直布罗陀海峡都被英国占了。

卧榻之侧有壮汉入睡，这不要完蛋了吗？因此，法国和西班牙特别不爽，想着地盘暂时让给英国,千万别让我等到机会,要不然非弄死你不可。

英国在北美、欧洲、印度都确立了霸权,逐渐走向世界霸主的宝座,那个“日不落帝国”已经初现端倪。但长年累月的战争,导致英国的国库空虚、债务沉重,只能算是惨胜。不过问题不大,失败者只能惨淡度日,成功者却有无数种方法薅羊毛,来弥补战争带来的损失。

英国望向大西洋彼岸的北美殖民地:“我为你付出多少心血,现在是你回报的时候了。”

贰

英国疼爱北美殖民地的手段,是征收赋税。

1764 年,也就是“七年战争”刚刚结束一年,英国政府便出台《糖税法》,降低糖浆进口关税的一半,变相剥削北美殖民地的出口利润。

第二年,英国政府颁布《印花税法》,对北美殖民地的印刷品征税,包括报纸、契约、遗嘱和执照等。换句话说,北美白人看报纸要缴税、签订合同要缴税、写遗嘱也要缴税,但凡用到印刷品的地方,都要交钱。

《印花税法》包含的种类之多、税源之大,远远超过北美白人的想象力。英国人则称这种税收是“拔最多的毛,听最少的鹅叫”。短短两年时间,英国的收入,相比战前翻了十倍以上。

英国政府有钱了,北美殖民地很不爽。因为北美殖民地虽然是英国地盘,但是长达一百多年的时间里,始终处于半独立状态,而且不用向英国缴税。英国甚至没有专门管理殖民地的政府部门。就连任命的殖民地官员,也因留恋伦敦的生活,不愿意赴任,干脆花钱雇人替自己做官。于是,北美殖民地的议会,逐渐掌握了征税、立法和任命官员的权力。

现在英国独占北美,非但没有给殖民地让利,竟然还要来夺权争利,一下就把北美殖民地的平民、商人、政府都给得罪了。

这是什么性质的问题?这是历史书上屡见不鲜的中央和地方之争、税收上交和截留之争,更是转移政府财政危机的博弈。凡是涉及自身利益的事情,从来没有轻松解决的,总要经过一番惨烈的斗争,才能决出胜负。所以英国政府的收税方案,激起北美殖民地的强烈反抗。

1763 年，宾夕法尼亚的白人攻入费城，要求免去殖民地的赋税。

1771 年，北卡罗来纳的 2 000 名农民，组成“调整者”武装抗税，直到被政府强势镇压才消停下来。北美殖民地已是遍地干柴，只要星星之火便可燎原，但英国政府不管，该收的税一分都不能少，该尽的义务一天都不能耽误。

1766 年，英国政府颁布《汤森税法》，规定英国出口到殖民地的油漆、纸张、茶叶等商品，都要征税。同时在美洲成立海关委员会，严厉打击走私活动。

新税法绕过殖民地政府，间接向北美人民收税，再次剥夺了北美殖民政府的收税权。严厉打击走私活动，剥夺官员和商人发财的机会。而税收加重了普通人民的负担，这能忍？所以北美殖民地为了躲避《汤森税法》，宁愿使用本土粗糙的产品，也要坚决抵制英国进口商品。

经过几年的博弈，英国政府发现，这么搞不行啊，税收不上来，连工业商品都卖不出去了。

1770 年，《汤森税法》废除了。但仅仅 3 年后，英国政府又出来搞事。1773 年，英国东印度公司要破产了，赶紧向英国政府哭诉：“我可是政府的白手套啊，看在钱的份上，拉兄弟一把。”

英国政府想了想，现在财政困难，需要东印度公司出海赚钱，这个忙得帮。焉能杀鸡取卵？于是英国颁布《茶税法》，允许东印度公司把囤积的茶叶，免关税出口到殖民地，而殖民地商人想做茶叶中间商，必须缴税。

免税能降低成本，东印度公司可以低价卖茶。中间商因为要缴税便提高成本，茶叶卖得自然就贵。通过英国给的《茶税法》特权，东印度公司迅速垄断殖民地的茶叶贸易，在肉眼可见的未来，必将成为下金蛋的母鸡、英国的生财利器。

以往的历史书里，说《茶税法》损害殖民地的利益，激起广大群众的强烈愤慨，所以才有示威者化装成印第安人，登上茶船，把茶叶倒进海里，上演了振奋人心的“波士顿倾茶事件”。

其实不是这样的。我们可以想想嘛，茶叶降价，对于平民来说是利好消息啊，怎么可能反对呢？比如某房产公司的楼盘突然降价到 1 000 元/平方米，你会觉得生气吗？显然不会，你肯定掏出积蓄，一口气买上 10 套房。

那么生气的是谁？只能是那些成本昂贵、不愿意降价的房产商嘛，毕竟降价以后，他们就亏钱没得赚了。所以在“波士顿倾茶”事件中，最生气的是茶叶中间商，以及北美殖民地的其他大商人，因为他们担心有了先例，以后各行各业都要遇到特权倾销。他们通过各种渠道，制造出英国政府很坏的舆论，鼓动平民起来反抗英国政府。这才是问题的本质。

于是平民为了少缴税、商人为了保护自身利益、政府为了夺回自治权力，终于结成统一战线，于 1774 年 9 月在费城召开第一届大陆会议，走出独立的第一步。

中央想剥削地方，结果地方不跟你玩了。

1775 年 4 月，莱克星顿的一声枪响，给殖民地送来独立自由，也送来了美利坚合众国。

莱克星顿战役

（图片来源于美国国会图书馆。）

叁

1775 年春天，大陆会议决定成立大陆军，作为反抗英国的主力部队，同时任命 44 岁的乔治·华盛顿为总司令。

华盛顿能做总司令，主要有三个原因。

首先，华盛顿有“丰富”的军事经验。虽然他在俄亥俄河谷的战斗中惨败，随后几年跟随英军作战也以失败为主。但不管怎么说，华盛顿参加过战争了。与其他不懂军事的矮子相比，华盛顿已经是小巨人了。

其次，华盛顿是弗吉尼亚人。这地方是传统的南部地区，大陆会议的大佬们觉得，美国的核心是新英格兰地区，那么必须选南部地区的人做大陆军的总司令。毕竟用人不能搞小圈圈，要五湖四海嘛。

最后，华盛顿是大资本家圈子里的人。原本华盛顿就继承了父兄的庄园、田产和奴隶，28 岁时又娶了豪门寡妇，夫妻共同拥有 10 万英亩土地、300 余名奴隶。

10 万英亩土地啊，这是妥妥的弗吉尼亚大种植园主啊，和其他商人、资本家，属于同气连枝的阶级战友。于是，天时地利人和，大陆军总司令的职位非华盛顿莫属。他们组建 1.9 万人的部队，准备和英国开干。

理想是丰满的，但现实是残酷的。当时的美国只有 300 万人口，经济落后，产业原始，甚至没有稳定强势的政府，连维持战争的税收物资都收不起来。而英国有 900 万人口，国内正在进行工业革命，更有一支雄霸世界的海军，可以源源不断地发动平叛战争。

英国完全可以傲娇地说，900 万对 300 万，有海军对没海军，工业国对农业国，优势在我。

事实上，英国的战争能力确实很强。1776 年 7 月，《独立宣言》发表一个月后，英国便派出 400 艘军舰、3.2 万名士兵越过大西洋，兵临纽约城下。每艘军舰都有 64 门射程 2 公里的重炮，单论武器火力，就超过纽约守军火力总和的数倍。

开战的第一天，英军一小时发射 2 500 枚炮弹，彻底摧毁了大陆军经营数月的防线。随后英军登陆，攻陷纽约，总司令华盛顿指挥撤退的时候，只剩下 2 000 人，几乎全军覆没。

第二年夏天，英军攻陷美国首都费城，华盛顿一路撤一路败，最终带着重新招募的 1.2 万残兵败将，退到宾夕法尼亚的福吉谷。

大陆军的日子非常惨淡。华盛顿都说："士兵们衣不裹体，睡觉时没有毯子盖在身上，光着脚的士兵们行进在雪地上，脚上流出的鲜血染红了白雪，什么像样的东西都没有。"而且 1777 年的冬天，福吉谷的军营出现天花疫情流行，美军死伤无数，几乎丧失了全部战斗力。

如果没有意外的话，美国独立战争，也就到此为止了。但我们都知道，美军没有失败，反而在几年后击败英军，真正建立起美利坚合众国，直到成为世界第一强国。

那问题出在哪里呢，或者说谁帮了美国？答案就是——法国。

自从“七年战争”之后，法国像吃了死苍蝇一样难受，每天琢磨着如何复仇。美国“独立战争”爆发的时候，法国感觉机会来了。所以在“独立战争”初期，法国便开始大规模援助美国。

美国政府没钱？法王路易十六拨出 100 万利弗尔的私房钱，给美国使用。

1778 年《美法同盟条约》签订以后，法国加大援助力度，累计向美国提供无偿援助 1 050 万利弗尔，贷款 3 500 万利弗尔，折合 800 万美元。

法国甚至利用盟友关系，动员西班牙无偿援助美国 65 万美元、荷兰借给美国 200 万美元。对于初创的美国来说，这笔钱是天文数字，不仅支撑美国打完独立战争，还顺利度过了一场经济危机。

美军没有物资？好说。法国作家博马舍成立一家空头公司，专门向美国走私物资。1776 年初，这家空头公司就给美国送去 2 万套军装、3 万支枪、100 吨火药、3 000 门大炮。要知道，那时候的美军不足 2 万人，法国援助的枪比美军的人都要多。

据统计，“独立战争”的前 2 年时间，美军 90％的火药，都是法国提供的。

美军战力不行？没问题。1777 年夏天，普鲁士军官奥古斯丁·冯·斯图本到巴黎求职，法国军官克洛德·路易斯便给华盛顿写推荐信，说斯图本在普鲁士参谋部工作过，个人能力非常强，现在推荐给你。

斯图本带着推荐信，从马赛港启程，1778 年 2 月追到福吉谷面见华盛顿，用普鲁士军队的条例教程，给华盛顿训练军队。他挑选 100 人作为标兵，进行专项训练，等这些标兵合格之后，再分配到连队传帮带，争取达到“人传人”的效果。此外，斯图本还教给美军复杂的战术动作、射击要领、刺刀格斗技术等。不到一年时间，乌合之众组成的美军，竟然拥有了打正规战的能力。

可能感觉美国的基础条件太差，援助再多也未必能打赢英军，法国甚至亲自派出海陆军，到大西洋彼岸和美军并肩作战。

1778 年《美法同盟条约》签订以后，法国用 6 艘护卫舰、12 艘装备 74 门大炮的大战舰组成援美舰队，浩浩荡荡地开赴美国。

英国海军不想和法军作战，赶紧溜到纽约去了，于是法国海军兵不血刃，便给美国收复了费城。

1780 年，法国将领罗尚博率领 7 500 名远征军到美国，和华盛顿的大陆军会师，手把手带着华盛顿打仗。

这是为了复仇不惜一切代价啊。因为英国在“七年战争”中赚得太狠，招人恨，所以现在美国带头反抗英国，欧洲其他国家也特别愿意，利用美国围堵英国。

1779年，西班牙向英国宣战。

1780年，荷兰向英国宣战。

同样是1780年，俄国、丹麦、瑞典、荷兰、普鲁士、奥地利、葡萄牙建立中立国同盟，表面上说要在交战国之间自由航行，其实就是给美国送物资输血的。

可以说在法国的带动下，几乎所有欧洲国家都成了英国的敌国。任你工业基础再好、海军再牛，还能扛得住欧洲国家一起“放血”？

所以美国独立战争，根本不是“自由精神”激发美国人的热血，一鼓作气掀翻英国的殖民统治，而是欧洲国家利用美国独立的机会，一拥而上群殴英国，让美国白捡了一个政权。

时间进入1781年，战争终于要结束了。

法国海军上将德·格拉斯率28艘战舰抵达弗吉尼亚，在切萨皮克湾击败英国海军，完全控制这一带的海面。至于陆地上，则是华盛顿和罗尚博率领2万美法联军，包围约克敦的7 200名英军，英军走投无路，勉强抵抗3天便出城投降。

美国独立战争基本结束。

肆

战争刚结束，美国就暴露出“翻脸不认人”的本色。

因为约克敦大捷之后，法国觉得“盘古开天我递斧、女娲造人我和泥、美国独立我帮忙”，现在胜利了，也到收获惊喜的时候了。

什么是惊喜？惊喜就是——北美的大片土地。但美国只想躺赢，并不想付出任何代价，而英国给了美国躺赢的机会。

此时的英军仍然控制纽约、底特律等大城市，以及大片海面，华盛顿领导的美军，根本不可能凭实力收回来。于是英国想了一个利益置换的办法：“既然欧洲国家在围堵英国，那平叛战争肯定是打不赢了，不如趁英军还有些实力的时候，承认美国的独立地位，并且把占领的城市都送给美国。”

“到那个时候，不仅能得到美国的芳心，还能拆散美法同盟，岂不美哉？”毕竟，美国是“自家外甥”嘛。

美国考虑一番，认定英国提出的方案是最优解，便一脚踹掉法国，于 1782 年 11 月 30 日单独和英国草签和平条约（即《巴黎条约》，于 1783 年 9 月 3 日正式签署），得到 13 个州的美国最初国土。

历史学家经常评论说，这项条约在很大程度上是对美国的慷慨。当时就有人说：“英国人购买和平而不是制造和平。”不管怎么说吧，英国从“七年战争”到“独立战争”，白折腾了 30 年时间，除了加拿大，什么都没捞着。而法国费尽心血支援美国，只得到一个破产的国库，以及财政破产造成的法国大革命。唯一的赢家是美国，还有美国的那群抗税资本家。

伍

最后说说美国的开国元勋们，到底建立了一个什么国家吧，有三个关键词——不平等、防止暴民政治、债务。

《独立宣言》最吸引人的一句话是“人人生而平等”，号召美国人民用个人能力，得到相应的社会地位，而不是和欧洲一样，血统决定一切。

美国的开国元勋们，根据“人人平等”的理念，确定了“以小产权者为基础”的治国精神。换句话说，大资产阶级不能代表美国，自耕农和小商人，才是国家的心头好。但事实证明，“人人平等”也只是一句空话而已。

美国的黑人没有任何公民权，女性没有投票权和受教育权，印第安人甚至没有生存权，只有白人男性小产权者，才是所谓的美国公民。

那些开国元勋们平均年龄 44 岁，大部分是美国大资产阶级，不管他们嘴上说得多么好听，都不可能与小产权者甚至无产者谈“人人平等”。他们都是为了大资产阶级的利益，才起来反抗英国的，现在战争胜利了，当然要维护自己的利益，凭什么和其他人平等。比如华盛顿，经常说自己不支持奴隶制，但他到死都保留着 300 多名奴隶。

阶级的不平等，让开国元勋们创建了独特的美国制度。

前些年有人经常吹嘘美国的制度，比如政府内部是行政、立法、司法互相制衡，国会的参众两院互相制衡，联邦法院和政府国会互相制衡等。这些制衡方案，确实能防止美国出现一言堂。但这种政体的另一面，却是在制衡人民的民主。因为只有众议院的议员，是有资产的白人男性选举产生，其他的参议院、总统、部长、法官等职位，产生方式都和人民没有关系。

这样一来，政府和人民之间便隔了一层，可以有效防止民主泛滥，也就是太民主引起的暴民政治。

那些“公知”以为美国是“民主自由”立国，不管谁都能无限民主自由，其实美国的政治制度，防的就是人民太民主自由。美国民主自由的范围，仅限于大资产阶级内部，人民的民主自由，只是立国的附属品而已。人家真不是为了人民的民主自由，才抛头颅洒热血建的国。

而以大资产阶级为核心的国家，必须互相结成利益共同体，才能拥有稳定且长久的政府，那么就需要一种中介物。

财政部长汉密尔顿，想到的中介物就是债务。

“独立战争”期间，国会发行了一批债券，卖给富人来筹集资金。后来汉密尔顿发行了一种“定期支付的有息债券”，号召购买旧债券的富人们都来兑换。这种赚钱的好事，当然是人人想做。于是购买旧债券的富人都来兑换新债券，没买旧债券的人，也想办法买新债券，他们都指望有一笔固定收入。但是根据汉密尔顿的计划，根本没打算一次性还清债务，而是用新债务偿还旧债务，形成持续滚动的庞大国家债务。

美国富人准备买债券吃利息，可他们没想到，借钱的才是大爷。

于是美国政府用“望梅止渴”的债务，绑架了美国的富人群体，从此以后，国家和富人便结成了永久性的利益共同体。

此后200多年，美国的债务向下延伸到普通人民，向外延伸到世界各国，用28万亿美元的债务，绑架了全世界。但这种规模的债务，早已脱离了汉密尔顿的原计划，从美国的维稳利器，变成一颗葬送美国的定时炸弹。等什么时候美国财政不能维持庞大债务了，这颗定时炸弹就该爆炸了。

所以说，那些开国元勋们给美国定下的“初心”，就有问题，不管将来发生什么，他们都要承担一定程度的责任。

林肯解放黑奴

壹

1832 年 4 月，印第安人的英雄“黑鹰”带领 1 000 多人，返回被美国占领的伊利诺伊州部落领地。美国政府随即出兵，要剿灭“入侵”国土的印第安匪帮。

战争进行了 2 年，美国军队屠杀了大量印第安人。黑鹰为了避免部落人口继续死亡，无奈之下，签署条约结束战争。

在这场不知名的战争中，美国军队却有两个日后非常知名的人物，其中一个是亚伯拉罕·林肯，美利坚合众国总统。另一个是杰弗逊·戴维斯，美利坚联盟国总统。

世事如棋局。林肯和戴维斯参加“黑鹰战争”的时候，肯定想不到短短 30 年后，美国会分裂成两瓣，爆发长达 4 年、死亡 62 万人的南北战争。他们两个，就是南北战争的主打人。

贰

由于美国史书的美化描写，全世界都相信，美国的南北战争是为了解放黑奴。但世界上没有无缘无故的爱，也没有无缘无故的恨。如果美国发动战争真的是为了解放黑奴，那现在的美国黑人怎么可能还处于美国社会的底层呢？

事实上，“解放黑奴”只是南北战争的附属品，能解放最好，不能解放也无所谓。

《首次宣读解放奴隶宣言》

［弗朗西斯·卡朋特(Francis Carpenter)绘制，图片来源于美国国会图书馆。］

不是美利坚合众国忘记了初心，人家压根儿就没有初心。既然南北战争的目的不是解放黑奴，那为什么爆发呢？主要原因有两个。

第一个原因是南北方的路线之争。自从美国独立以来，北方革命区，便逐渐走上工业强国之路。

1790 年，塞缪尔·斯莱特用从英国学到的知识，在美国东北部的罗德岛建立了第一家现代纺纱厂。

1793 年，马萨诸塞的伊莱·惠特尼发明轧棉机，极大提高了生产效率，操作机器的人用几小时就能完成几十人全天的工作量。

在新技术和新市场的带动下，美国纺织业迅猛发展，1815 年的总纱锭数已经达到 13 万锭，相比几年前增长 15 倍。纺织业可以带动交通、通讯，资本流动可以带动零售、金融和传媒。在工业的加持下，北方越来越强。到了 1860 年，美国共有 1.8 万英里铁路、5 万英里的电报线路，但大部分铁路线和电报线，都集中在北方革命区。

制造业就更不用说了，全国有 14 万家工厂、131 万制造工人，其中 7.4 万家工厂、94 万工人都在北方，制造了全国 70%的工业产品。就连影响全国的报纸都是北方发行的，和它们相比，南方报纸更像是地摊读物。不论数量还是质量，北方工业都有绝对优势。

而南方因为气候和历史惯性，还保留着原汁原味的农业生态。那些白人奴隶主高价购买黑奴，让他们在种植园里种棉花，然后出口到欧洲赚钱。

同样是 1860 年，南方能生产 500 万包棉花，出口创汇 2 亿美元，占全国出口量的 2/3。

在这样的农业经济生态里，南方的白人奴隶主们，出口棉花赚到钱以后，又用利润购买奴隶和土地，基本没有多余的资本去投资工业，甚至连日常消费也抠抠搜搜的，完全没有融入市场经济。那 400 万黑奴更不用说，几乎没有任何消费能力。换句话说，南方的土地和奴隶，锁死了资本，既不符合国家工业化的进程，也阻碍了全国大市场的形成。所以战前的美国南方，基本是以大奴隶主为中心的小农社会。工业和农业，也把美国彻底撕裂成两个国家。

那么问题就来了：和英国相比，美国北方的工业非常弱小，想发展壮大就要避免英国的商品倾销，唯一可行的方案便是提高关税，把英国商品堵在门外，让美国人购买国货。而南方的农业经济，出口到欧洲才能赚大钱，并且购买欧洲物美价廉的工业品，于是南方奴隶主的诉求便是降低关税，最好是零关税自由贸易，让美国和英国的商品自由流通。所以关税问题，便是爆发南北战争的第二个原因。

事实上，美国的关税问题是老毛病了，自从立国以来就没停过。

早年间汉密尔顿发表《关于制造业的报告》，要求美国实行高关税保护制造业，但是杰弗逊等人主张农业立国，要把美国打造成以自耕农为主的小农国家，便把汉密尔顿的报告给否决了。

1828 年，北方纺织工业集团经过串联，促使政府通过一部高关税法案，却被南方奴隶主称之为“厌恶关税法”，不停在国会串联，要求把关税降到 20%。

1837 年，美国爆发经济危机，辉格党人大幅度提高关税，等经济危机结束，南方奴隶主和民主党人又大幅度降低关税。

总而言之，北方工业和南方农业的路线之争，引起的国家关税之争，始终像幽灵一样困扰着美国政府。美国到底走向哪里，就是涉及两个利益集团、千万人兴衰荣辱的博弈了。想退缩是不可能的，只有彻底击败另一方，把自己的政治经济模式在美国全面铺开才能活下去。

那南北方的政治经济博弈，总要有个理由或者焦点吧，对，他们推到前面的靶子就是奴隶制。有没有蓄养黑奴，成为工业和农业、先进和反动的标志。

这才是南北战争的大背景，也是所谓解放黑奴的来源。要不然北方工业资本家怎么会出人出钱跑去解放黑奴。

叁

1860年，创建没几年的共和党，通过一份全新的政治纲领，内容包括提高关税、授予农民宅地、用联邦资金修建太平洋铁路等。

看看这几项纲领，明显是有利于北方工业资本家的。而就在通过政治纲领的同时，共和党提名亚伯拉罕·林肯做总统候选人，要他代表共和党上台执政，维护北方工业资本家的利益。

大家注意，共和党推举林肯上台的首要任务，是维护北方工业资本家的利益，而不是彻底废除奴隶制度。

虽然林肯以批判奴隶制闻名，但他自己都说："说我是一个废奴主义者，但我做的却仅仅是反对扩张奴隶制而已，我不企图直接或间接干涉蓄奴州的惯例，我没有这样做的合法权力，我也不倾向这样去做。"换句话说，蓄奴州和自由州，可以在维护美国统一的前提下，按照历史惯性延续下去，我们不强迫你们废奴，你们也不要向北方扩张，怎么样，公平吧？

南方蓄奴州的奴隶主们说："你们北方工业资本主导美国政权，肯定要提高关税，那我们怎么赚钱？"于是1860年的美国大选，成为最激烈的一次选举。

各政党推出4位总统候选人，但没有任何一个候选人能让全国满意，即便林肯赢得大选，也只得到40％的选票。这个结果，说明美国彻底分裂了，南北方的矛盾彻底激化了。

随后林肯当选美国第16任总统，南方奴隶主们发现，他们在南北方博弈中处于下风，在美国政府内也彻底失去利益代言人。

那还玩什么啊，赶紧分行李各回各家吧。1860年12月，南卡罗来纳州宣布脱离联邦，紧接着是密西西比州、佛罗里达州、亚拉巴马州、佐治亚州、路易斯安那州、得克萨斯州。再过几个月，弗吉尼亚州、阿肯色州、北卡罗来纳州和田纳西州也脱离联邦。

林肯还没有上任呢，美国便失去一半领土，他们在亚拉巴马州开会，宣布成立美利坚联盟国，并且选举林肯曾经的战友——杰弗逊·戴维斯做总统。

按照以往的说法是，林肯当选才激化了矛盾，导致美国南北分裂。其实美国分裂的“雷”，在立国初期的路线之争时便埋下了，经过80余年的发展，这颗雷迟早要爆炸，无非是看哪个总统赶上了。林肯是在雷爆炸前当选总统的，不是他当选总统引爆了雷。

不管怎么说吧，南北战争是爆发了。

战争过程其实没什么值得说的，北方人口是南方的2倍，有错综复杂的铁路线和电报线，有完整的工业体系，能制造全部战略物资，战争潜力非常大。

而南方是典型的农业国，除了棉花什么都没有，几乎没什么战争潜力。想向欧洲出口棉花换物资，还被北方海军封锁海岸线，导致“片棉不能入海”，指望欧洲的老客户英、法外交援助吧，英、法也不敢承认南方是独立国家。

毕竟是蓄养黑奴的反动派，英、法哪敢冒天下之大不韪，和奴隶国家建交呢。那不是打自己的脸嘛。于是北方经过短暂的调整之后，迅速完成动员，把工业国家打造成战争机器。

比如筹集战争资金。联邦政府开始征收10%的个人所得税，同时向个人和工业资本集团出售债券，共筹集到26亿美元的巨款。南方因为没有建立税收和银行体系，只能滥发15亿纸币，结果造成恶性通货膨胀，物价上涨90倍。战争结束的时候，仓库里只有100万美元的硬币，空得能跑老鼠。

比如征收兵员。联邦政府通过《征兵法》，把所有成年男性都纳入征兵范围，并且吸引到大量黑人参军，基本解决了用兵荒的问题。而且为了追求种族解放，一个马萨诸塞的黑人团全部战死，都没有临阵脱逃。而南方规定奴隶数量超过20人，可以免除一个白人服兵役，结果普通白人伤心了，感觉是“为富人战斗”，根本没什么战斗意志。

至于黑人，谁会自愿给奴隶主战斗啊。所以，只要联邦政府和南方耗下去，迟早能打赢，毕竟工业国对农业国是降维打击。

其实对于美国联邦政府来说，真正的胜利是没有奴隶主集团干扰之后，通过了一系列法案，让美国真正走上工业强国的道路。

比如 1862 年正式通过的《宅地法》，给每个定居西部的人分 160 英亩土地，1863 年通过《国家银行法》，建成新的银行体系。1864 年通过新的关税法，所有外国进口商品必须缴纳 49％的关税，极大保护了美国民族工业。

大炮一响，黄金万两。北方为了支援战争，各家工厂全力生产物资，结果战争期间煤炭和钢铁产量大幅度增加，再加上白人小伙去参战了，农场劳动力减少，逼迫农场主搞起了农业机械化。最绝的是，随着南北战争的推进，联邦政府给战争定性为“解放奴隶”，让自己站在道德的制高点，并且在 1865 年通过“宪法第十三修正案”，正式取缔奴隶制度。

是的，“解放奴隶”是美国后来才追加的道德高帽。

所以说呢，国家的每一点进步，都是在炮火中完成的。到了 1865 年，在美国政府“歼灭有生力量”和“摧毁战争物资”的战略下，南方军队走向穷途末路。死亡 62 万人的美国南北战争至此结束。持续数十年的路线之争、关税之争，也以北方工业资本家的胜利落下帷幕。

肆

美国南北战争结束了，但奇怪得很，胜利者不是真正的胜利者，失败者也不是真正的失败者。因为作为路线之争的失败者，南方白人奴隶主，原本应该受到彻底清算，包括财产、政治地位、意识形态等。然而，在《解放黑人奴隶宣言》中，失去奴隶和财产的都是些小奴隶主，相当于南方的中产阶级。

那些拥有大量土地和奴隶的大奴隶主，战争期间都跑出去避战了，到 1865 年底返回家乡以后，发现房产土地都被占了，他们向美国政府申诉，要求返还自己的财产。

美国政府竟然同意了。为什么呢？因为林肯在战争结束之际遇刺身亡，副总统安德鲁·约翰逊继任总统，此人是民主党人，出身于北卡罗来纳州，是典型的蓄奴州成员。这种人做总统，必然是南方奴隶主利益集团的代言人，在战后清算的过程中高抬贵手，变相保护了南方大奴隶主的利益。

为什么说成功者没有真正成功，失败者没有真正失败？那些战士们在前线浴血拼杀的成果，到头来成为高层利益置换的筹码。而没有乘胜追穷寇的结果，便是南方奴隶主集团迅速回血，势力和战前不相上下。

经济基础决定上层建筑，此后美国换了几任总统，经过多次博弈，也没能彻底政治清算南方奴隶主集团。美国政府连政治清算都做不到，也就不可能打倒由此衍生出来的政治话语权。

于是在南方复辟奴隶主的号召下，大部分南方白人，根本不认为内战是错误的，他们反而称之为“失败的伟业。”

所以，美国南方白人在战场上是失败了，战后却成了“还乡团”。他们在南方各地修建英雄纪念碑，给保护奴隶制的“英雄”招魂，并且把李将军和戴维斯捧上神坛，塑造成悲情英雄，享受民间的香火供奉。

各种文艺作品，也开始对南方的战争、奴隶主进行美化，比如南方的种植园非常安逸，没有欺诈、奴隶们工作很开心、奴隶主都是修桥补路的善人、参战的都是国家英雄等。甚至有些白人扮演成黑人乐队，到处演奏，表达对旧南方奴隶制的怀念。这是杀人诛心了。

现在南方奴隶主集团依然活着，并且长期坚持给自己洗白，可以说，南北战争并没有改写历史，是奴隶主集团改写了历史。而在他们改写历史的时候，北方工业资本家带着资金和技术，南下办厂，陆续建立起烟草加工、伐木、纺织、钢铁、铁路等一系列工业，让南方也加入工业化的进程。

1877 年，驻军完全撤离南方，那些“还乡团”们再也没有限制。

当年的大奴隶主，与战后到南方办厂的工业资本家、金融商和律师一起，组成一个全新的寡头统治阶层，重新统治了南方的政经领域。

伍

既然南方的奴隶主集团没有受到清算，那么 400 万黑人奴隶的命运，也可想而知了。

在《解放黑人奴隶宣言》的号召下，黑人确实“解放”了，但黑人没有土地和财产，离开种植园后，没有地方可去，更没有生存技能。没过多久，黑人便因生活窘迫，重新回到种植园，以佃农的身份重操旧业，和以前的唯一区别是人身自由了。

可是，真的自由了吗？我们前文说了，奴隶主失去的只是明面权力，只要他们有经济基础和政治地位，就能对黑人行使另一种隐性权力。

比如黑人想到种植园租田，他们可以不租给黑人啊，要想租也可以，你得签一份非常苛刻的卖身协议。吃饭还是卖身，你自己选。如果黑人说，我不租田了，去工厂找工作可以吧？那也不行。因为工业资本家和奴隶主们沆瀣一气，根本不把黑人当人。他们明确规定，纺织制造行业不招黑人，炼铁伐木等低端粗糙的行业，倒是招收黑人，但只让黑人做最苦、最累、最没有技术含量的活儿。所以黑人在战后除了自由以外，什么都没得到。

当然，战争刚结束的时候，黑人确实得到了投票权，陆续选举出20多名议员，也得到了受教育权，保证40%的黑人儿童能够入学。但随着旧势力的复辟，南方各州推出高难度的阅读理解，以及祖父条款。

阅读理解很好理解，黑人文化程度不高，白人便出一套高难度测试题目，如果黑人不能通过，OK，你没有理解宪法的能力，不配选举。祖父条款则是，即便文化和财产不达标，可只要祖父在战前有投票权，那么此人在战后可以继承投票权。

黑人的祖父都是奴隶，战前哪有什么投票权。这两项条款，变相剥夺了大部分黑人的投票权。

至于受教育权，在不断进行的种族隔离中，优质教育资源根本不会进入黑人学校，黑人小孩的受教育权，聊胜于无吧。

美国黑人作为一个种族，刚跳出一个火坑，又掉入另一个火坑，到现在也没走出来。直到现在，很多人都认为，黑人不可能通过奋斗翻身。我不认同这种说法。

不同种族的地位和文明，之所以天差地别，主要是社会环境、文明传承、受教育程度、政治地位、经济基础等因素决定的。

全世界很多黑人学者、科学家、政治家、文艺明星，都证明了黑人在合适的环境下，是可以做出一番成就的。只不过美国黑人这个整体，从来没有得到合适的环境，也就没有证明自己的机会。

美国总统林肯以“废奴”闻名，其实呢，林肯只是保护了美国北方工业资本家的利益，顺便废掉了奴隶制度，但黑人只得到贫穷的自由，变成没有主人的奴隶。仅此而已。

大萧条30年:历史又回到原点

壹

美国第28任总统威尔逊是有理想的人。

1856年,威尔逊生于弗吉尼亚州的牧师家庭,具有浓重的苏格兰血统。

3年后袁世凯出生于河南项城,10年后孙中山出生于广东香山,在“车马邮件都很慢”的年月,他们属于同一代人。

袁世凯和孙中山为事业奋斗的时候,威尔逊倒生活得很自在,每天泡在图书馆读书,31岁获得博士学位。

1890年,威尔逊被聘为普林斯顿大学教授,12年后出版了五卷本《美国人民史》,成为美国著名学者。校董一看,威尔逊年轻有为,蛮厉害的,要不来做校长吧!于是,威尔逊就成了普林斯顿大学校长。

那年,慈禧太后回銮京城,下定决心搞洋务,袁世凯出任直隶总督兼北洋大臣,孙中山谋划武装起义。威尔逊在象牙塔里岁月静好,不是他喜欢“喝鸡汤”,而是生活在昂扬向上的国家。

“南北战争”解决了内部矛盾以后,美国迎来第二次工业革命。短短50年间,美国迅速发展。1894年,美国工业生产总值已经世界第一,第一次世界大战(下文简称“一战”)前夕的工业生产总值比英、法、德、日的总和还要多。

威尔逊成长的年代,每天都能听到好消息,美国的经济总量每年都在狂飙突进,他没有理由不岁月静好,更不希望任何事情打断美国的上升期。

当时的美国信奉自由主义，反对政府对商业行为的干预，也就是说，商业是市场化的选择，政府极少干预。完全自由主义的结果，只能是强者越强弱者越弱，资本逐渐控制了绝大多数资源，穷困百姓吃点残羹剩菜。

1900年左右，美国1%的公司生产了44%的产品，73家托拉斯垄断了各自行业的50%以上资产。其中最牛的是洛克菲勒和摩根。洛克菲勒旗下的标准石油，垄断了美国石油产量的90%，如果得罪了洛克菲勒，一滴油都别想买到。摩根家族控制了美国60%的铁路、66%的钢产量，这才是真正的富可敌国。

总统和政府在资本家面前显得相对弱势。凡是国家的事情，只要洛克菲勒和摩根摇头，那大家都会跟着摇头，总统也没有办法。

世界资源是有限的，有人占有的多，其他人必然拥有的少，这就是残酷的二八定律。洛克菲勒和摩根等1%的人站在金字塔顶尖，手握55%的财富时，剩余的家庭几乎没有任何财富，只能活一天算一算。

我们站在上帝视角可以看清楚，“一战”前美国面临很严重的危机，稍有不慎就有国家崩溃的危险。但是美国除了偶尔爆发小型经济危机，社会局面特别安稳，因为经济的增长速度足以掩盖社会矛盾。更重要的是，资本家的武装可以打死工人，而政府却没有办法维护弱势群体。

何况，总统也是傀儡。资本家代理人组成的国会才是权力中心。摩根财团先后扶持了5位总统，操纵总统提出有利于资本的法案，然后越来越滋润，越滋润越强大，形成一种操纵循环。甚至有60%的参议员，是不同财团的代理人。他们嘴上说着主义，心里装的全是生意。

这就是最初的美国。

威尔逊在弱肉强食的美国做学者，心中的理想显然不是劫富济贫，而是和美国一起走向世界。

贰

1913年，威尔逊出任美国第28任总统。

1914年7月28日，奥匈帝国以萨拉热窝事件为借口，向塞尔维亚宣战，第一次世界大战爆发。随着战争规模越来越大，欧洲国家不得不把劳动力武装成军队，陆续派上战场厮杀。

于是,欧洲经济出现问题。劳动青年成为脱产军人,那么谁来种田做工?在战争危机之中,各国没有工夫考虑经济问题,先把敌人干掉再说。不想不代表不存在,欧洲的农业歉收和工厂减产,已经成为定局。

大家看着账本上的收入越来越少,而前线的开销越来越大时,不禁把目光转向大西洋彼岸工业齐全的美国。美国感受到欧洲的热烈目光,立刻摇摇手:“你们该打就打,我中立,不过生意可以照常做。来,这是订单,接着。”

整个“一战”期间,美国成为欧洲协约国,奶牛、贷款、军火、粮食、石油等物资跨越大西洋向欧洲运去。

短短几年时间,美国年度对外贸易额从4.3亿美元迅速膨胀到35.6亿美元。

协约国有了美国的资助,在战场上有如神助,德国很快扛不住了:“别只卖给他们啊,留点卖给我呗。”

虽然德裔美国人希望帮帮德国,但更多的美国人来自英、法,让他们帮日耳曼人,疯了吧?

德国没有后援补给,日子越来越惨,怒了。1917年,德国宣布启用“无限制潜艇战”,只要发现英国附近的货船一律击沉,根本不管哪里来的。对,德国就是要切断英美之间的贸易,让英国成为一座孤岛,早点结束战争。

美国越来越多的人死去,新闻成天报道前线军情,大家的心理承受到达极限,威尔逊下令武装商船,对德国宣战。

那时候的美国军队很弱。正规军只有13万人,士兵训练差,武器老旧,一眼看上去根本没什么战斗力。但美国的动员能力极其强大,仅仅1个月就有1 000万人报名从军。

威尔逊提名潘兴为远征军总司令,陆续调遣200万美军抵达欧洲,迅速结束战争。

“德国朋友,觉得美国是有钱的傻大个是吧,告诉你,工业时代的生产力就是战斗力。”

美国在“一战”中既赚钱又捞名,威尔逊感觉理想可以照进现实了。

1918年,巴黎和会召开。他提出《十四点和平原则》:公开缔结和平条约、消除经济壁垒建立平等贸易、平等对待殖民地、各民族自治、成立国际联盟……

美国第一次尝试建立新的世界秩序。

这就是威尔逊的理想。他想利用美国在“一战”的卓越表现，参与到重建世界秩序的牌桌上，最好是欧洲国家感恩图报，认美国当大哥。

但欧洲国家拼命打仗好几年，不就是为了抢钱抢粮吗，听威尔逊的纸上谈兵，他们赚什么？

“阿逊，大家都挺忙的，你让让。”

威尔逊无奈走开，5年后含恨去世。不过，赚大钱的美国越来越繁荣了。1913年，美国的GDP只有390亿美元，1918年已经达到771亿美元，5年时间翻番。

战前美国欠欧洲60亿美元，战后欧洲欠美国94亿美元，从债务国成为最大债权国。

美国在战前的黄金储备只有19.24亿美元，战后增长到44.99亿美元，占世界黄金储备的一半。假如身处其中，恐怕没有人会悲观。

美国即将开始“咆哮的20年代”。

20世纪初，工程师泰勒研究机械和工人操作，创造出一套“标准操作方法”的理论，可以最大限度节约人力，增加生产效率。

在“泰勒制”的管理下，每一道生产工序都有严格标准，每一个劳动者都有标准动作，车间犹如军队一样整齐划一。当时的报道说：“在实行泰勒制的工厂里，找不出一个多余的工人，每个工人都像机器一样，一刻不停地工作。”泰勒制和国家政权结合在一起，形成苏联的计划经济，和美国企业结合在一起，形成流水线生产。

福特年轻时也有一个梦想，让每个美国家庭拥有一辆车。1913年，他用泰勒制的理论创造出第一条流水生产线，在这种生产线上，工人只需要熟悉一种操作，按照标准方式完成，下一步便交给其他人。每个人做一道工序，每个人都是标准操作，所有人加起来就是完整的产品。

福特汽车成为标准化的工业品，被迅速生产出来投入市场，仅仅一年时间就实现生产翻倍，工人数量却减少1.5万人。

福特并不孤单，所有企业都在玩命生产。进入20世纪20年代，美国汽车的年产量达到500万辆，比“一战”前提高10倍。1921年电冰箱的产量只有500台，到1929年的产量达90万台。

新技术和新模式，带动美国的市场繁荣向上，每天都是阳光灿烂的日子。

企业发展又带动股票升值,手中有钱的美国人开始投机股票,至少有150万人把毕生积蓄投入股市。股价越炒越高,越来越多的人入市拼一把。

比如美国电话电报公司,股价从179美元一路涨到335美元,通用电气从128美元涨到396美元。

实际上,大部分公司的股价远远超过实际价值,股民玩的就是击鼓传花,他们都相信可以用更高的价格卖出去。

这些投机者中,遍布不懂股票的美国"大妈"。

1929年,总统柯立芝卸任的时候说:"美国人民已达到人类历史上罕见的幸福境界。"

表面上看,美国经济繁花锦簇。实际上,美国还是当年的美国。当时的经济学家推测,想要满足最低生活标准,一个家庭需要年收入2 000美元,但60%的美国家庭达不到收入要求。

而6万顶级家庭收入之和,相当于2 500万低收入家庭之和。在这个比例面前,二八定律显得太温和了。

一边是工业产品大量生产,一边是买不起东西的穷人……经销商忽悠穷人,可以分期贷款买新鲜的工业品,但低收入却让他们还不起贷款。这不就是一个大泡沫嘛。只要合适的时机,它会拉着所有人一起陪葬。

美国人以为大萧条是经济问题,他们很快就会发现,这其实是政治问题。

叁

1929年10月24日,美国股市崩溃,股票下跌的速度连自动显示器都跟不上,接下来几个星期,数百亿美元在华尔街蒸发。

前几年,很多银行用储蓄参与股市投机,股市崩溃之后,无数储蓄瞬间化为乌有,银行损失惨重。

于是,美国人纷纷到银行取钱,害怕去晚就真的没钱了,这就导致银行最恐怖的事情——挤兑。

挤兑让更多银行破产,银行破产让更多老百姓没钱,老百姓没钱就不能买工业品,企业卖不出货就要减产,减产就要裁员,裁员让更多人穷困……这个死循环就是

大萧条(1929—1933 年)

大萧条。

美国明明有最庞大的工业,但就是不能复工生产,所有人都在死循环里转圈,怎么都走不出去。超过 200 万失业者离开家门,从一个州流浪到另一个州,想找一条活路,却到处是人间地狱。

作家托马斯·沃尔夫记录:“他们四处漂泊,冬季来临时聚集到大城市,饥饿挫败驱使他们不断流浪,四处寻找工作和可以糊口的食物,在凄惨的环境中挣扎。”

1938 年,托马斯·沃尔夫感到十分绝望,决定外出旅行,在旅途中感染肺炎去世。

1932 年,大萧条发展到极致。5 000 多家银行倒闭,1 200 万人失去工作,GDP 下降到 1913 年的水平,常春藤毕业生只能找到电梯操作员的工作。城市流浪人群忍受着饥饿,农民的粮食只能烂在仓库里,因为卖玉米的利润不够买煤,不如直接烧玉米合算。

美国的经济危机得不到解决,进一步引爆掩盖多年的社会危机。

微薄的收入早已让很多人心怀不满,繁荣的 20 年代没有机会发泄,现在居然萧条到这种地步,反了吧。青年走上纽约街头高唱起《国际歌》,知识分子成为左派,说“苏联是世界道德的巅峰”。

大萧条的局面让美国体制遭到怀疑。宣传多年的民主政体神话一旦破灭,比任何经济危机都要严重得多,这可是涉及立国根本的大事。

但是,谁都拿不出解决办法。其实从古至今都一样,但凡有口饭吃,大家都希望稳定发展,生怕什么风吹草动把仅有的饭碗砸了。一旦连最后的希望也破灭,那就真没什么顾及了,基本是全民走向激进。

大萧条后,早已赚得盆满钵满的资本家,根本不在乎穷人的哀嚎,想造反,有钱吗你?我一根小指头就能把你们打倒。

事实上,资本家们忙得很,德国和苏联特别需要他们。

肆

美国产品不是在国内卖不出去吗?向欧洲出口总可以吧?

不好意思,欧洲在“一战”的时候已经欠美国很多钱,这十几年都在玩命还钱,哪有资本买美国的产品,“地主家也没有余粮啊”。而且,大萧条爆发以后,总统胡佛为了保护国内经济,对成千上万种产品增加关税,直接导致外国产品进不来,美国产品出不去。

也就是说,原本流动的世界贸易,因为美国加关税而停滞了,各个国家成为隔绝于世界的孤岛。于是,世界各国和美国一样,货卖不出去,企业只能减产,减产必须裁员,裁员造成大规模失业人群……整个资本主义世界走入死循环。

从美国爆发的大萧条,逐渐蔓延到全世界。

当然,野心勃勃的人最喜欢乱世。20 年代后期,德国经济还可以,大家有面包、有啤酒、有房子,没人听希特勒胡说。

可经济危机夺走他们的生存权,那就只能砸碎脚下的锁链,尝试换取整个世界了。德国经济危机前,纳粹党员不足 11 万,到 1932 年已经发展到 100 万了,而那时德国有 600 万失业人口。同年,纳粹党赢得大选,成为德国第一大党。

纳粹的时代,来了。

德国人相信,在纳粹的领导下,德国将摆脱经济危机,挣脱《凡尔赛条约》的束缚,恢复日耳曼人的荣光。可是希特勒也不是神仙,他能空手变出钱来?除非找到投资人。

这个世界就是这样,哪怕你胸怀“屠龙术”,默默无闻的时候根本没人知道,只要稍微证明自己的实力，机会便纷涌而来。这点就像做网红，哪怕长得再好看，不红的时候根本没人理睬，一旦有点名气了，马上有金主爸爸来捧。

希特勒就是德国网红，20 年代在德国折腾出点名声，拿到洛克菲勒、福特的 3 200 万美元风险投资。成功上台以后，金主爸爸微微一笑："年轻人好好干，一定要顶住英国哦，这是后续投资，不要客气。"

华尔街答应希特勒，在德国的资本和收入只在德国使用，保证不会转移财产，并且会用这些钱投资军火企业。所以纳粹德国的军工企业里，美国企业就有 60 家。而且美国公司还向德国转让各种技术，甚至包括先进的飞机发动机。

可见，希特勒用来攻击英、法的武器，其实有一大半是美国造的，求丘吉尔的心理阴影面积？

有了华尔街的资本支持，希特勒短短 6 年消灭失业，重整了德国雄厚的工业，并且武装起一支军队。

然后，第二次世界大战(下文简称"二战")爆发了。

伍

美国大萧条的另一个受益者是苏联。苏联的主体是俄国，本来就有一定的工业基础，虽然没有汽车、飞机和化学合成等大工业，但钢铁和电力还可以。有这样的基础，斯大林同志完成工业化的目标，似乎是可以仰望的。

1928 年，苏联开启第一个五年计划。

第二年，苏联就和西方各国签订 70 多个技术援助项目，1931 年增加到 124 个，涉及冶金、工农业机械、飞机等高科技项目，总价值 4 000 万美元。

美国工程师甚至亲自下海。第聂伯河水电站是美国专家用美国设备建造的，高尔基汽车厂是福特公司援助建造的，斯大林格勒拖拉机厂是从美国拆到苏联的，哈尔科夫拖拉机厂的总工程师是美国人，飞机发动机技术也是美国给的。

那几年，世界 50％的机器设备，往往刚下生产线就打包装车，迅速运到苏联开始生产。

而且西方国家的钱不是没地方花吗，正好贷款给苏联，陆续借给苏联 17 亿美元建设社会主义。

第一个五年计划期间,苏联买机器用了30亿美元。

截至1932年第一个五年计划完成,苏联已经建立起比较完整的工业体系,从落后的农业国变成工业国了。

1937年超额完成第二个五年计划时,苏联钢产量达1 770万吨,煤1.28亿吨,发电量365亿度,并且建成6 000家企业,包括钢铁、飞机、汽车、化学、重型机械等,占世界工业总产值的10%。

完成如此大的成就,仅仅用了10年。

这么好的机会,蒋介石压根儿没把握住,和苏联的成就相比,民国的“黄金十年”连弟弟都算不上。

如果蒋介石真要搞工业化,恐怕也不行。人才什么的就不说了,国民政府财政那么紧张,估计连买机器的第一桶金都搞不到。

总的来说,苏联是大萧条的最大赢家。美国也即将迎来一位“神人”。

陆

1933年3月,富兰克林·罗斯福就任美国总统。

早在竞选初期,美国人对前总统胡佛已经深恶痛绝,他们把贫民窟叫作“胡佛村”,裹身的报纸叫作“胡佛毯”,抓来充饥的野兔叫作“胡佛猪”。

美国人特别希望,新总统可以站出来改变现状,如果需要的话,他们愿意授予总统独裁的权力。

事实上,罗斯福的竞选口号就是“新政”。

竞选初期的罗斯福并没有什么优势,实在是胡佛太差劲了,美国人宁愿选罗斯福试试看,也不愿意看到胡佛的胖脸。

其实,美国的问题说简单也简单。自由经济之下,企业恶性竞争是不可避免的,一旦造成经济危机,企业却甩锅给政府,拍拍屁股跑到国外继续赚钱。

从前只说把权力关进笼子里,从来没有人说,资本也要关进笼子。罗斯福要做的,就是打造一个铁笼子,让资本进去待一会儿。

罗斯福在就职演讲中说:“我会让国会拿出仅有的一件应对危机的武器,那就是广泛的行政权,这一授权要强大得如同我们面对外敌入侵时的授权。”

竞选的时候，扩大总统权力已经取得共识，国会议员不再争吵不休，而是愿意全力配合总统渡过难关。只要罗斯福提出法案，国会迅速通过，然后下发施行，反正已经烂到如此地步，还能烂到哪里去，不如死马当活马医吧。

第一步——金融管制。

《紧急银行法》授予总统管制金融的权力，让罗斯福放手整顿银行。

他绕过新闻媒体，用广播和民众直接对话，劝大家把钱存回银行，以政府的名义保证存款安全。

既然总统这么说，大家便去银行存钱。短短一星期内，美国75%的银行恢复营业。此后一个月，10亿美元陆续流回银行。

为了防止意外，美国政府以银行资产为抵押，发行20亿美元送到各大银行，并规定储户提款限额为10美元。如此一来，存款只进不出，银行信用保住了。

此后，罗斯福放弃金本位，让黄金和美元脱钩，印刷货币不再受黄金数量的限制。

大量货币投入市场，美元大幅贬值，刺激物价上涨，逐渐调动起市场的活力。

第二步——整顿华尔街。

6月份，国会通过《格拉斯-斯蒂高尔法案》(the Glass-Steagall Act，又称《1933年银行法》)，法案规定商业银行和投资银行分开经营，商业银行不能用储蓄投机，投资银行不能接受存款。这就保证了储户存款的安全。

存钱就是存钱，投资就是投资，事先说得明明白白，绝对不允许暗箱操作。

受法案打击最大的是J. P. 摩根。按照法案要求，J. P. 摩根转型为纯商业银行，2000年12月和大通曼哈顿银行合并，成为摩根大通。摩根大通至今依然是最赚钱的商业银行之一，存款总额占全美国的25%。

J. P. 摩根的投资部门则单独运营，成为现在的摩根士丹利，电信、联通、中石化上市融资都得找它。

法案施行后，金钱托拉斯再也不能呼风唤雨了。

第三步——大基建。

稳定金融只是开始，失业者依然在遍地游荡，工人没有工作，农民赚不到钱，日子还是苦哈哈的，怎么办？

罗斯福启动了百试不爽的大基建。他成立发展工程局、复兴管理局等部门，陆续推行各种公共工程项目,用银行发行的货币,招募失业者“以工代赈”,最高时雇用了 324 万人。

工人有工作就有钱赚,虽然不至于大富大贵,起码能保证生活,失业率也就逐渐降低了。最重要的是,美国政府用最低的代价,修建了最庞大的基础设施,比如公路、桥梁、机场、公园等。

罗斯福的大基建,颇有一石二鸟的效果。而且《全国工业复兴法》规定,工人有组织工会的权力,以及固定的工作时间和最低工资,很大程度保障了工人的利益。

《社会保障法》建立了养老保险、失业保险、老年保险等一系列社保体系。

民众欢迎罗斯福,资本家必然反对罗斯福。他们说什么总统已经赤化、美国快变成苏联了、新政散发着共产主义的臭气等。

1936 年大选,罗斯福直接告诉民众:“我就是要打击资本集团,你们支持不支持啊?”

结果,罗斯福以 523∶8 的胜利连任总统。

1939 年,美国经济已经恢复到 1929 年的水平,大萧条基本过去了。

市场经济在政府的直接干预下,美国已经不是原来的美国,除了工业技术发达,顶层设计更加完善。但是“罗斯福新政”仅仅是停止国运跌落,想要更进一步,还需要一个机会。

很快,“二战”来了。

柒

战争初期,美国的态度有点撕裂。资本家希望和 20 年前一样,利用欧洲的大战发横财,但民间的反战情绪非常严重,刚摆脱大萧条的阴影,别再掉坑里。而且美国的军事准备并不充分,贸然参加战争,很可能得不偿失。

1935 年 8 月,国会通过《中立法》,规定所有交战国一律禁运武器,美国舰船不运送任何战争物资,4 年后才修改为用现款在美国购买武器。

直到 1940 年法国陷落,丘吉尔向罗斯福喊话:“别愣着,赶紧来帮忙吧,叫你大哥还不行吗?”

第二年,《租借法》通过,美国成为同盟国的兵工厂,为了生产数量庞大的战争物资，无数民用工厂转型为军事工厂，努力消化来自欧洲的订单。

消沉多年的工业，彻底活跃起来。随着机器轰鸣，美国失业人数大幅降低。

生意是生意，到底要不要直接参战，美国始终下不了决心。直到日本偷袭珍珠港。

1941 年 12 月 8 日，罗斯福发表演讲，对日本宣战，3 天后向德国和意大利宣战。此后 5 年，美国组建起 1 200 万人的军队，原本只有 347 艘战舰的海军，下饺子一样扩张到 5 万艘。

整个"二战"期间，美国制造业指数增长 96%，运输业指数增长 109%，生产了 27.4 万架飞机还有排水量 5 520 万吨的轮船。到"二战"结束前，失业人数几乎为零。

大萧条彻底过去，新时代到来了。经过罗斯福的改革，资本吃掉欧洲订单的大头以后，还能留小部分给国民，让普通人也能分享国家发展的红利。

其实罗斯福新政，很大一部分内容是在和资本做博弈，显然，他胜利了。在汹涌的民意面前，资本不得不低下高昂的头颅，之前的软弱政府成为和资本平分天下的强势政府，强势政府又能为国民利益托底。

资本、政府、民众形成另一种三权分立。他们共同组成美国的根基。

而经过战争打击，英、法、德等老牌帝国彻底削弱，美国拥有世界黄金储备的 70%以上，成为资本主义世界当之无愧的大哥。

1944 年 7 月 1 日，布雷顿森林响起山呼万岁的声音。

山姆大叔的嘴角微微一笑，眼角余光望向远方的红色身影，不禁有一丝惆怅。

捌

历史是有周期的。只是历史周期特别长，而人的生命太短暂，有时候二三代人都不一定能遇到历史的转折点。

太平日子过久了，难免会觉得岁月静好就是永恒。该来的还是会来。

这一点不以人的意志为转移，如果作类比的话，和生老病死、国家兴亡、星球毁灭重生一样，是普遍规律。不能因为没见过宇宙爆炸，就觉得宇宙是永恒的，宇宙也有周期，只是我们的生命太短见不到而已。

最近,很多人说经济危机来了,历史又回到1929年的起点。确实很类似,但有不同。

由于疫情影响,世界贸易开始割裂,如果世界疫情再控制不住的话,各个国家将成为孤岛。而在这个时代,世界各国的联系远比90年前更紧密。

从90年前的经验来看,如果世界的联系被割裂,将会产生两个后果:经济大面积衰退:企业卖不出货,导致破产或裁员,工人没有收入,不能出去消费,然后进入一边卖不出货,一边没钱消费的死循环。紧接着可能发生产业向各国回流,于是,就会产生国家利益弱相关。

我们都知道,婚姻能够长久的秘诀不是恩爱,而是成为利益共同体,只有利益捆绑越深的夫妻,离婚的成本才高,婚姻才稳定。容易抽身的夫妻离婚率反而高。

因此,一旦国家利益弱相关的话,关系破裂的成本会进一步降低,之前隐忍不发的怨气,将会肆无忌惮地释放出来。到那个时候会发生什么,不知道。但是,唯一可以确定的是,中国已不是当年的中国。

我个人觉得,中国比"一战"前的美国有利很多……门类齐全的工业、强势的政府、大基建传统。

历史会重演,但不会简单重复。

历史周期恐怕真的来了,我们能做的只有以史为鉴,找出一条渡过难关的出路。

毕竟欧洲各国在几百年顺境中成为失败者,美国却在大萧条的逆境中崛起,苏联抓住时机成为最大赢家。成败往往在瞬息之间。人的命运,终归依附于国运。

最后用罗斯福的一句话结尾吧:"我们唯一值得恐惧的是恐惧本身。"

400年的美国梦

壹

1620年9月6日，102人乘坐“五月花号”离开英格兰的普利茅斯，向梦想中的北美大陆驶去。船上有35名清教徒，其余是工匠、渔民、农民和奴隶。

什么是清教徒？大约在明朝嘉靖、万历年间，欧洲爆发了一场宗教改革，要求打破天主教垄断的政教体系，让市民好好过日子。

在宗教改革中脱离罗马教会的叫新教，不过新教也不是统一的教会，而是有很多不同的派系，其中圣公会被英国立为国教。但是加尔文宗的独立派，认为英国国教有很多天主教的残余，一定要手动清除，大家才能过好日子。

他们就是清教徒。对，清教徒的清字，意思是清除。

英国国王是支持国教的，于是对清教徒往死里镇压，清教徒头铁也扛不住大刀啊，只能跑路。

“五月花号”就是在这种背景下来到北美的，以后几十年陆陆续续去了几万人。

清教徒信奉的加尔文主义很有意思。他们认为，每个人的天赋都是上帝赐予，只有利用天赋做出一番事业，才能告慰上帝。

比如数学好就去做数学家，身体不错就去当运动员，喜欢美食就去做厨子……不管干什么，一定要努力工作。但不是所有人都有天赋啊，不要急，清教徒觉得人是上帝财富的保管人，只要把手里的财富增值，也能告慰上帝。

有个宗教领袖说：“若有人问，如何知晓神在他身上的旨意，我的答案很简单，只要看看神赐给他的产业便成。”

于是清教徒们努力工作、玩命赚钱，生怕死后不能上天堂。

而且清教徒的宗教压迫很严重，一直到美国独立之前，新英格兰地区都是清教徒的铁桶江山，其他教派一律不准进入。

他们在新英格兰传教、种地经商，美国立国的 13 个州，其中 4 个就是新英格兰地区的清教徒州，你说清教徒对美国的影响有多大吧。

那时资本主义已经发展起来了，商业贸易和清教徒精神特别契合。赚钱，基本是美国人骨子里的信仰。

“五月花”号准备前往北美大陆

贰

恐怕再也没有比美国更好的国运了。

1776 年 7 月 4 日，费城召开了第二次大陆会议，发表《独立宣言》，美利坚合众国正式成立。

7年后独立战争结束，美国得到13个州的地盘，以后通过征服和购买，边境线一路扩张到太平洋东岸，领土面积达到937万平方公里。

国土面积扩张，资源也一直在增加。美国到处都是无主土地，只要勤奋工作，每个人都有机会到野外开荒，得到属于自己的土地。

这在欧洲是无法想象的，那些世袭贵族占据着庞大的资源，稍微从指缝中流一点出来，都足以让争抢的平民打破头。

美国没有世袭贵族，大家都在同一条起跑线上竞争，可不是机会多吗。

至于印第安人，在美国眼里根本不算人，没有需要的时候可以和平共处，一旦看上印第安人的土地，那就打死拉倒。

而且美国的人少。地大物博加上人口少，等于人均占有资源多，那时候的美国相当于一片蓝海，欧洲人只要闯过大西洋，就能在美国找到自己的小确幸。

罗斯福家族是美国梦的典型。

相当于中国明清换代的时候，罗斯福家族的祖先从荷兰移民纽约，在曼哈顿旁边买下48英亩土地。经过几十年努力耕作，积累了不少财富以后，家族第二代转型成皮毛商人，并且开了面粉厂、经营房地产，一步一步在蓝海中发家致富。

到纽约正式成立的时候，罗斯福家族已经拥有曼哈顿第二十二大街至第四十六大街，第五大道至哈德逊河的大部分地产。200年后，罗斯福家族出了2个总统，其中小罗斯福连任四届，号称美国最伟大的总统之一。

所以美国才会有那句名言："在这片土地上，每个人都能通过自己的努力，实现自己的梦想。"

美国人口调查局公布过一个数据，直到1890年，美国公有土地才分配完毕。此时距离立国114年，距离"五月花号"抵达北美270年。也就是说，整整用了270年，美国的蓝海才变成竞争激烈的红海。

这就是美国梦。入场越早收益越大，入场越晚收益越小。

如果只是这样的话，美国梦早就结束了，最感人的是，土地还没有消化完毕，美国工业革命已经启动了。

工业革命不是在英国发生的吗，后来工业技术一路扩散到法国、荷兰、德国等欧洲大陆国家，培养了一大批技术人员和产业工人。其中一部分人怀揣发家致富的梦想，漂洋过海移民美国，顺便把欧洲大陆的工业技术带到美国。他们从纺织业开始，继而钢铁、机械制造、铁路运输和农业机械，在美国北方打造了世界先进的制造体系。

为了更好地发展工业，赚更多钱，北方工业党嫌弃南方农业党拖后腿，于是爆发了“南北战争”，双方为了保护既得利益，打得尸山血海。

我们知道，战争结果是北方工业党胜利了。

此后的美国，再也没有阻碍工业发展的绊脚石，正好第二次工业革命迎头相撞，美国再次迎来黄金发展期。

到 1916 年，美国铁路营业里程数达到 34 万公里，吸引就业 180 万，占全国劳动力的 10％。

1860 年美国的钢铁产量只有 1.3 万吨，1900 年就已达到 1 141 万吨，年均增速 18％，这些数据中隐藏着多少就业和暴富机会？此外还有金融、股票、贸易、农业、电话电报等，每一项新发明和技术革新，都会带起一批富裕人群。爱迪生、摩根、洛克菲勒……纷纷坐上国运昌隆的列车，站在时代的风口迎风起舞。

这些只是金字塔顶尖的大佬。他们庞大的身影后面，站着无数分享致富蛋糕的中产阶级，这些中产阶级背后又有无数工人和农民。

托克维尔在《论美国的民主》中说：“我还不知道哪个国家像美国一样，人民是如此热爱财富，维持财富平等的理论被人民强烈蔑视。”

清教徒撒下的种子，让美国人都怀揣发家致富的梦想，在他们的心中，只有美国是可以实现理想的地方。

当时的欧洲早已进入饱和状态，东亚更是一片蒙昧，而土地和工业却让美国的蓝海保持了 300 年，简直蓝得透心凉。

这才是美国梦的根源。

叁

1894 年，美国的工业生产总值达到世界第一。

此后直到 1929 年，美国处在暴风雨来临的前夜，人们在财富大道上昂首挺胸，仿佛空气里都是钞票的味道。

然而，大萧条终结了一切梦幻。美国人苦兮兮地熬了 10 年，惨痛的记忆至今难以忘怀，但是国运来了拦都拦不住，“二战”爆发了。

1941年《租借法案》通过，美国成为反法西斯同盟国的兵工厂，消沉多年的机器活跃起来，美国失业率节节降低。

“二战”结束时，美国工业生产总额，占资本主义世界的55%，世界出口总额的32%，世界黄金储备的71%。

这些高额的指标，让美国成功建立美元霸权。

1944年7月，44个国家的代表，在布雷顿森林召开“联合国国际货币金融会议”，通过《布雷顿森林协议》，确定了美元的霸主地位。

根据协议，每盎司黄金兑换35美元，而美元和其他会员国的货币建立固定汇率，在这个协议中美元＝黄金。反正美国的黄金储备多，不怕兑现不了。

美元成为世界上最坚挺的货币，各国贸易都用美元结算，甚至有的国家用美元和美债，作为本国发行纸币的准备金。

世界财富通过美元，迅速流向美国本土，美国以美元为触角，吸取世界各地的财富和营养。

一旦美国出现财政赤字，或者经济下行，只要印刷美元就足以过上好日子。别人努力工作，他只要开动印钞机。原本要陷入停滞的美国，通过美元霸权再次打造了一片蓝海，让美国本土成为繁荣富裕的天上人间。

法国总统戴高乐气得要死：“美国用美元来获取其他民族的土地和工厂，美国没有特权把世界贸易变成美国的仓库。”美国无所谓，你骂归骂，改正一下算我输。

但是“黄金美元体系”的核心是黄金储备，只要黄金出现问题，美元霸权便要终结。

20世纪60年代起，美国经济衰退，各国不相信美元可以继续坚挺，纷纷抛售美元，抢购黄金，导致美国黄金储备急剧减少。1965年，法国宣布在一个月内，把3 500万美元兑换成黄金……大家一看法国都不玩了，赶紧冲上去抢啊，再晚就来不及了。3年后，美国黄金储备急剧缩小，只占世界黄金储备的30%。再加上军备竞赛和全球驻军开销，美国经济有点扛不住，只好开动印钞机器，导致大量美元超发，和黄金的比例越来越难以维持。

眼看着玩砸了。总统尼克松发表电视讲话：“我宣布，以后黄金不能兑换美元啦，哈哈哈哈哈。”

惊不惊喜？意不意外？

各国拉着美国的蝴蝶结问："你给翻译翻译，什么叫惊喜？"

美国微微一笑："惊喜就是，以后买石油必须用美元结算，这就叫作惊喜。"

这件事起源于巴以冲突。阿拉伯国家和以色列，属于互相看不顺眼的死对头，可是西方国家的上层精英有很多犹太人，所以他们都支持以色列。

阿拉伯国家为了向西方国家施压，组成"阿拉伯石油输出国组织"，决定收回石油定价权，提高石油价格，并且对美国、欧洲和日本施行石油禁运。

结果世界油价飞涨，美国的油价从每桶 3 美元涨到每桶 11.65 美元，短短 2 个月涨价 3 倍。

美国很快扛不住了。它找到阿拉伯国家："咱和好吧，我不动武器，你们也不要涨价，以后谁欺负你们就报我的名字。"

阿拉伯国家随后相继和美国签订协议，承诺以后的石油交易用美元结算。

石油是最重要的工业原材料，只要是和世界接轨的国家都离不开石油，那么，每个国家就必须持有美元。于是，各国把商品卖到美国换美元，用美元去买石油，阿拉伯国家工业不行，赚钱没地方花，只能去美国投资美债。这就是所谓的美元石油环流。

美国和以前一样，什么都不用做，印钞便是。如此一来，美元傍上黄金和石油，在全世界剪羊毛几十年。这种模式一直持续到现在。

在黄金和石油体系中，美国只要轻轻开动印钞机，就能洗劫世界各国的财富，世界各国只能眼睁睁看着美国"打劫"，却什么都做不了。

美国资本家赚得盆满钵满。普通人也能享受到国家发展的红利，哪怕他们做最简单的工作，月薪往往超过落后国家工人的年薪，真正做到了"事少、钱多、离家近"。

而"二战"之后的 60 年，恰恰是美国梦登峰造极的时候。

世界各国的人民羡慕美国人的高工资、高福利、社会发达，纷纷移民到美国追寻梦想，宁愿刷盘子也不愿意在本国混。他们可能不知道，这个璀璨的梦是美国用霸权体系，洗劫全世界财富堆起来的。

美国梦与民主自由无关，唯一相关的是国力和财富。

肆

美国梦的另一个时代背景是冷战。

苏联在地球北端，和欧美隔洋相望。是，苏联有核武器、庞大的重工业、钢铁洪流……但这些美国也有，不足以让美国忌惮到晚上睡不着觉。至于核战争就不说了，打起来对谁都没好处，没有人会随便挑起核战争的。

真正让美国忌惮的是共产主义。共产主义讲究公平。所以苏联是很多人心中的灯塔。美国在公平方面一直做得不好。种族歧视活在很多人的心里，1%的人拥有60%的财富，平民没有完善的福利制度……美国在苏联的注视中羞赧退下。

为了遏制共产主义意识形态，欧美国家不得不向苏联学习。它们完善了社会福利制度，提高富人的税率，原始资本主义对工人的残酷剥削基本消失，各国都在努力维持社会公平。

整个冷战期间，美国贫富差距是立国以来最低的。在这样的时代背景下，美国爆发了 持续30年的妇女解放运动，以及反对不平等婚姻观念的性自由运动。

马丁·路德·金可以在林肯纪念馆的台阶上发表《我有一个梦想》的演说，为黑人争取工作机会和堂堂正正做人的资格。

正是因为要和苏联抗衡，美国让社会变得更加公平自由，为财富包裹的美国梦，增加了一丝人性的光彩。

那时的美国强大、富裕、人性化，全世界人民可不是趋之若鹜吗。

切·格瓦拉说过："我们走后，他们会给你们修学校和医院，会提高你们的工资，这不是因为他们良心发现，也不是因为他们变成了好人，而是因为我们来过。"

可是，冷战胜利在望的时候，一切都逐渐远去了。

伍

1981年，里根出任美国第40任总统。上任第一天，他就废掉工资和价格稳定委员会，把美国人的工资和物价交给市场。

我们知道，市场永远是弱肉强食的。没有政府给平民利益托底，平民没有任何能力和资本对抗，等待平民的命运只能是被洗劫，而资本一定会吃得满嘴流油。随后，里根在交通、能源、通信和金融领域放松监管，把一切都交给市场，让企业和资本主宰国家的命运。

他有一句名言："政府本身就是问题，不是解决问题的方案，市场力量必须得到释放。"里根一旦开头，后面的总统更加放手。

大萧条的时候，罗斯福总统为了遏制金融势力，在 1933 年签署《格拉斯-斯蒂高尔法案》，不允许投资银行和储蓄银行一起经营，逼迫摩根等金融资本拆分。

1999 年，克林顿废掉法案，2004 年，美国证券交易委员会放弃监督权，不再控制华尔街的活动，金融资本重新回到大萧条之前的状态。

但是又回不去了。几十年来，美国把吃苦受累的制造业，大量转移到中国等发展中国家，本国只留下金融、军工、科技、信息等支柱产业。

美国的产业空心化了。它从制造大国转型成金融大国，只需要利用美元和军队保证霸权地位，就能够完成世界财富的转移，全部成本只有一台印钞机。

慢慢地，操纵美元的华尔街、维持军队的军工复合体、能源系等既得利益集团深度绑架了美国，把国家和人民拉上对外掠夺的战车。

美国其实是不正常的。政府放弃了社会责任，相当于自废武功，不主动参与国家社会的事务，自愿做一个旁观的看客。

平民没有政府帮忙，有力气没处使，只能做待宰的羔羊。既然政府和平民缺席，那么一家独大的只能是资本。

经常有人说，华尔街和军工复合体绑架美国，就是这个意思，美国其实已经不是一个国家，而是伪装成国家的公司。

任何缺乏制衡一家独大的国家，只能走上内外吸血的道路，这种事情不以人的意志为转移，毕竟诱惑力太大了。

苏联是政府独大，导致腐败僵化。美国是资本独大，导致贫富分化严重。

2020 年 3 月 13 日，国务院新闻办公室发布《2019 年美国侵犯人权报告》。摘录几项数据给大家看看：根据美国人口调查局的统计，2018 年的基尼系数是 0.485，贫富差距达到 50 年来的最高水平，一旦达到 0.5 就说明差距悬殊。

美联储的报告说，1989—2018 年，最富有的 10%家庭占有的财富总额，从 60%上升到 70%，最富有的 1%家庭占有的财富总额，从 23%上升到 32%，而最底层

50%家庭的财富增长为0,家庭财富总额所占比例从4%降到1%。换句话说,富的越富,穷的越穷。富人可以上金碧辉煌的天堂,穷人只能下18层地狱,你这么穷,肯定是上帝抛弃你了。

由于国家资源掌握在资本的手里,国家机器也必须向资本低头,总统只能做傀儡或者同谋。如果没有资本的支持,百分百竞选没戏。所以美国在2010年废掉公司对竞选捐款的上限,2014年废掉个人对竞选捐款的上限,民主竞选成了金钱的游戏。

桑德斯被干掉太正常了。哪怕老爷子热血沸腾,只要没有资本助选和媒体宣传,根本没办法对抗掌握国家股份的资本。

这样的美国,哪有什么美国梦?失去苏联的威胁,美元霸权赚回来的钱,基本进入资本财团的囊中。失去政府的托底,平民再努力也看不到好日子,更不用说改变命运。更何况经过400年发展,一片蓝海的美国,早已成为尸山血海的战场,根本没多少肉可以供平民争夺。

美国梦,死了。

美国,老了。

陆

美国是典型的大国中晚期综合征,历代王朝帝国的老年病,美国一个不少都中标了。

最明显的是没钱。国家富裕和政府有钱是两码事,既得利益集团千方百计隐瞒庞大产业,不给政府缴税,政府只能去刮穷人的钱。穷人能有几个钱,几十年也刮不出来二两油,所以政府是真穷。穷人也不满意啊,本来就日子不好过,政府还成天加税,这不是欺负老实人吗?

截至2020年4月9日,美国债务已经突破24万亿美元,可见的未来,美国是还不起债务了,而且美国经常还收不到税。

2019年,亚马逊公司有21%的企业所得税没有交,不仅没有受到惩罚,反而获得2.69亿美元的联邦退税。市值1.15万亿美元的大公司居然不用缴税,国家反而要补贴,这就是资本绑架国家的临床症状。

美国有 3 个明显的老年病：蓝海消失、既得利益集团绑架国家、政府财政困难。

特朗普雄心万丈，想让美国再次伟大，但他折腾几年却丝毫没有办法。这不怪他，时局如此。除非特朗普能像历代改革家一样，在美国进行一场深入灵魂的改革，重新解放生产力，要不然只能一条路走到黑。

美国不是换一个总统就能改变的。

但是我们一定要承认，美国很强大。几十年内依然是蓝色星球的顶尖战力，可衰落趋势是不可遏制的，历史规律也不以人的意志为转移。

如今的美国和盛唐一样，表面上烈火烹油，其实盛世之下到处是雷。

美债类似于崩溃的均田制，军工复合体类似于边境节度使，华尔街类似于门阀豪族，到处搞钱的特朗普类似于唐玄宗，再加上越来越多不是主体民族的移民人口，是不是“齐活”了？

到底哪颗雷是“安禄山”？不知道。

当然，不是说美国一旦爆发危机就灭国了，这不可能，哪怕雷爆了缩回北美照样过日子；而是美国的雷一旦爆炸，必然导致美国经营的世界秩序崩溃，世界国家将从美元霸权中逐渐挣脱出来。世界秩序将重新回到“二战”之前。

印第安人几近灭亡的真相

壹

1534 年，44 岁的法国探险家雅克·卡蒂埃游说法国国王弗朗索瓦一世，希望得到法国国王的资助出海远航，像西班牙一样寻找到通往中国的航线，以及大量黄金。

虽然西班牙并没有找到真正的航线，但在那个年代，远航和黄金强烈刺激了法国国王的小心脏，不久便出钱出人，命令雅克·卡蒂埃出海远航，帮助法国寻找幻想中的财富汇聚之地。

同年 4 月 20 日，雅克·卡蒂埃率领乘坐 61 人的大船起航，经过 3 周的时间，顺着洋流来到美洲大陆，越过圣劳伦斯湾，便来到如今的加拿大新不伦瑞克省。

当雅克·卡蒂埃和船员登陆探索的时候，发现了一群印第安人，印第安人把皮毛绑在数米长的棍子上来回舞动，那意思就是："皮毛是我们的土特产，想换一些你们的土特产。"

雅克·卡蒂埃等人初来乍到，担心被团灭，不敢和印第安人走得太近，便回到船上等待印第安人散去。结果印第安人划着 7 条船追来，十分夸张地表达善意，想和远道而来的陌生人做生意。东道主都如此热情了，如果他们再不给面子，那就可能真的被团灭了。

最终，雅克·卡蒂埃和船员们用船上的刀子、斧头、布料等不值钱的小物件，和印第安人交换了大量皮毛，甚至有些印第安人为了换到东西，把身上穿的皮毛衣服都脱下来卖掉，光溜溜地走回去，并且放话："只要你们在这里继续停留，我们每天都来，等我哟。”

雅克·卡蒂埃当然没发现黄金，也没找到通往中国的航路，便以法国国王的名义占领这片土地，于9月份返航回到法国。但新大陆有廉价皮毛的消息，逐渐进入欧洲上层社会。

皮毛是欧洲的奢侈品，能不能穿得起皮毛，成为区分欧洲贵族和平民的重要标志。

英国就明文规定，只有骑士级别以上的男人，才能穿戴装饰貂皮的丝绸衣服，高级官员可以穿戴次一级皮毛装饰的长袍，至于普通平民，只能穿粗羊皮做成的皮袄。

随着航海业的兴起，欧洲商业恢复繁荣，由无数普通平民崛起的商人阶层，逐渐突破了古老的法律规定，为了向贵族阶层靠拢，开始脱下羊皮，穿戴贵族阶层专用的高等皮毛。于是在人类社会需求的推动下，皮毛价格一路飙升。

而贵族为了保住体面，开始追求更高级、更奢华的皮毛衣服，以便在某些公开场合中，在着装上稳稳地压住暴发户。

比如法国国王查理八世结婚的时候，其夫人穿了一件由160张黑貂皮做成并且镶嵌金丝珠宝的礼服。

英格兰的亨利四世，有一件用12 000张松鼠皮、80张白貂皮做成的礼服。亨利八世的一件礼服用100张黑貂皮、560张松鼠皮做成，价值200英镑，是英格兰底层工人月薪的200倍。

类似的礼服，贵族们绝对不只有一件。

巨大的需求催生巨大的市场，皮毛在欧洲成为顶级奢侈品，更是可以横行欧洲的硬通货。

雅克·卡蒂埃发现皮毛的消息传回法国，很快引起了一些人的兴趣，零星地驾船到北美收购皮毛，运回欧洲赚大钱。相当于你用瓷杯碗筷等东西，去一个陌生的地方换回相同重量的黄金，回来就能兑换成钱买房买车。这里面的利润，可想而知有多大。

不过，个人的发财欲望在历史洪流面前是渺小的，只有人民的群体行动，才是推动历史车轮的伟力。

差不多在雅克·卡蒂埃到北美探险的同时，欧洲渔民就在北美纽芬兰大浅滩附近开始大规模捕捞鳕鱼。

那地方的鳕鱼密集，到了不需要大型的捕鱼设备，只要人带着渔网下水捕捞就想要多少有多少的程度。

多年后，一名英国船长回忆道："海岸有如此厚的鱼群，我们几乎是在它们之上行船。"

鳕鱼是经济价值极高的重要鱼类，即便是物质极度丰富的现在，鳕鱼也可以卖到三四百元一斤，更别说几百年前的欧洲了。欧洲渔民为了捕捞免费鳕鱼，每年都要在固定时间去纽芬兰，捕到鳕鱼再返回欧洲。

北美洲有了稳定的流动人口，印第安人发现机会，就会有意识地收集皮毛，等欧洲渔民来捕鳕鱼的时候，一股脑地卖给他们，换来特别稀罕的斧头、刀子等东西。

而欧洲渔民去捕鳕鱼的时候，也会专门带一些小玩意，交换印第安人的皮毛。双方都认为自己赚了，悄悄骂对方傻。

其实在这项贸易中，他们双方都是赚钱的，对方也未必傻。因为物品的稀缺程度决定价值。

对于欧洲渔民来说，刀斧之类的东西遍地都是，根本不值钱，却能在新大陆换来奢侈的皮毛，岂不是大赚一笔？

对于印第安人来说，皮毛是到处都有的廉价货，随便出门打一些动物，就能换来从未见过的东西，凭啥不是大赚一笔？

物品对自己有没有价值，只有自己才知道，别人没资格指手画脚。

长期的皮毛贸易，在北美洲东海岸形成一系列固定贸易点，那些欧洲渔民发现皮毛贸易更赚钱，做了一个违背祖宗的决定："放弃捕捞鳕鱼，专门做印第安人和欧洲的皮毛中间商。"

于是从接受国王资助的探险家，到白手起家的欧洲渔民，上层和下层都发现了北美洲的廉价皮毛。

此后数百年，无数白人奔赴北美洲淘金，皮毛也成为人类历史上最大移民浪潮的开路先锋。

这个历史进程是美利坚辉煌的开端，也让自以为受益的印第安人走上了近乎灭族的绝路。

贰

在众多美洲皮毛里，欧洲人最喜欢的是河狸皮，因为河狸皮毛做的毡帽是欧洲人社会地位的象征。

如果毡帽的成色不佳、样式老旧，说明戴帽子的人是个破落户，可要是戴一顶成色非常好的河狸毡帽，走在街上别人都要高看两眼。

不管是社交需求也好，纯粹显摆也罢，欧洲人都以有一顶河狸毡帽为荣。那些欧洲老照片上，贵族们戴的高筒帽子，基本都是河狸皮做成的。

美洲最不缺的就是河狸。据估算，最初的北美洲分布着不下于 4 000 万只河狸，对于有毡帽需求的欧洲人来说，供应量完全足够。

而且越往北走，气候越寒冷，河狸的毛就越厚密，卖到欧洲市场上的价格也高。所以河狸皮毛的收购市场，基本在美国北部和加拿大。在那些地方，河狸也是印第安人生活的必需品。他们吃河狸肉、穿河狸皮衣服、用河狸骨头做工具甚至以河狸为部落的图腾。

他们向欧洲人出售河狸皮毛，甚至不需要专门捕猎，只要在日常谋生的时候，多出一把力而已。

供需双方完美契合。河狸对于欧洲人和印第安人，都是一座从未大规模开采的富矿。

从探索北美大陆开始，以河狸为中心的皮毛贸易，成为此后几百年的主旋律，河狸给了印第安人想要的东西，也充实了欧洲国家的国库。

参与皮毛贸易的印第安人曾说过："河狸把我们的一切都打点好了，它会带来锅、斧头、刀剑和珠子，总之，河狸造就了所有的一切。"

马萨诸塞的英国移民，用 6 先令买到玉米种子，秋收以后便能用玉米向印第安人换来 327 英镑的河狸皮毛。

荷兰移民说，我们不费任何力气，就能收获可与数吨黄金相等的皮毛。因为河狸皮运到欧洲以后，最高利润可以达到成本的 200 倍以上。

欧洲国家里，皮毛贸易额最大的是法国。1578 年左右，常年往来芬兰湾—欧洲之间的法国渔船，便达到 150 艘。1695 年，法国运回国的河狸皮是 20 万里弗尔，价值相当于法国货币改制后的20万法郎，比其他欧洲国家的总和都要多5倍。到了1743年，法国重要港口拉罗谢尔进口12.7万张河狸皮、3万张貂皮、11万张浣熊皮、1.6万张熊皮。

这只是法国一个港口的贸易额，而法国在北美的皮毛贸易站，从圣劳伦斯河流域为起点，一直沿着密西西比河南下，直达墨西哥湾。这片地方号称“新法兰西”，后来卖给美国的路易斯安那，不过是新法兰西的一部分。于是皮毛贸易，成为法国殖民经济的支柱产业。

造成法国一家独大的根本原因，主要是人口和联姻。

我们先说人口问题。法国天主教徒不愿意离开故乡，法国政府又不允许新教徒移民北美，结果便是法国在北美的人口非常少。直到1763年，新法兰西境内的法国移民只有6万，同时期的英国殖民地却有160万人口。

相差悬殊的人口对比，导致法国在争夺北美的战争中输给英国；而在此时，由于移民人口数量的缘故，让法国皮毛贸易的体量远超英国。因为皮毛是印第安人的土特产，想大量收购皮毛，恰恰需要和印第安人合作。

英国不限制移民，只要想去北美定居，不论清教徒、天主教徒或者贫民，英国政府一律放行，尤其是清教徒，恨不得全部送出去，让他们自生自灭，别留在国内瞎溜达。

于是越来越多的移民人口，让英国殖民地有恃无恐，对待印第安人非常不友好，动不动就要搞清洗、种族灭绝、生存空间之类的血腥手段。

印第安人也不傻，英国人对我不好，那我的皮毛不卖给你还不行？有本事自己去捕猎啊，你们那点人能捕多少皮毛？而且北美是印第安人的地盘，英国移民出门捕猎的时候，只要印第安人愿意，随时可以灭掉落单的英国人。所以在很长一段时间，英国的皮毛贸易始终起色不大。

法国人就不一样了。法国在北美洲的人口不多，便不能和印第安人搞强硬做派，担心连仅有的人口也保不住。虽然也有小规模的冲突，但法国和印第安人的关系，总体而言保持得不错。基于这种良好的合作关系，印第安人愿意把皮毛卖给法国，法国也拥有了特别稳定的货源。

然后再说联姻。法国人为了皮毛贸易，可以放下所谓的“白人种族优势”，和印第安人通婚，以印第安女婿的身份奔走在部落之间，大量收购当年的皮毛、预定明年的皮毛数量，并且叮嘱印第安“自己人”，千万不要卖给英国人……

新法兰西的创始人萨谬尔·德·尚普兰曾经对印第安人酋长说：“我们的年轻人同你们的女儿结婚，我们就是一家人了。”

然后回头对法国人说：“如果想确保皮毛每年都送到贸易站来，没有比通婚更好的方法了。”于是“法印联姻”成为潮流，这种和谐的关系，也推动着法国的皮毛贸易越做越大。当然了，法国人出门在外做生意，挺孤单寂寞冷的，娶个老婆也可以缓解思乡之苦。

那印第安人愿意吗？当然愿意了。皮毛贸易改变了印第安人的生活，随着时间的推移，年轻的印第安人已经不习惯祖先“自力更生”的生活方式，逐渐欧洲化，习惯使用欧洲的布料、刀斧等工具。但印第安人太原始了，他们想要的东西，都不是自己能亲手造出来的。为了保证生活质量甚至是部落生存，印第安人只能依附于法国，那么最好的方式便是送女儿联姻。

只有成为“自己人”，印第安人才能得到急需的手工业品。也就是说，印第安人被欧洲的商品绑架了，让印第安酋长不自觉地“买办化”。

事实上，当一个民族被迫融入世界经济的时候，如果不能自主研发生产，民族高层为了和世界经济接轨，必然向买办的身份滑落。

法国和印第安人的联姻，诞生了很多混血儿，他们既是印第安化的法国人，也是有白人思维的印第安人。这些能沟通印欧的混血儿，恰恰是皮毛贸易需要的人才。法国的皮毛贸易越做越大，也就顺理成章了。

而隔壁英国在皮毛贸易中吃了大亏，痛定思痛之后，决定放下所谓的面子，让英国人也娶印第安老婆，并且降下身段拉拢印第安部落，共同捕杀可怜的动物们。

经过长时间的亲自实践，英国人也感觉效果非常好，皮毛贸易额逐渐上涨。虽然不如法国，却把其他国家远远甩在后面。

英国和法国，成了北美大陆最耀眼的双子星。

皮毛贸易给印第安人带来欧洲商品、混血儿，也带来种族的分裂。

英、法和印第安部落结盟，主要目的是获得稳定的皮毛供货，然后抢占欧洲的皮毛市场。

那么，在英、法商战的大背景下，分别与英、法结盟的印第安部落之间，也不可避免地擦枪走火，经常为了各自老板的生意，以及自己的荣华富贵而大打出手，甚至爆发屠杀敌对部落的战争。

比如法国的忠实盟友是加拿大境内的休伦人，英国的盟友是美国纽约、宾夕法尼亚、俄亥俄州境内的伊洛魁联盟。

这两支印第安人在英、法的支持下，互相争战百年，所争夺的就是土地、动物资源和皮毛贸易的下游利润。

叁

随着皮毛贸易的无限扩大，北美洲东海岸的河狸等皮毛，逐渐成为稀缺品。

因为动物是自然繁殖的，相比原材料做成的工业品，动物的生长周期特别长，如果不加以节制地捕猎，那么动物的生长速度远远比不上英、法和印第安联盟的猎杀速度。

河狸："只要我死得足够快，你们就永远追不上我。"

为了获得源源不断的皮毛，英、法必须不停开拓新的捕猎场，也就是向遍布印第安人的北美西部扩张。

正是这种对动物皮毛的强烈追求，成为白人开拓北美大陆的原动力。那些留在东海岸、逐渐没有动物可捕杀的印第安人，基本只有两条出路：

首先，是失去动物资源，也就失去和英、法谈条件的资格，更失去自己赖以维生的基本物质。为了继续活下去，印第安人不得不出卖自己的土地，换来暂时的苟且安宁，然后在英、法等白人的挤压下自生自灭。

其次，是技术落后的印第安人被越来越多的英、法白人视为没用的种族，遭到持续性种族屠杀，人口和土地逐渐凋零。

当然，还有一个不能忽视的东西——瘟疫。早在 1620 年的时候，"五月花"号抵达普利茅斯，便发现有大批田地和房屋，他们感觉非常奇怪，明明有人类生存的迹象，但为什么田地荒芜房屋蒙尘，像很久没人居住似的。

他们开开心心地在那里住下，直到很久以后才知道，普利茅斯曾经发生过一场瘟疫，导致几千名印第安人全部灭绝。即便是附近的部落，死亡率也达到恐怖的 90%，以至于周围几十里的土地上，到处是印第安人的残肢遗骸。而那场瘟疫，正是做皮毛贸易的欧洲人带来的。

欧洲人生活在欧亚大陆，数千年来经历过无数次病毒袭击，对于天花、流感、霍乱等病毒已经有了抗体，只要不是大规模的瘟疫流行，些许病毒带在身上也不会致命。但印第安人世代生活在美洲大陆，从来没有经历过欧亚大陆的病毒，根本没有抵抗力。犹如从小生活在温室中的花朵一样，突然暴露在充满恶意的世界，结果便是被世界的恶意暴打致死。

自从印第安人和欧洲人接触以后，天花、霍乱、伤寒等传染病就在北美大陆接连爆发，印第安人也在一次又一次的瘟疫中死伤惨重。

1616 年开始，新英格兰地区的天花病毒流行 3 年，印第安人纷纷死去，给“五月花”号的清教徒留下房屋和田地。

1633 年，北美洲东北部暴发天花疫情，感染者的死亡率达到 95％。

在整个 17 世纪，新英格兰地区的印第安人，由最初的 7 万人减少到 1.2 万人，其中人丁繁盛的阿本乃吉部落，由 1 万人减少到不足 500 人。

据有关学者估算，印第安人的人口减少，有 80％是天花霍乱等传染病毒造成的。剩下的那部分，则是失去议价权之后被英、法等白人屠杀，或者被白人移民浪潮冲得四散飘零。

北美东海岸的皮毛和印第安人都消失了，那么这片土地也就成为白人移民的永久性地盘。而英、法在不断向西推进的过程中，又给印第安人送去两种致命产品。

第一种是枪。

熟悉 20 世纪初中国历史的朋友都知道，军阀搜刮辖区里的物资并且向洋人大规模借贷，主要目的是向洋人买枪炮武器，以便在军阀混战中扩张地盘，然后继续搜刮借贷买武器，直到成为最大的买办军阀为止。印第安人也逃不过这个套路。

那些和英、法结盟的印第安部落，为了保证自己的贸易优先权，必须把自己打造成最强大的部落，才不至于被其他部落后来居上。

于是印第安部落换到足够的工业品之后，便用皮毛和英、法交换枪支弹药，在印第安部落中维持武力优势。

但是枪非常贵，在皮毛贸易刚开始的年代，要用平铺叠加后与枪等高的皮毛才能换到一支枪，后来枪支贬值，但也要 25 张皮毛换一支枪。

英、法等欧洲白人用枪换到的皮毛，远远比刀斧等小物件换皮毛的利润要丰厚，不论武装盟友还是赚取利润，他们当然愿意卖给印第安人枪。

印第安部落也不在乎成本，宁愿花费巨大的代价，也要买到足够的枪。有了枪，就能击败其他部落。有了枪，可以更有效率地捕杀动物。而有了武力和皮毛，就有了部落的一切。

这是一环套一环的"种族侵略陷阱"，印第安人身在其中，即便有些酋长发现不对劲，却根本无法对抗时代潮流，以及技术代差碾压。

于是在长达数百年的时间里，从东海岸的纽约和五大湖地区，到西海岸的加利福尼亚，从北方的魁北克到落基山脉的最南端，无不充斥着印第安人的部落战争、地盘征服和血腥屠杀。换句话说，英、法出售给印第安人的枪，不仅赚到巨大的利润，也让整个印第安人群体分裂了。

对于一个种族来说，分裂就是灭亡的征兆。

第二种是酒。

原本印第安人没有饮酒的习惯，但是随着皮毛贸易向北美内陆延伸，欧洲白人不可避免地把葡萄酒、白兰地、朗姆酒带入北美，并且邀请印第安盟友一起享用。

稍微尝试之后，印第安人震惊了："喝醉的感觉真美妙啊。"于是印第安人一发不可收，许多喝过酒的人，迅速变成彻头彻尾的"酒蒙子"。

而且在皮毛交易的时候，货物里必须有大量的酒，如果没有酒的话，印第安人直接拒绝交易。印第安人的反应，被英、法等欧洲白人看在眼里，也特别愿意卖酒给印第安人。

因为印第安人喜欢喝的酒，只有欧洲能生产，只要印第安人喜欢，欧洲就能用酒来捆绑他们，甚至是报复性制裁。

而且与枪支刀斧相比，酒是成瘾性快消品，只要印第安人产生酒瘾，并且在北美大陆继续生存，欧洲白人就能源源不断地卖给他们，用忽略不计的成本，换取印第安人手中珍贵的皮毛。

欧洲白人卖给印第安人的酒，与后来卖给中国的鸦片，其实是一个套路。都是用成瘾性快消品绑架一个种族的人民。而被绑架的瘾君子，永远也逃不出欧洲白人的手掌心。

在这样的背景下，欧洲生产的朗姆酒和白兰地，不断向北美大陆运来，送到印第安人的手里，收割他们的皮毛和种族命运。

比如1799年，每季度有9 600加仑的朗姆酒运到北美，4年后便增加到21 000

加仑，完全是指数级增长。卖给印第安人的时候，还要在酒里兑 4 倍的水，反正印第安人喝不出来。

压缩成本又能多卖钱，这不是欺负老实人吗?

到后来更荒唐，许多印第安人想喝酒的样子，与中国的大烟鬼一模一样，以至于出现明尼苏达州的苏族印第安人用 1 400 条牛舌换了几加仑威士忌，然后 600 人分享的奇闻。

如果说皮毛买办让印第安人跪下，枪支造成印第安人的分裂，那么酒精就让印第安人堕落。

灭族三件套，印第安人已经集齐了，只差最后合成。

肆

1832 年，曾经的英、法殖民地，大部分成为美国的地盘，而随着英、法在北美大陆的接连退场，皮毛贸易也即将画上不圆满的句号。

那年的政府报告里写道：“落基山的河狸皮毛交易，已经是一项不可持续发展的产业。”两年后的《美国科学杂志》也说：“皮毛交易肯定要衰退了。”

落基山在美国西部，也就是说，经过 300 年的捕猎和皮毛贸易，整个北美大陆的原生动物生态，几乎被破坏殆尽。

比如让欧洲白人发家致富、彻底改变印第安人生活的河狸。1534 年，河狸在东海岸遍地都是，但到了 1640 年，哈德逊河流域和马萨诸塞，便再也看不到一只河狸。随着捕猎地点一路向西推进，19 世纪 30 年代，整个落基山的河狸皮，年产只有区区 2 000 张。和 300 年前的皮毛贸易相比，完全不是一个量级。

伴随河狸走向绝境的是美洲野牛。美洲野牛是平原印第安人的生活来源，他们以野牛肉为食、用野牛皮做衣服甚至用牛粪做燃料，总之没有野牛，平原印第安人就无法生存。然而美国人开出的价格是一张野牛皮 4 美元左右，在那个年代，这样的价格非常有吸引力。于是印第安部落每年秋冬季外出捕猎，剥下皮来卖给收购野牛皮的美国商人，换一些美国东部生产出来的工业品、枪支和酒精。此外很多美国猎人为了发财，也穿越北美大陆，到西部捕杀野牛。据统计，19 世纪的大部分时间，美国的野牛皮年产量可达到 10 万张。如果算上捕猎时造成的牛皮破损，那么想得到

10 万张野牛皮，最少需要捕杀 50 万头野牛。

高频率的捕杀造成野牛数量急剧减少，最初北美大陆有将近 3 000 万头野牛，到 1870 年仅剩下千万头左右。

印第安人

（爱德华·柯蒂斯拍摄于 20 世纪 10 年代。印第安人是对除因纽特人外的所有的美洲原住民的统称，并非单指某一个民族或种族，历史数据显示，在欧洲殖民主义者侵入之前，全美洲的印第安人数约为 3 000 万～4 000 万。经过长期的殖民统治，到 18 世纪末，印第安人的数量下降至 700 万～800 万。）

而随着 19 世纪 70 年代野牛皮制革技术的升级，野牛皮成为皮毛市场最抢手的货，于是野牛也迎来惨烈的命运。1872—1874 年，印第安人和美国猎人，每年猎杀的野牛达到 300 万头，短短几年时间，很多地方的野牛群便完全消失了。野牛皮年产量也从最初的 10 万张跌落到 1884 年的 300 张。野牛消失了，持续几百年的皮毛贸易也走到了终点。

那些在皮毛贸易中扮演“中间人”角色的印第安人，不仅失去与美国白人合作的资格，也失去了自己的赖以生存的环境，在工商业横扫北美大陆的时代，已经没有一片干净的草原和山脉，能让他们回到祖先“自力更生”的时代了。

北美大陆上的印第安部落接连消失，即便有些残存的印第安人，也成为北美大陆上的孤魂野鬼。印第安人就此走向灭亡的深渊。

在这个过程中，瘟疫是不可抗拒因素，买办、分裂、成瘾酒精是不可逆的结构性矛盾，北美大陆的动物消失是最关键一锤。

伍

我之前一直用清末民国和印第安人做对比，其实这两者还是有区别的。

印第安人最大的问题是文明程度太低，从来没有产生“国家”的概念，而是只认同部落之间的血缘关系。也就是说，作为北美大陆的原住民，印第安人数千年来与世隔绝，始终都处于原始部落的层次，连中国炎黄部落联盟的程度都没有达到。

而印第安人却拿到清末民国的游戏副本，面对买办、分裂和成瘾酒精的时候，丝毫没有反抗的余地，甚至不知道如何去挽救灭亡的命运。

他们只能依赖北美原生的动物资源，在欧洲白人开拓北美的历史进程中随波逐流，当资源耗尽的时候，种族也走到了灭亡的边缘。正如一个印第安人说的：“我们毫不费力地捕杀河狸，现在很富足，但很快就会变穷。”

伊利诺伊州的印第安酋长夏伯尼，也曾坐在夕阳下回忆往事：“以前草原上有大群野牛，树林里能找到麋鹿。现在这些动物都不见了，他们朝太阳落山的地方去了。过不了几年，每片林地中都会飘起白人小屋升起的炊烟，所有的草原都会变成他们的农田。”

夕阳照在夏伯尼的身上，浑浊的眼睛里，尽是穷途末路的苍凉。

我有一个梦想:美国黑人翻身有多难?

壹

美国黑人乔治·弗洛伊德被白人警察用膝盖压住颈部,7 分钟后死亡,死前最后一刻,乔治喊了一声妈妈。

白人警察的暴力执法,很快发酵成黑人群体事件。

众所周知,种族歧视和黑白对立是美国的“传统节目”,几百年来一直如此,虽然法律取消对有色人种的歧视,但歧视一直活在一些白人的心里。

时代的一粒灰,落到黑人头上就是一座山。

那么问题来了。为什么美国白人总是瞧不起黑人兄弟,为什么黑人争取权益总是不成功?其实这两件事,都要在历史上找原因。

500 多年前刚刚开始大航海的时候,欧洲白人还没有绝对的种族优越感,他们以一种憧憬的心态发现世界,走到哪里都感觉很新奇。

他们发现奥斯曼帝国、印度、中国都很繁荣,瞬间感觉自己弱爆了,基本以一种仰望、学习的心态观察世界。

曾经有英国人说:“土耳其人是近代唯一起伟大作用的民族。”

有一个广为流传的说法是,德国哲学家、数学家莱布尼茨曾给康熙皇帝点赞:“他是个神一样的凡人,点一下头,就能治理一切,但他是通过受教育获得美德,从而赢得统治权的。”他们甚至觉得,印度梵语比希腊语更优美。

那时候的白人是不自信的,最多有一种“我也不太差劲”的想法,在世界贸易中也是以努力赚钱为主。

直到很多年后,欧洲白人通过航海贸易,成为世界最富裕的人,他们的军舰可以横行世界没有阻碍,逐渐用财力和军力建立起世界霸权。

白人在贸易中发现,童话里都是骗人的……奥斯曼、印度、中国是辉煌过,但现在已经不行了。

那些国家缺少科学技术,导致工商业依然停留在千年前,没有科学技术就没有枪炮,导致军队战斗力很差劲,紧接着就是国家整体落伍。

白人的商队和军舰不管到哪里,都能迅速占领土地作为殖民地,稍有反抗也能利用技术代差的优势剿灭。

这种感觉就像黄鼠狼进了鸡窝,满眼都是大鸡腿,都不知道该从哪里下嘴了。他们突然发现,原来白人才是最牛的。种族心理优势一下就建立起来了。

就像村里的二愣子身强体壮,不论和谁打架都能赢,时间长了他肯定觉得自己最牛,其他村民都是菜鸡。

这是一种赢家思维。白人实力强横就会觉得种族有优势,富人有钱了就会觉得穷人不努力。国家和个人都一样,这个世界永远是经济基础决定上层建筑。

从此以后,白人不再以平等的眼光对待其他种族,而是认为其他人种天生就是当奴隶的命,让他们伺候白人是上辈子修来的福分。

除此之外,当然还有一点宗教影响。

欧洲宗教改革之后,英国的圣公会还有很多天主教残余,一部分新教徒要求清理天主教残余,让英国成为基督世界的模范。

结果,清教徒被国王迫害镇压,不得已乘坐“五月花”号跑到北美洲。

在盎格鲁—撒克逊的白人清教徒看来,上帝考验自己的时候到了。

他们有一种很强烈的上帝选民意识,认为上帝选中他们,就是让他们努力发展做大哥,带领世界向前走。

多年以后,这种清教徒的自信已经扩散到全部白人群体,人种霸权+宗教熏陶,让美国白人的自信心爆棚。

他们嘴上说着不歧视,其实身体很诚实。因为白人的种族歧视已经根深蒂固,不是几条法令可以改变的,更不是黑人举行几场暴动就能扭转的。

贰

黑人在登上北美大陆的那一刻，已经注定生活在社会的最底层。

大航海时代，西班牙和葡萄牙派船队出去找黄金，逐渐占领了南美洲和墨西哥，带着大量黄金白银回到欧洲。

英国和法国起步比较晚，发现有贵金属的地盘已经被占了，打又打不过，只能到北美大陆做些农业、商业、皮毛的生意。不管是开矿或者种田，想要做大规模，都需要大量人工。

欧洲白人也想过聘请欧洲工人，但是思来想去，欧洲工人的工资太高了，无形之中就增加了商业成本。于是，黑人奴隶贸易的需求量激增。400年间，将近2 000万黑人被运到美洲，成为农场、工矿、家庭的奴隶，人口数量占白人的3～4倍。

那些黑人奴隶不能拥有财产，不能离开主人的地界，不能参加教堂外的聚会，不能读书写字……

当然，黑人奴隶是可以结婚成家的。但是奴隶交易所可不管这些，只要主人愿意，随时可以把黑人奴隶的妻子、丈夫、孩子、父母亲卖掉。

打个比方。一个黑人奴隶刚刚结婚，还没来得及尝到家庭的喜悦，突然主人对他说："你老婆要被卖掉了，今天是你们团聚的最后一天。"这对黑人奴隶夫妻没有任何反抗的余地，丈夫只能眼睁睁看着妻子被人带走，可能这辈子也见不到了。

据统计，黑人奴隶的一生，基本要经历十几次家人被卖掉的惨剧。

在美国白人奴隶主眼中，黑人奴隶没有任何人类文明特征，只是可以行走说话。

而稍微穷点的白人自耕农，生活也不富裕，但低头看看自己的皮肤就有了优越感，好歹是白人。

即便黑人奴隶贸易和法律被废除，美国黑人依然生活在社会的底层。2015年2月，CNN有篇报道说，白人拥有的财富是非裔的12倍、拉美裔的11倍。

据美国司法部统计，有1/3的黑人，会在人生的某个时刻入狱，这个概率是白人的5倍。

这种天差地别的地位，美国白人怎么可能看得起黑人？

非洲奴隶贸易

叁

美国黑人受歧视,早就积累了一肚子火。

不论白人或者黑人,都是生活在地球上的人类,白人凭什么自认为高人一等,看不起从非洲来的黑人?

早在农场做奴隶的时候,黑人就通过装病、怠工等手段反抗,实在气不过就损坏劳动工具,稍微发泄一下不满。只是这些都没什么用。真正让美国黑人地位提升的,还是来自20世纪60年代的平权运动。

那时候的黑人不反抗了,而是想尽力融入白人的主流社会,争取和白人同等的权力,总之就是黑人也要活得像个人。

1955年,亚拉巴马州蒙哥马利市的女性黑人,拒绝在公交车上给白人让座,结果被捕入狱。

为了反对公交车上的种族隔离,马丁·路德·金带领5万黑人罢乘公交车,每天坚持步行上下班。有的黑人因此被开除,其他黑人会通过鼓励和经济援助的方式,帮助同胞渡过难关。

他们坚持了整整一年,终于让公交公司取消了种族隔离制度。此时,黑人才争取到正常坐公交的权力。

1960年,北卡罗来纳州的4个黑人学生到餐馆吃饭,白人服务员让他们出去,但是这4个黑人学生不理他,一定要在餐馆吃饭。

其他黑人学生一听,太英勇了,我们要支持啊。于是又发展成了大规模的非暴力行动,最终200个城市取消餐馆的种族隔离。

通过断断续续的几件事,美国黑人逐渐意识到:权力居然是可以争取来的,那我们就团结起来争取吧。

1963年,黑人平权运动达到高潮。

同年8月,25万黑人和同情者在华盛顿示威游行,马丁·路德·金站在林肯纪念馆的台阶上,发表了《我有一个梦想》的演讲:

我梦想有一天,在佐治亚的红山上,昔日奴隶的儿子能够和昔日奴隶主的儿子坐在一起,共叙兄弟情谊。

我梦想有一天,甚至连密西西比州这个正义匿迹,压迫成风的地方,也变成自由和正义的绿洲。

我梦想有一天,我的四个孩子将在一个不是以他们的肤色,而是以他们的品格优劣来评价他们的国度里生活。

马丁·路德·金在发表演讲

(1968年4月4日,在田纳西州孟菲斯市的汽车旅馆二楼阳台上,他被白人种族主义分子枪击后去世,终年39岁。)

这场示威游行实在太大了，造成强大的舆论压力，国会不得已在第二年通过民权法案，宣布种族隔离和种族歧视是非法的。

今天美国黑人的权力，全是通过运动示威争取来的。可是平权运动也基本到此为止了。因为时代风口过去了。

“二战”结束之后，英、法等老牌帝国的殖民体系崩溃，世界各殖民地逐渐摆脱老牌帝国的奴役，开始民族复兴的进程。

中国、越南、非洲、南美……无数新兴国家建立起来，主权国家发展到如今的195个。

这些国家的独立运动，很大程度支持了美国黑人的平权运动，马丁·路德·金等领袖人物，可以在第三世界国家得到极大支持。

这就形成世界一体的局面。哪怕这些国家再穷再弱，团结起来就能发出很大的舆论声音，美国哪怕再霸气，也不可能无视这种声音。

这也是美国黑人平权运动的外部支持。

而工业革命发展到20世纪中期，已经到了物质和精神不对称的瓶颈期。也就是说，工业社会的硬件框架已经搭建好了，但是思想文化的软实力还没有跟上。

所有的思想文化，基本还是几百年来的老一套。这套东西用在殖民体系的世界还行，问题是现在全世界都觉醒了，大家都不愿意做奴隶了。

落后国家要求独立自主、底层人民要求社会权力、发达国家的中上层要求自由。

这是工业文明发展到一定阶段，必须面对的东西。

思想文化的瓶颈突破，和世界革命浪潮结合在一起，在20世纪六七十年代爆发了遍及世界的思想文化运动。

比如美国的黑人平权、欧洲女权运动……

美国黑人平权，只是这一波世界浪潮中的小水珠，这就是我说的赶上了风口。

现在呢？那些被殖民的国家，该独立的早就独立成功了，没有成功的暂时也没有希望。类似于几十年前的全世界革命浪潮，短期内不会再出现第二次。

工业文明思想文化的瓶颈突破，人权、女权等简单的已经完成，至于平民参政等难啃的硬骨头，目前看不到再次下手的迹象。

20世纪六七十年代是历史矛盾发展到一定阶段的爆发期，而现在是积蓄力量的时期，等待下一个风口推动人类文明向前走。也就是说，那个轰轰烈烈的大时代过去了，而下一个大时代还没有到来。

如果没有科技更新换代，或者世界格局发生翻天覆地的变化，世界各国大体上也就这样了。

把美国黑人放在这个大背景下，我们很难看到黑人争取更大权力的未来。个人闹得再凶，也拗不过历史进程啊。

肆

尽管美国白人看不起黑人，但是黑人数量庞大，完全可以自力更生，实现美国梦啊，只要有钱有势，地位就是可以改变的。

这条路看起来可行，但是黑人走不通。因为他们向上的科技树被锁死了。

我们之前说过，在美国资本主义原始积累阶段，黑人奴隶是不可以读书、不可以拥有财产的。只有极少数黑人奴隶表现出色，成为种族隔离的漏网之鱼，用几代人的努力成为中产阶级。可是这些人太少了，在庞大的白人种族面前，甚至可以忽略不计。

既然不能读书，就没有通过教育翻身的机会，工业革命中的很多机会，黑人都把握不住。

黑人的整体知识面太狭窄，大部分人不能胜任含金量高的职位，所以自从登陆美国起，教育就把黑人限制在最底层。

任何事都是一步慢步步慢。当白人投身世界贸易和工业革命，跟随美国国运一日千里的进步时，黑人依然在原地踏步，与非洲祖先一样做最原始的工作。

这样发展几百年，白人掌握的资源、技术、生产资料越来越庞大，黑人还是挤在贫民窟里活一天算一天。这就形成种族代差的碾压。

进入信息化时代以后，技术越来越复杂，白人的资源越来越固化，虽然有奥巴马等零星黑人进入中上层，但黑人作为种族，已经没有任何机会了。于是，大部分黑人又陷入“世代贫穷”的陷阱。

他们做完一天的劳累工作以后，已经没有多余的精力谋求学习进步，只能用垃圾快乐和酒精麻痹自己，要不然实在没有其他娱乐方式。

由于缺乏资源，他们没办法接受高等教育，读书识字差不多就行了，进一步堵住向上的通道,然后沿着父辈的老路继续转圈。

一代又一代,一年又一年,大部分底层黑人始终不能突破阶层壁垒。

1966 年有项统计数据:7.3%的白人男子读完大学,而黑人男子只有 2.2%;5.4%的白人女子读完大学,而黑人女子只有 2.3%。就业和失业,也差不多是这个比例。

美国有句话:当经济低迷时,少数族裔第一个被解雇,经济回升时,他们又是最后一个被通知上班。

伍

美国黑人的历史,总体来说就是这样子。

黑人苦恼社会地位低,却没有办法争取更大的权力,白人嫌弃黑人脏乱差,很多工作又离不开黑人。这对相爱相杀的黑白双煞,大概要纠缠到地老天荒了。

一个国家的民族、人种太复杂的话,必然要出现这种事情,基本没有其他解决办法。

美国作为移民国家,既然吃了世界人才流入的红利,也要承担人种复杂的弊病。不能只享受权利不承担义务,哪有那么好的事情。

这是大航海以来的历史矛盾积累,不是短时间能够消除的,用多少年积累的矛盾,必然要用相同的时间来消除。

就像匈奴和鲜卑用 400 年进入中原,五胡乱华之后开始民族融合,也是用了 400 年才形成统一的隋唐帝国。

墨西哥的毒品和新自由主义

壹

中国人相信人多力量大，可以逆天改命，但也相信天意难违，人终究要被天意重塑。春秋时期，伍子胥伐楚，故交申包胥便劝他："吾闻之，人众者胜天，天定亦能胜人"，说的就是这个意思。

拉丁美洲的环境温润，非常适合植物生长。

早在欧洲白人到拉丁美洲之前，原生的印第安人便采集植物，作为维系生活的必需品，其中一类植物是古柯。

他们随身带着古柯，感觉身体疲乏的时候，便把古柯放到嘴里咀嚼，等身体吸收了古柯的成分，就会感觉疲惫消失，哪怕没有食物和水，印第安人也精力充沛。而且印第安人在生病的时候，也用古柯来治疗，能起到缓解疼痛、治愈生理和心理创伤的效果。

由于古柯的麻醉作用，印第安人甚至发明了"头骨环钻术"，如果有人的头部受了内伤，或者因生病而头痛欲裂，巫师便让病人咀嚼古柯，等头部没有痛觉的时候，巫师就用石片刮病人的头骨，或者直接钻孔，让邪风排出体外。

经过相当长时间的尝试，印第安人积累了丰富的古柯使用知识，他们觉得古柯是好东西，肯定是太阳神送给子民的圣物。于是在宗教祭祀的时候，巫师们嚼着古柯，让自己进入精神亢奋的状态，然后开始主持祭祀仪式。

印第安人的巫师和部落子民都认为，大量咀嚼古柯能出现空灵缥缈的感觉，可以和太阳神有效沟通，请他老人家满足自己的诉求。

古柯作为一种神圣植物，遍布拉丁美洲印第安人的方方面面，以至于发展到后来，古柯和现代的手机一样，成为印第安人社会的媒介物。

现代人离开手机寸步难行，拉丁美洲的印第安人离开古柯，也什么事都做不了。

其实古柯不是什么太阳神赐予的圣物，之所以出现各种离奇的效果，主要是因为古柯里含有大量的可卡因，让印第安人咀嚼后产生一系列幻觉。

人是被环境塑造的。东亚农耕环境塑造了崇尚集权稳定的族群，欧洲临海的环境塑造了殖民贸易的族群，而拉丁美洲盛产可卡因的环境，塑造了祭神嗑药的族群。

也就是说，欧洲文明进入拉丁美洲之前，印第安人便有使用毒品的传统，在时间的加持下，可卡因之类的毒品，成为拉丁美洲的地域基因，以及拉丁美洲族群的共同记忆。

古柯(Erythroxylum coca)

[毒品可卡因(cocaine)与碳酸饮料可口可乐(Coca-Cola)，这两种东西其实都来源于植物古柯。]

不论是位于秘鲁、哥伦比亚、智利等地的印加帝国，还是位于墨西哥的阿兹特克帝国，从某种层面来说，都是麻醉植物维系的国家。

大航海开始以后，欧洲大船不断开往美洲，大麻也随着这些船到了新大陆，因为大麻纤维是制造绳索、帆布、纸张的理想材料，后来美国《独立宣言》用的纸张，就是大麻纤维制成的。

到了 19 世纪，让欧洲人大发横财的罂粟，也通过亚洲和美洲的贸易线传播到太平洋东海岸，在墨西哥等地迅速生长起来。

在这样的背景下，拉丁美洲的毒品种类越来越丰富，简直是个大毒窝。

由于墨西哥处于南北美洲的交界地带，于是墨西哥便成了南北毒品交流的中转站，不过那时候的人们都不认为，吸食毒品是什么大事，反而和印第安人一样，觉得毒品是生活的必需品。

于是族群共同记忆和现实利益，让毒品成为墨西哥的重要产业。

这是天意。

贰

清教徒在北美建立起来的美国，始终有一种“昭昭天命”的使命感，他们希望不断扩张领土，把“天选之民”的制度和价值观传播到全世界。

在美国蓬勃向上的年代，这就是美国的政治正确。

19世纪初期，向西扩张到太平洋东海岸的美国，与墨西哥迎头相撞，不可避免地在领土方面出现摩擦。

1836年，原属墨西哥的得克萨斯独立，成立得克萨斯共和国。

领土分裂出去，墨西哥当然不承认得克萨斯独立，便宣布要收复得克萨斯，并且警告美国，如果美国干涉墨西哥内政的话，两国必然爆发战争。但美国实在忍不了领土的诱惑，便于1845年宣布，如果得克萨斯共和国愿意加入美国，美国非常愿意接纳。得克萨斯共和国觉得不亏，当年就加入美国，成为美国的一个州。

墨西哥大怒，美国竟然敢侵略墨西哥的领土，那就宣战吧。

1846年4月24日，墨西哥骑兵北上格兰德河，进攻驻扎在那里的美国军队。19天后，美国向墨西哥宣战，美墨战争爆发。

早在决定接收得克萨斯的时候，美国总统詹姆斯·波尔克就认定，如果美国和墨西哥爆发战争，墨西哥是无法防御的，美国能打赢战争。

事实正如其所料。美墨战争进行不到一年时间，美国军队便攻入墨西哥首都，不久后签订《瓜达卢佩一伊达尔戈》条约，规定加利福尼亚、内华达、犹他的全部地区，科罗拉多、亚利桑那、新墨西哥和怀俄明的部分地区属于美国，为了补偿墨西哥，美国愿意支付1 825万美元。

这是一场国运之战。通过美墨战争，美国在政治军事上成功驯服墨西哥，让墨西哥变成蜗居一隅的国家，美国则在“昭昭天命”的大旗上，再画上浓重的一笔。但是政治和军事上的驯服并不牢靠，把墨西哥的经济捆绑在美国的战车上，才能真正驯服墨西哥。这种依赖美国的墨西哥，才是美国需要的墨西哥。

战争结束后的百年时间，美国和墨西哥的关系很冷淡，一方面是墨西哥认为美国是仇人，另一方面是美国奉行孤立政策，不怎么掺和国外的事务。

但是，“二战”爆发以后，两国的态度都变了。美国害怕轴心国势力在墨西哥扩大影响，威胁美国的南部边疆稳定，而墨西哥发现，美国已经发展成世界大国，自己正好可以利用美国的担心来要挟美国，让自己的利益最大化。

两国一拍即合，便开始了紧密的合作。1941 年 7 月，美国和墨西哥签订战略物资协定，规定墨西哥向美国出口战略和生活物资，保障美国的战时需求，1942 年 8 月，允许墨西哥移民的《短工法案》通过，流入美国的墨西哥劳工数量，从当年的 4 000 人一路攀升到 1945 年的 12 万人。

这两项协定，保证了美国的原材料和劳动力需求，墨西哥赚到大量美元，可谓是双赢。

“二战”结束以后，轴心国势力倒是消失了，但美国害怕的共产主义崛起，于是美国更加需要墨西哥的稳定，而墨西哥也想明白了，对抗共产主义的武器就是发展经济，于是在经济上更加依赖美国。毕竟对于墨西哥来说，能接收墨西哥产品的大市场，也只有美国了。

在这样的需求下，墨西哥执行了进口替代战略，努力发展国家的工业，美国企业也纷纷到墨西哥注册分公司，大力投资墨西哥的产业。

到了 20 世纪 70 年代，墨西哥的外国直接投资达到 3.23 亿美元，其中 79%是美国的投资，集中在采矿和制造等领域。至此，美国把墨西哥绑定在经济战车上，实现完全驯服墨西哥的事业。

作为依赖美国的回报，墨西哥的国民生产总值增长 6 倍，建立起自给自足的经济产业，以及公路、水利、城建等公共工程。

美国达到自己的目的，墨西哥能过着不好但也不差的生活，又是一场双赢。这是人众者胜天。

然而，好景不长。20 世纪 80 年代，美国的里根总统上台，开启全世界“新自由主义”的时代，作为捆绑在美国战车上的国家，墨西哥自然紧跟美国的脚步。

墨西哥总统米格尔·德·拉·马德里·乌尔塔多，对大量国有企业进行私有化，并且削减基础设施的投资、降低关税鼓励外商投资，还不向社会精英征税。

这轮改革像休克疗法似的，把墨西哥改造成典型的小政府、大企业国家。

讨好精英阶层的改革，进行起来很简单，但结果就难以收拾了。经过总统的新自由主义改革，墨西哥开启大企业兼并小企业的进程，导致将近80万人失去工作，有工作的工人也因为企业节约成本，工资大幅度下降。

没有工作没有收入，那么便会导致市场没有消费，而农村的产品卖不出去，又紧接着导致农村经济破产，于是大量农民背井离乡，进入墨西哥的各大城市，成为游荡在大街上的失业人口。

到了1987年，墨西哥的半数人口因物资匮乏，导致营养不良，国家债务从GDP的30%，增长到GDP的60%，国家走在破产的边缘。

墨西哥人称20世纪80年代为失落的十年。

悲剧还没有结束。1988年起，执政近60年的墨西哥革命制度党，放弃革命民族主义的指导思想，开始以“社会自由主义”为名，正式在指导思想方面，执行新自由主义的路线。

这次改旗易帜，给墨西哥造成毁灭性打击。新总统卡洛斯·萨利纳斯以更大的力度、更低的价格出售国有企业，包括电信公司、航空公司、国有钢铁公司、铁路公司等大型国企，都以私有化的名义卖给个人。

窃取国家财产是无本生意，苏联解体造就了大批寡头，墨西哥私有化也造就了大批寡头，1987年福布斯富豪排行榜上的墨西哥人只有1个，到1994年已经有24个。

国家经济在快速衰落，富豪数量却在快速增加，这种现象的背后，必然是墨西哥的贫富分化加剧。

当墨西哥的国有企业被私有化时，原来的工人福利被取消，私人企业主还要求工人服从弹性工作制度，也就是随时准备加班。

加班也就罢了，工资还给不到位。毕竟资本家需要效率、需要压缩成本、需要进行资本原始积累，怎么可能给工人丰厚的工资呢。工人的工资下滑，便是必然发生的事。

而在私有化和贫富分化同时进行的时候，墨西哥为了签订《北美自由贸易协定》，彻底加入美国的大市场，被迫按照美国的要求，放弃把墨西哥土地改革条款写入宪法，规定公共土地可以转变成私有土地，进行自由买卖。

当土地失去公共属性，那么墨西哥政府对农作物的价格管制，便顺理成章地废除了，发给小农户的补贴也没有了。毕竟已经市场化了，墨西哥政府不方便参与太多。

于是墨西哥农民的成本大幅度增加，必须卖出更高的价格才有收益，而根据《北美自由贸易协定》的条约，美国可以在墨西哥出售玉米等农作物，但美国的农业企业享受国家补贴，可以不计成本的倾销，以便占领墨西哥市场。

这样一来，墨西哥农民不仅赚不到钱，甚至还要赔钱进去。这种生意谁做啊，得，不玩了。

短短几年时间，将近 200 万墨西哥农民放弃土地，要么到城市的贫民窟谋生，要么偷渡到美国打工。既然一切都是美国造成的，那美国就要负责，对吧？

墨西哥的贫富分化如此严重，富豪倒是挺满意的，但失业工人、无地农民、城市贫民该怎么办呢？他们也有生存的需求啊。

其实也有办法。墨西哥不是盛产罂粟、大麻、可卡因、海洛因等毒品么，而美国受消费主义和享乐主义的影响，吸食毒品的人口达到数千万，那墨西哥就能生产毒品卖到美国，赚到丰厚的利润，补贴产业衰落带来的贫穷。

以大麻为例。墨西哥农民种植一公顷玉米，年收入差不多是 600 美元，要是改种大麻的话，每年可以赚到 2 万美元，贩毒集团每天还支付给他 15 美元的工资。

一边是没有收入穷困潦倒，一边是改变思路走出口路线，如果你是墨西哥人，恐怕也不难做出选择。于是在经济衰落的背景下，种植并销售毒品，迅速成为墨西哥的全民产业。

墨西哥出现数不清的家族贩毒团伙，他们雇用农民种植毒品作物，然后加工成品，再通过美墨边境走私到美国，形成一条遍布美洲的毒品贸易线。

此外，因为墨西哥处于南北美洲的交界地区，那些哥伦比亚、秘鲁等国家的贩毒集团，也要通过墨西哥走私到美国。

在秘鲁和哥伦比亚，种植正常农作物的农民，每天收入差不多是 3 美元，种植古柯的话，每天收入能达到 20 美元，收入翻了近 7 倍。

而一捆古柯叶售价 60 美元，加工成可卡因（即古柯碱）以后，每公斤能卖到 6 000 美元，冒风险走私到美国就可以卖到 3 万美元，如果加入一半的中性物质稀释，可卡因的售价还要再翻一倍。

在这个过程中，墨西哥的贩毒集团又做了一次坐地虎，可以稍微赚点过路费。很多墨西哥人一夜暴富。

当贩毒成为墨西哥的全民产业以后，这项产业又会改造墨西哥的城乡和人口。

贩毒集团通过收购土地和雇用农民的方式，把地方人口整合到贩毒的产业链中，基本成了墨西哥政府之外的影子政府。

而70%的墨西哥青年的人生理想是做毒贩。

几十年来，墨西哥的毒贩几乎垄断了美国的大麻、可卡因、海洛因贸易，美国说过很多次要清理毒品，并且援助墨西哥缉毒，但始终没什么效果。

这事也很容易理解。当美国摧毁了墨西哥的社会结构和产业链，人家墨西哥人没有活路，只能重新捡起老祖宗的手艺，谋一条致富之路。

美国也好，墨西哥政府也罢，想彻底缉毒，得先恢复墨西哥的经济，要不然毒贩只会越缉越多。

所以，墨西哥的贩毒集团横行，只是表面现象，深层次原因是经济问题，毕竟这个世界上只有一种病，那就是穷病。

现在向美国贩毒的墨西哥毒贩、去美国打黑工的墨西哥人，正在慢慢地占领美国，说不定再过几十年，墨西哥人就能恢复祖宗的江山了。这就叫天定亦能胜人。

肆

回到开头的话。

曾经的美国用战争把墨西哥纳入麾下，现在墨西哥却用毒品和人口渗透美国。

曾经的清教徒们信奉昭昭天命，想在北美建立起统治世界的山巅之城，现在却成了毒品和枪支泛滥的国家。

曾经的墨西哥苦恼于离美国太近、离天堂太远；现在拉丁美洲的植物，却成了墨西哥的经济支柱和“反攻”武器。

所以从短时间来看，人定能胜天，但从数百年的时间长度来看，终究是天意难违。

第二部分

欧洲篇

基督教与罗马帝国

壹

从未有某种宗教，像中世纪的基督教一样强大。而这种强大的背后，有深刻的历史背景，也有宿命般的巧合，早期的基督徒怎么都不会想到，自己信仰的宗教会登上王座。

耶稣出生之前，巴勒斯坦处于罗马治下。

由于是边境省份，再加上罗马总督的统治风格极其粗暴，那里的人民处于水深火热之中，什么武力镇压、经济剥削之类的名词都可以套上去。这种环境，往往会在动荡中孕育新生命。

奴隶起义持续不断，新宗教、新思想也层出不穷，人们都在绝望中寻找希望，想要找到民族和国家的出路。基督教就是众多新事物中的一种。

它在诞生时很不起眼，淹没在数百个新宗教的嘈杂声中，但是基督教却能在短短几百年内，迅速走出亚洲，成为信仰人数最多的欧洲第一大教。因为它的基因里，带着天然的普世密码。

贰

彼时的罗马正处于强盛时期。如果把罗马比作庞大市场的话，那么基督教就是最契合受众心理的产品。

别的宗教和思想都有社会阶层属性，有的专门为市民服务、有的专门找农民朋友、有的为中产阶层量身定做。可基督教不是。它张口就说："只要信奉耶稣就是上帝选民，不分种族国界，有共同信仰的就是好朋友。"

这样的核心宗旨具备普世性，让所有人都成为自己的潜在用户群体。不论三教九流、不论贫富贵贱，只要信仰相同就是自己人，大家以后必须互帮互助，共同对抗世间的困难。

一旦基数扩大，受众和用户也会增长很快。所以先天的基因密码，为基督大发展奠定了良好的基础，保证它能够顽强生存下来，然后才有资格谈其他的东西。

比如仪式。当时基督教的仪式极其简单，根本没有什么繁文缛节，不管人们有没有文化，只要看一遍也能学会。

这又降低了入教的门槛。只要想加入进来，几乎没有不成功的，帮助用户省略步骤，是不是很有互联网公司的作风……

比如团结。由于教旨具备普适性、入教的门槛低，早期基督教的成员几乎都是穷人。穷人没有地位和财富，对抗风险的能力很弱，所以他们对于团结的需求极其强烈，在困难面前，穷人迫切需要有人拉自己一把。这项功能，基督教也可以提供。

比如反抗。早期的基督教具有很强烈的反抗精神，它带着人们报仇申冤，并且要求建立太平公正的新世界。更重要的是，它很仇富。基督教的教义中说，富人进天堂比骆驼穿过针孔都难……骆驼能穿过针孔吗？当然不能，所以富人也永远不能上天堂。

这就是立场。永远站在穷苦人的立场说话，绝对不左右逢源，所以能够获得穷苦人的坚定支持。而世界上永远是穷人多、富人少。

基督教能迅速发展，不是没有道理的，它选了一条最普世的道路，提出的方案又最能击中人心。

它在巴勒斯坦经过缓慢发展之后，积累了优质而坚定的种子用户，然后量变达到质变，迎来迅猛的爆发期。广受群众欢迎的宗教产品，经过叙利亚、土耳其，一头扎进广袤的欧洲大地，短短200年已经遍地开花。

其实也可以换个方式理解：基督教其实是亚洲的文化产品，但是与欧洲的实际情况相结合之后，征服了欧洲。

叁

大约中国的魏晋同时期，罗马帝国境内的基督徒已经有600万，教会也有数百个。如此庞大的势力，不论何时何地都举足轻重。为了帝国的稳定，也为了获得数量庞大的基督徒支持，罗马皇帝君士坦丁做了一个重要决定，他不再和前辈一样排斥基督教，反而承认基督教的合法性，并且用大力气扶持基督教。

长吁一口气，终于转正了。

但此时的基督已经开始变质。由于罗马皇帝和贵族纷纷入教，那些号召反抗的教义已经不合时宜，必须要把这些内容删除或者修改。毕竟贵族已经成为基督教的合伙人和投资人，他们不可能投资对自己不利的“产品”，而是要改造成自己的“宠物”。

于是，教义中宣扬服从、容忍的成分越来越多，站在穷苦人立场的成分越来越少，它逐渐由穷苦人的基督教，变成贵族的基督教。

只有改头换面，才能站稳脚跟。中国的李自成，就是不明白这么明显的道理，所以才被士绅和满洲贵族联合绞杀，落得一败涂地。

这么看来，中外其实都是一回事。

而与贵族合作的基督教，也趁机获得数量更加庞大的用户，并且把宗教组织建设得越来越严密。

教会组织镶嵌在罗马的行政体制中，按照大区、行省、县城、乡村的层次逐渐建立起来。每个乡村教会严格服从县城教会，随后以此类推，全体教会最终汇总到罗马、君士坦丁堡、亚历山大里亚、安提阿、耶路撒冷等五大主教区。这些教会的组织层级分明、纪律严明，并且掌握巨大的财富和人才优势，几乎成为罗马的国中国。

这样的基督教，已经是自古未有。

但这只是它的起点，随之而来的蛮族入侵，为基督教铺就了一条通天之路，数百万教徒沿着金灿灿的通天路，走向气势逼人的铁王座。

都是时势使然啊。

肆

那个年代的环境，东西方都差不多。中国遭遇五胡十六国，紧接而来的是南北朝分裂，而西方的罗马帝国也被日耳曼人入侵，但是分裂的国土再也没有合并起来。

巧合的是，东西方分裂的原因也很类似。汉朝末年爆发军阀混战，各个军阀为了扩充军队，不得已招募游牧民族，但是游牧军队都是以部落为核心的。战争进行百年后，不论曹魏或者司马晋都已元气大伤，这些保留完整建制的游牧军队终于挣脱束缚，走上了历史舞台。

罗马也是同样的剧本。帝国周围的日耳曼人垂涎于罗马的财富，而罗马内部又纷争不断，几十年换一个王朝，几年换一个皇帝。为了增加实力，罗马内部的军队纷纷招募日耳曼人，到后来将近一半的军队是日耳曼雇佣兵。而此时罗马已经走到崩溃的边缘。

内部的虚耗，已经让罗马帝国没有能力阻挡日耳曼人。日耳曼人在帝国境内纵横奔驰，纷纷走马圈地建立王国。

罗马城历经多次洗劫之后，帝国皇帝也被蛮族将领废黜，西罗马帝国灭亡。那是公元476年。后来法国、德国、英国的历史，都可以追溯到蛮族入侵时候。

整个欧洲仿佛人间地狱。

但是那时罗马主教区却获得了极大发展，它的组织更加凝聚、实力更加庞大。

相对于破碎的罗马政府和国土，罗马主教区是唯一能沟通各地的庞大组织。不论是文化信仰的软实力，还是财富教徒的硬实力，罗马主教区都在欧洲首屈一指。

一手好牌，想低调是不可能的。

公元590年，格雷戈里一世继任罗马教皇，虽然格雷戈里一世只在位14年，但此人真的是“枭雄”。他把教会的资源充分调动起来，组建军队、整顿经济、改造文化……如果不是特别注明的话，没人相信他是教皇，反而像国王。经过一番整顿，罗马教会的战斗力更加强大。

于是，格雷戈里一世披上战袍，亲自担任总司令，带领基督徒组成的军队反击蛮族、保卫罗马，并且要求一切基督徒都要服从命令，各地教会也要趁机占领土地，吸纳教徒和人口。

这罗马教皇还是事必躬亲的典范。他连各地教会的牛车、农具都要了解得一清二楚,每个月赚多少钱、有多少人口,也必须向他汇报。一国宰相也不一定能做出这样的成绩啊。

经过格雷戈里一世的 14 年任期,罗马教会主导的基督教,已经由单纯的宗教组织,进化为统治人间的基督帝国。它有令行禁止的层级教会组织,也有庞大的土地和人口资产,甚至有基督徒组成的军队,再加上文化信仰的软实力……欧洲没有任何王国可以与之抗衡。

此时的基督教还需要最后一步。

伍

蛮族入侵时代,日耳曼人中的一支建立了法兰克王国。其开国之君克洛维斯的墨洛温王朝,一度开疆扩土,成为最强盛的蛮族大国。而蛮族没有文化,不能和罗马一样开创文明。但是基督文明却触手可及。

于是,克洛维斯和法国武士集体接受洗礼,加入基督教。对于基督教而言,能够扩大教徒和势力,没什么不能谈的。即便是曾经的敌人,也可以是如今的盟友。

利用类似的途径,基督教会逐渐以霸主的地位为起点,继续向前迈进。其他各个蛮族国家,也臣服在基督的长袍之下。

公元 751 年,中国即将爆发安史之乱,法兰克王国也发生了一次政变。当时的墨洛温王朝已经衰落,不足以维护基督的利益,于是罗马教会扶持宫相丕平取而代之。是不是很像大国扶持代理人的套路?丕平本来是没有机会开创王朝的,但是有基督教的扶持,一切都顺理成章。但是事情总有代价,得到就要有付出。

为了维护自己的地位,也为了感恩戴德,丕平更加需要基督教的帮助。他即位后立刻出兵意大利,消灭了教皇的仇人,并且把罗马附近的土地全部送给教会,成为教会的世袭土地。这块地方逐渐形成沿袭千年的教皇国,直到近代才被废除,只留下梵蒂冈给教皇使用。

“丕平献土”,可以说是基督教的重要成绩。

丕平的儿子就是著名的查理大帝,他征战半生,征服了媲美罗马帝国的疆土,一度统治大半个欧洲。

基督教也准备完成最后一击。公元 800 年,查理大帝到罗马出席典礼。趁他不注意的时候,罗马教皇利奥三世带着一顶金冠,用迅雷不及掩耳之势戴到查理大帝的头上:“查理,我为你加冕。”

查理只好接受。但是这件事的意义绝不止给查理加冕那么简单。

我们换个角度思考问题。既然查理大帝都需要教皇加冕,那么以后的国王,是不是都要向优秀的查理学习啊?除非能和拿破仑一样,建立覆盖欧洲的功业,要不然在舆论上真的没办法。其他小国王不如查理还不好好学习,不想混了吧。直到拿破仑把皇冠拿过来自己戴上,才算打破教皇的神圣光环。

君以此得,必以此失。

而且加冕的意义也很考究。

这项行动开始以后,如果得不到教皇的加冕认可,意味着国王的地位没有合法性,在基督教世界几乎不受认可。从此以后,罗马教会和基督教获得红线划定权。

基督教通过扶持代理人、拉拢、结盟等操作,已经是欧洲各国的大哥大,没有人能够忤逆罗马教会的法旨。而基督的组织和经济实力,又从根本上保护了已经取得的地位。

渗透人心的宗教文化,也把千千万万的人心凝聚在一起,成为教会取之不尽、用之不竭的汪洋大海。这样的基督教,何尝不是强盛的帝国。

利奥三世给查理大帝加冕的时候,也是给自己加冕,他在基督教的皇冠中,放入一颗最璀璨的明珠。

那个崛起于巴勒斯坦的穷人宗教,终于登上了金灿灿的铁王座。披荆斩棘的创业路,足足走了 800 年。

陆

基督教登上铁王座之后,中世纪已经走过几百年,至此铁幕重重落下。

教会已经取代罗马帝国,成为世俗世界的实际统治者,但是它的统治十分封闭落后。各地教会占有的土地,往往高达当地农田的一半左右,而且农庄自成体系,拥有农业、纺织等一系列手工业。

各地最宏伟的建筑,一定是教堂。教会生怕教徒听不懂深奥的教义,便用建筑、壁画、音乐等软文化影响信徒，让文化传播无门槛。

而教会不允许有任何抵触教义的东西，一切文化内容的出发点，必然是教会信条。黑暗的中世纪，说的就是这个。

“屠龙者终成恶龙”是一句老话，但是放在这里，似乎也并无不妥。

几百年后，欧洲开启文艺复兴。伽利略、哥白尼、达・芬奇、米开朗琪罗等一大批科学和文艺大师，用毕生心血凝聚的作品做刀剑，冲向基督教的铁王座。

万物皆有裂痕，那是光照进来的地方。那道裂痕便是智慧和文明。

英国的资本主义

壹

资本主义是资本当家作主的主义，目的就是资本增殖，榨取更大的剩余价值。

打响资本主义第一炮的是英国，我们就以英国为例，说说资本主义是怎么发达起来的。

想让资本当家作主，首先要抢班夺权。

相当于明朝的万历、天启年间，英国也是国王独揽大权的国家，詹姆斯一世号称自己的统治是上帝的意志，并且说国王不受法律约束，和中国的“君权神授”如出一辙。

所以说，倒回几百年前，谁也别标榜民主自由，大家都是一样的，谁都不比谁高贵。

那时候的英国国王，可以随意给老百姓加税，或者赏赐亲信工商业专卖权来敛财，甚至可以开动小脑筋，想出一些稀奇古怪的苛捐杂税，摊派给英国资本家和人民，比如骑士捐、船税等。

由于国王的权力太大，伤了资本家的利益和感情。于是资本家组成的议会起来闹事，要和国王理论一番，但是国王是英国法定的统治者呀，资本家算啥，议会又算啥，直接解散拉倒。也就是说，当时的英国资本家只有资本，没有主义。

直到 1642 年，英国接连爆发两次内战，英格兰、苏格兰和爱尔兰都被卷入其中，权力的天平开始向资本倾斜。

英国内战主要分两大阵营：第一个阵营成员主要是国王和世袭旧贵族；第二个阵营成员是在大航海中赚到钱的资本家、支持资本增殖的新贵族以及依附于大资本家的小资产阶级。

这两大阵营还有代号，那些追随国王的旧贵族戴着披肩假发，叫作骑士党，而拥护资本家议会的人把头发剪成圆形，叫作圆颅党。从此，他们开始了长年累月的断杀，胜利者将获得英国的最高权力，以及英国内外政策的主导权，彻底改变英国的前进方向。

到了1646年，相当于中国清军入关的两年后，英国资产阶级首领之一的克伦威尔，率领"新模范军"击败国王军队，赢得英国第一次内战的胜利。但是由于资本家的议会里派别太多，每天吵得一塌糊涂，很多事情都不能达成共识。于是在第二年底，被囚禁的国王查理一世趁机暴动，想联合亲信夺回权力，结果又被克伦威尔击败。

有了两次内战的军功权威，议会里代表大资产阶级利益的长老派被清洗，而克伦威尔的独立派控制了议会，于1649年1月把查理一世送上断头台，随后宣布英国是共和国。

王权一败涂地，资本的力量初露峥嵘。

经过数年内战的博弈，国王和旧贵族的土地都被没收拍卖，买家正是资本家和新贵族，而且他们服兵役和缴税的义务也被废除，议会撤销一切禁止圈地的法令。

英国的资产阶级基本得到国家政权，而且完成了一次大规模的财富转移，发了一笔战争财。至此，英国资本家把权力关进笼子里，整个国家机器，变成了为资本服务的工具。

《奥利弗·克伦威尔》

[英国画家罗伯特·沃克尔(Robert Walker)作于1649年。]

此后几十年，英国的新旧势力反复较量了几次，君主制度也复辟了，直到1688

年辉格党和托利党联合发动政变，把想夺回权力的詹姆士二世赶下王位，册立其女玛丽为英国女王，正式完成抢班夺权的大业。这就是所谓的光荣革命。

资本家组成的议会通过《权利法案》，规定国王不能废除任何法律，未经议会同意不能征收赋税组建军队，后来推出《王位继承法》，规定国王颁布的法令必须经过大臣签字，才能生效发布。

这两个法案的指向性非常明显，主要目的是剥夺国王最后的权力，做一个慈眉善目的吉祥物就可以了，其他的事别瞎操心。

让吃瓜群众操碎了心的吉祥物王室，就这样诞生了。

不要以为“光荣革命”很光荣，其实就是争夺国家政权，以及英国内外政策的主导权，你要是把英国资本家想象成霍光或者董卓，也没什么问题。从此以后，英国成为资本主义专制国家。

可能有人要说，英国人民有选票啊，可以选举自己喜欢的议会。其实有个鬼，当时英国有 725 万人口，只有 15 万有资产的人有选举权，其他人都是麻木的看客。后来的一百年里，英国一直由互相联姻结盟的 70 个资本家族控制，你可以想象一下多么感人。

资本主义国家，本质上就是资本拥有国家政权。

贰

资本家费尽心机夺取国家政权，当然不是为了玩，而是用国家权力剥削更多的剩余价值，让资本快速增殖。

早在 16 世纪初期，不到 400 万人口的英国，已经有了玻璃、肥皂、火药等大批手工作坊制造业，其中最重要的是纺织业。

事实上，发达国家很多是以纺织业起家的，然后在纺织业的基础上，逐渐扩大制造业的范围。

比如想把纺织品运出去，需要交通工具吧。那些第一批崛起的工业城市，基本都在河边，就是因为水路运输特别方便，于是就产生了造船业。把纺织品运出去赚钱需要安全保障，要不然被抢了怎么办？市场有需求，于是军事工业蓬勃发展。

以此类推，想造枪炮，需要大量钢铁，于是推动了冶铁业，而且冶铁需要煤炭，又推动了挖煤业务……只要有一批出海赚钱的龙头产业，便能带动一系列下游产业，资本主义工业化就这样逐渐转动起来。

所以说，工业化不是发明几个小技术就能出现的，而是以纺织业为突破点，带动起来的产业链体系。

那么英国庞大的产业链，需要的工人从哪里来？资本家又是如何完成资本增殖的？

工人从哪里来的问题很简单，圈地运动逼农民进城做工人嘛。这也是资本主义最直接的增殖手段——剥削底层人民，而且英国的原始积累非常残酷。

英国的圈地运动开始于1350年前后，此后200多年新崛起的资本家，共圈占了50万英亩土地，用来养羊和卖羊毛。

英国政府虽然也在保护农民，但是力度不大，更大程度是保护资本家的利益。比如政府规定，失去土地的人除非没有劳动能力，才能向政府申请外出乞讨，至于“健壮的浪人”必须在原籍劳动为生。如果敢逃跑的话，第一次抓住鞭打到流血为止，第二次抓住割掉半个耳朵，第三次抓住直接处死。也就是说，除非年纪大到干不动了，否则就要在农场里劳动至死，相当于政府逼农民做奴隶，还没有养老的负担。把劳动力压榨到极致，怎么算都是稳赚。

到了1688年“光荣革命”以后，资本家掌握国家政权，圈地没有任何障碍，议会甚至派出几名议员帮助资本家圈地。于是在1801年前，英国颁布2 200多件圈地法令，圈占了348万英亩土地。

1850年前后圈地运动基本结束，从此英国再也没什么自耕农了，那些农民要么在时代浪潮中升级为资本家，要么沦为农场和工厂的工人。

当然，资本家最喜欢的还是童工。毕竟是机器化生产，只要能操作机器就行，对体力的要求不高，所以在工业革命爆发以后，英国资本家大量招收妇女和童工，以至于很多成年男人找不到工作，宅在家里靠老婆孩子养活。1839年，英国纺织业有25.9万工人，其中童工就有11万人。其他行业也差不多，甚至有些童工4岁就到煤矿工作了，相当于幼儿园的小朋友在煤矿挖煤，你感受一下多么残酷。

童工的工资非常低廉。八岁男童能拿到成年人工资的1/8，十五岁男童能拿到1/2，长到20岁才能拿到成年人的正常工资。还不止如此，为了更低的人工成本，成年人的工资也在直线下降。1810年的普遍周薪是42先令，到了1845年已经降到12先令，可想而知，童工能得到多少。

但是童工的工作时间非常充实，基本在14～16小时之间，换句话说，他们每天除了吃饭睡觉，就是在机器上工作，直到累得精疲力尽才能下班。等白班童工去睡觉的时候，夜班童工便出来继续工作，兰开夏郡有句话叫“床永不凉”，因为两批童工睡的是同一张床。当时有个资本家直言不讳：“如果每天让工人多干10分钟，那一年就把1 000镑放进我的口袋。”

这么高强度的工作，连西印度群岛的奴隶主都看不下去，说我一直以自己是奴隶主而丢脸，但从来没想到，居然有人如此残忍，让孩童工作十几个小时。

要论心狠，谁能比得上资本主义的原始积累。所以英国议员威廉·柯贝特在下议院说：“如果兰开夏郡30万女童工每天少工作两小时，那些财富、资本、资源、英国的权力和荣誉就会全部化为乌有。”

除了剥削童工，资本家还玩奴隶贸易。港口城市利物浦，就是因为奴隶贸易才兴盛起来的。

那些贩卖奴隶的商人带着纺织品到非洲，换回黑人奴隶，在利物浦休整之后，再运黑奴去北美洲大赚一笔，换回烟草、蔗糖和棉花，为下一轮贸易做准备。而且不止黑奴，英国资本家狠起来，连英国白人都卖。

最早开发北美洲殖民地的时候，英国农场主的奴隶，都是圈地运动中失去土地的白人，号称“白奴。”

如果你问英国资本家，为什么要贩卖祖国的同胞？他可能会告诉你，资本永不眠。

而对国内的残酷剥削，让资本家们过上了纸醉金迷的生活。

叁

如果只剥削国内人民，远远不是合格的资本主义，只有到国外杀人放火，才能摸到资本主义的门槛。

首批吃到大航海红利的西班牙，成为英国用战争掠夺财富的目标。1578年，英国海盗德瑞克得到伊丽莎白女王的资助，带领5艘破船开向南美洲，准备绕过麦哲伦海峡,远征太平洋。结果在经过麦哲伦海峡之后,德瑞克惊喜地发现,南美洲西海岸基本没什么欧洲殖民者,所以占领这片地方的西班牙人,过得非常悠闲。

还等啥?抢呗。1579年2月,德瑞克抓到一些西班牙俘虏,经过严刑拷问,他断定西班牙最近要向国内运送金银,于是他把英国船伪装成西班牙船,悄悄接近西班牙运金银的船。等到了西班牙船附近,德瑞克突然升起英国旗,做好战斗准备。根本没有防备的西班牙人,哪里是英国海盗的对手,稍微意思一下,就被德瑞克的队伍干掉了。而德瑞克的抢劫行动,一次性夺走13箱钱币、80磅黄金、26吨白银,相当于西班牙在美洲年收入的3%。

英国海盗发了一笔横财。

第二年,德瑞克的船队回到英国普利茅斯,还没上岸,就听说西班牙发起外交抗议,要求英国退还金银,并且处死罪大恶极的海盗德瑞克。那时候的英国还不是霸主,面对西班牙的抗议,心里有点发虚,官员们决定处死德瑞克算了,千万不要和西班牙闹别扭。但是德瑞克上岸以后,直接带着金银珠宝去了伦敦,入宫觐见伊丽莎白女王,然后让金鹿号进入泰晤士河,让英国人都看看,船上有多少财富。

伊丽莎白女王动心了,出海打劫居然这么赚钱,那还等什么,接着干呗。于是她亲自登上金鹿号,以女王的身份表示支持,并且封德瑞克为爵士,起到千金买马骨的效果。至于西班牙的抗议,就不用理会了。

1588年,英国海盗的持续抢劫,让西班牙忍无可忍,心想我堂堂的海上霸主,还怕你英国不成?西班牙组织了134艘船的"无敌舰队",浩浩荡荡的进攻英国。

而英国的皇家海军其实没什么船,只有可怜的34艘,但国家是资本家的国家,正所谓有恒产者有恒心,他们保卫家业的积极性非常足,一起拼凑了160艘船,起码在数量上超过西班牙。那个海盗德瑞克,已经升为海军中将,参与指挥了对西班牙的海战。

战争结果我们都知道,西班牙输的裤衩都不剩,彻底失去海洋霸主的地位,而英国正式崛起成为海上霸权。

也就是在这些年,负责波罗的海贸易的东陆公司、地中海和近东贸易的里凡特公司、专门做黄金和黑奴贸易的几内亚公司、垄断远东贸易的东印度公司……陆续成立起来,在英国政府的支持下,出海征战开辟贸易线。这就叫奉旨杀人。

当然了，直接在海上抢劫的事情，原始积累的时候偶尔做一下没事，等英国成为海上霸权以后，再去抢劫就有点丢人了。

而且英国继续抢劫别国船队，岂不是明明白白地告诉他们："抢劫船队是海洋'普世价值'，我可以做，你们也可以。"

这哪行？所以英国有了稳定收入以后，开始洗白上岸，用法律做糖衣，包裹着争夺贸易线的炮弹。

1651年，英国议会通过《航海条例》，规定欧洲以外国家的商品，只有用英国船只装运，才能进口到英国。而欧洲大陆的商品，必须用英国船只或者生产商品国的船只运送，才能进口到英国。针对的明显是"海上马车夫"荷兰。

在资本主义的英国，从来没有"共同富裕"的理念，只有"这是我的，那也是我的"的争夺抢掠，并且去偷、去骗西班牙和荷兰这样的老同志。"武德"，英国是不讲的。

如此苛刻的法律，荷兰当然不能忍，这不是断我的财路吗？英国等的就是这个机会，你不接受我的法律，那也是断我的财路，开战吧。

荷兰又输得一塌糊涂，于1654年和英国签订条约，从此跌落"海上马车夫"的宝座，再也没能回到巅峰时期。

连续挑落两个海洋大国，英国坐拥欧洲顶级的海洋战力，从此以后，英国在开辟殖民地的路上一骑绝尘，艳压欧洲群芳。

英国作为一个岛国，最缺的是销售市场和原材料产地，于是英国把目光转向邻居爱尔兰，踏踏实实地做了一回"隔壁老王"。

早在12世纪后期，英国便开始侵略爱尔兰，控制了爱尔兰的东北五郡。奈何爱尔兰不断反叛，并且在英国的夺权大战中站队错误，于是在1649年，克伦威尔统帅12 000人登陆都柏林，决定占领爱尔兰。英军在爱尔兰烧杀抢掠，到处屠城，导致原本有150万人口的爱尔兰，到1652年的时候只剩下一半人口。

短短13年时间，杀掉70万人口，真狠。爱尔兰最肥沃的土地，则被英军官兵和国内资本家瓜分，爱尔兰剩下的一半人口，也被赶到最贫瘠的西部地区。

40多年后英国颁布法令，宣布英国和殖民地不能向爱尔兰输送物资，而且爱尔兰除了粮食以外，不能向英国和殖民地输送任何东西，包括玻璃、羊、纺织品等。

于是爱尔兰成为一座封闭的孤岛，也是英国的后花园，摊上这么一个邻居，爱尔兰真是倒了八辈子霉。

不过也没办法，世界的底层逻辑就是弱肉强食，而且资本的核心目的是增殖，只要能完成资本增殖，不论做什么事情，其实都是符合资本主义逻辑的。这话说起来没有感情，却是事实。

在这样的逻辑下，英国政府和东印度公司合作，联手到印度捞钱。

在七年战争中，英国和法国争夺印度殖民地，英国东印度公司直接攻占孟加拉，扶持起一个傀儡政权，自己得到 42 个县的土地税征收权。

这次战争行动，东印度公司获得 3 700 万英镑的财富，各级职员加起来得到 2 100 万英镑，而指挥官克莱伍一人就抢掠了价值 20 万英镑的黄金。

英国殖民印度之后，强迫印度农民种植黄麻、棉花、靛蓝、香料和鸦片，然后以最低的价格收购，运回欧洲以最高的市场价格出售，赚到数不清的财富。这些在印度发财的英国人，被称为“奈波勃”，回到英国便成为显贵的英雄人物。倒不是英国人羡慕他们的财富，而是在英国追求资本增殖的潮流中，“奈波勃”属于给资本开疆拓土的人物，他们自己赚钱以后，顺便也给资本家打通财富升级之路，当然要受到追捧。

然后是北美、澳大利亚、新西兰、埃及、南非、中国……只要是英国资本家认为能赚钱的地方，都会用枪炮开路，然后剥削殖民地的穷苦人民，让资本完成增殖。

那个鼓吹英国统治全世界的西尔·约翰·罗兹曾说过：“帝国最大的问题是肚子问题，如果不想有内战，那么你们就应当是个帝国主义者。”言外之意，只有剥削全世界，才能让英国继续繁荣下去。

这也是资本主义的宿命，一旦停止扩张的脚步，便只能剥削国内人民，那么阶级矛盾＋贫富分化，很快就会爆发内战，让所谓的繁荣富强迅速崩塌。

另外，罗兹还有一句名言：“钻石恒久远，一颗永流传。”他说这句话，就是为了卖南非开采出来的钻石，某种程度上说，我们现在依然活在资本家罗兹的阴影里。

他在临死的那年还创办了“罗德奖学金”，得奖者被称为“罗德学者”，可以去英国牛津大学读书深造，现在已经是全世界竞争最激烈的奖学金。

如果结合罗兹的生平来看，设立罗德奖学金的目的，应该不是为了资助学生读书，恐怕另有一些政治目的……

杀人还要诛心，这就是资本主义。

肆

写这篇文章没有批判资本家的意思，因为马克思已经做过论断了："资本只有一种生活本能，这就是增殖自身，获取剩余价值。"我们在文章里也好几次提到这个概念。

既然资本有天然的增殖属性，那么从这个角度来说，资本家也是资本的打工人。资本家拥有了资本，就必然要服从资本的天然属性，包括逐渐夺取国家政权、剥削国内的底层人民、到国外杀人放火抢劫财富等。这一切行为都是为资本增殖服务的。

与其说资本家操纵资本谋利，不如说资本属性控制了资本家的行动。这是不可逆的历史经济规律。

其实前两项都容易，每个国家的资本家都能做到，最难的是最后一项。

自从大航海时代以来，以英美为核心的资本主义国家，已经在世界各地烧杀抢掠几百年，几乎圈占了所有的利益空间，后起新秀和落后国家很难挤进去。

当然也不是没办法。

第一种方法是和苏联、中国一样另辟蹊径，用一国资源建成社会主义强国，然后用国家的力量，和资本主义国家争夺利益空间。

第二种方法更简单，既然全世界的利益空间都被圈占了，那么我就不和资本主义国家硬碰硬，跟在后面吃点残羹剩饭，做他们的下游供应商就可以了。

世界上大部分国家都在用这种方法求生存，出卖本国的廉价劳动力、贱卖矿山资源、接盘一些脏乱差的低端产业。

没办法，后起国家能用来交易的，也就这些了。他们国内的资本家，也有一个耳熟能详的名字——买办。

毛主席说的"吃二茬苦、受二茬罪"也可以用在这里，就是底层人民要被国内买办剥削一次，还要被世界上游的大资本家再剥削一次。国内买办剥削是能感知的，国外大资本家的剥削是无形的，可不是吃"二茬苦、受二茬"罪吗。

后起国家的资本家，除了懂不懂资本主义的问题，更重要的是，能不能出海征战的问题。我们现在都知道了，显然不能。

资本主义国家的资本家，已经用几百年时间在全世界形成垄断，后起国家的资本家，如果没有国家机构组织起来，出去也是游击队，拿什么和人家拼？人家几代人的努力，凭什么输给你十年寒窗？既然拼不过，那就只能走第二条更简单的路了。

英国能走资本主义道路，主要原因是赶上大航海的先发优势，剥削国内人民没有法律制约，出海杀人放火也没有道德压力，才能吃到这波红利，形成垄断优势。而中国等后发展起来的国家，根本不可能复制这条路，只能以国家公权力为核心，集中全部力量，才有可能争到一点利益空间。

为什么一直说只有社会主义才能救中国呢？原因就在这里了。

英国东印度公司是怎样消亡的?

壹

世界历史上曾出现过一家公司,垄断了太平洋和印度洋之间的所有商业贸易,每年交的税占国家财政收入的10%,控制印度并组建了拥有28万士兵的私人军队,随后又贩卖鸦片把中国拖入深渊,搅动世界风云两百年。

这家公司就是英国东印度公司。它伴随英国崛起的步伐,充当了英国殖民世界的马前卒。

但是,当英国真正崛起之后,东印度公司便把资产移交给国家,彻底金盆洗手退出江湖,只留下曾经纵横世界的传说。

今天我们就来聊英国东印度公司。万事皆有源头,故事还要从400年前说起。

大航海开始以后,世界贸易基本被西班牙和葡萄牙垄断,根据教皇划定的势力范围,东方属于葡萄牙,西方属于西班牙。

于是西班牙专心开拓美洲殖民地,在美洲建立大量的种植园,并且开采白银运回西班牙,在全世界买买买。

葡萄牙则在东亚采购香料等商品,运回里斯本向欧洲各国出售,里斯本也就成了东亚商品在欧洲的销售点。

物以稀为贵。东亚的香料、丝绸和瓷器运到欧洲非常稀罕,葡萄牙赚钱非常快,自然引起其他欧洲国家的垂涎。

虽然贸易范围是教皇规定的,但欧洲各国都想着,教皇有几个师啊,办他!

在巨大商业利益的诱惑下,英国、荷兰、法国、瑞典、丹麦、奥地利等国家,纷纷开办东印度公司,想在横跨欧亚大陆的商业贸易中分得一杯羹。

起初发展最猛烈的是荷兰东印度公司。1595—1602 年间,荷兰陆续成立 14 家贸易公司,这些公司单独派船队出海,到东亚收购香料,导致香料在原产地的价格不断攀升,在欧洲的售价却一路下滑。

荷兰政府认为,不能恶意竞争打价格战了,要不然大家都得完,而且各公司的资本分散,不利于和葡萄牙竞争。

于是在 1602 年,通过政府的斡旋,这 14 家贸易公司合并为“联合东印度公司”,总资本 650 万荷兰盾,规定股东出资时间以 10 年为期,其间不能随意撤资退股,保证公司有稳定的现金流。

同时,荷兰国会授予东印度公司垄断东方贸易的特权,以及征兵、立法、任免管理和铸造货币的权力。一句话,进入印度洋海面以后,你们说了算。

不论资本规模还是管理模式,同时期的欧洲,根本没有能竞争的同类型企业。

荷兰东印度公司成立的第二年,公司便派出船队,准备夺取马六甲海峡,直接和中国、日本进行贸易。但是葡萄牙经营马六甲已经多年,初出茅庐的荷兰没有夺下来,灰溜溜地撤了。

荷兰成立东印度公司,目的就是排挤葡萄牙垄断贸易,要是不能完成贸易份额,回国没法向股东和国会交代。

于是荷兰船队恶向胆边生,既然打不过葡萄牙,那就抢劫葡萄牙的商船,反正能得到货物就行。

1603 年,荷兰船队在马来半岛,抢劫了一艘驶往印度果阿的葡萄牙商船,得到 1 200 捆中国生丝,运回欧洲卖了 225 万荷兰盾。

同年 7 月,两艘荷兰商船想到澳门贸易,又被葡萄牙阻拦,结果他们退到海洋之后,抢劫了一艘驶往日本的葡萄牙商船,得到价值 140 万荷兰盾的中国生丝。

仅这两次行动的利润,便相当于总股本的一半。所以欧洲盛产海盗是有原因的,这种无本的生意真的来钱快。

1608 年,大明万历皇帝在深宫做着快乐的宅男,努尔哈赤在辽东兼并各部,李自成和张献忠尚未成年。

而荷兰东印度公司的董事会,命令船队用尽一切办法,增加对华的生丝贸易。

如果不能和中国直接接触，那就尽可能开辟殖民地，通过其他商人购买中国生丝。

在这样的命令下，荷兰东印度公司拼凑15艘船，于1619年攻陷雅加达，随后改名为巴达维亚，并以此为贸易基地，招揽中国商人前来贸易。

据《开吧历代史记》记载，中国商人到巴达维亚做贸易，利润能达到数倍甚至十倍，荷兰人运回欧洲又有近十倍的利润。

荷兰在巨额利润的滋润下，逐渐夺取教皇规定的葡萄牙贸易范围，成长为“海上马车夫”，辉煌近百年。

英国的东印度公司，创办时间比荷兰早一些。1580年，著名海盗德雷克船长在一次冒险中，缴获了价值50万英镑的货物，价值相当于英国王室全年的财政收入。经此一事英国人才明白，东方非常有钱，而且抢劫真的来钱快。

于是在1599年，按捺不住的英国商人决定联合起来，成立一家股份制贸易公司，随后向国王申请垄断贸易的特许状，要和荷兰人竞争商业利润。

英国的伊丽莎白女王开始没同意，准备再观察一下。但是由于荷兰公司的垄断贸易，导致伦敦的胡椒从每磅4先令，涨到每磅8先令，这次涨价直接让伊丽莎白女王坐不住了，凭什么荷兰赚钱英国遭殃，远洋商业贸易也要卷起来，搞。

第二年9月，伊丽莎白女王给英国商人颁发特许状，正式命名为“伦敦商人东印度贸易公司”，总资本6.8万英镑。

1601年，英国东印度公司开始第一次远航，短短两年后便运回103万磅胡椒，其中25万磅满足英国消费之后，剩余胡椒都卖到欧洲各地。

此后多年，英国东印度公司的历次航行，利润率极少低于100%，尤其是1617年的那次航行，船队用20万英镑的资本，赚到100万英镑的纯利润。

有了巨额利润的刺激，英国商人投资东印度公司的热情非常高涨，以至于到1632年，公司总资本增加到163万英镑，相比成立初期翻了24倍。

不过，即便如此，英国东印度公司的资本还是和荷兰公司差太多，所以在东亚的贸易市场上，英国根本没法和荷兰竞争，再加上荷兰已经在东亚设立武装贸易点，英国船队基本插不进来。这些年英国买到的香料，其实是捡漏和打擦边球。

垄断贸易再次形成，那么英国人便要反垄断。

英国东印度公司一方面发挥海盗的特色，用走私的方式，陆续购买香料和丝绸瓷器，另一方面退出东亚市场，专心到印度发展商业贸易。

正好，葡萄牙在印度烧杀抢掠，搞得印度非常不爽。

英国东印度公司于 1612 和 1614 年，两次击败葡萄牙船队，便得到莫卧儿帝国贾汗吉尔皇帝的认可，表示英国是印度的亲密伙伴，可以在印度境内自由贸易。

此后多年，英国东印度公司在印度的港口、交通要道建立大量商馆，作为公司在印度的贸易点，到 1647 年已经有 23 个。至此，英国有了稳定的商业根据地，得到梦寐以求的贸易利润。

但贾汗吉尔皇帝不知道的是，世界风云即将大变，自己以为的亲密伙伴，不久后便要奴役自己的国家。

英国东印度公司大楼

［原位于伦敦利德贺街(Leadenhall Street)的东印度大楼，该建筑于 1799—1800 年由建筑师理查・贾普重建，1929 年拆除，本画作由托马斯・霍斯默・谢泼德(Thomas Hosmer Shepherd)绘于约 1817 年。］

贰

当初伊丽莎白女王给东印度公司颁发的特许状，授予公司自好望角到麦哲伦海峡之间，为期15年的生丝、棉织品、宝石的贸易垄断权，每次航行可以输出3万英镑的贵金属，前4次航行免税。

也就是说，利润丰厚的东方贸易，只允许东印度公司来做，其他人不能插手，要是谁敢侵犯公司的垄断权，便没收货物，一半上交国库，一半归东印度公司。

英国的严格政策，保护了东印度公司的垄断商业利润，以及国内依附于公司赚钱的商人和贵族。

为了更好地赚钱，1609年，詹姆斯一世颁发给公司永久的独占特许权，也就是以后的牌照永不更换，就东印度公司了。

到了1624年，詹姆斯一世授予东印度公司司法全权，公司可以在生命和财产方面，审判其在印度的职员。

这种司法权力，最初只是针对公司职员的，但是随着贸易范围的扩大和深入，最终演变成公司对殖民地人民的司法权。

1661年，查理二世授予东印度公司维护商业防御区，并且扩充防卫军队的权力，于是公司在商业贸易之外，又有了统领军队攻城略地的能力。

英国东印度公司走到这里，与荷兰东印度公司一样，已经脱离纯粹的商业贸易范围，而是以商业贸易为外衣的政权。

那英国为什么要给东印度公司这么大的权力？因为英国的资产阶级已经崛起，在国内有相当大的话语权，以至于赚钱成为朝野的一致共识，所以出海赚钱的东印度公司，和英国政府是一体的，不需要区分彼此。而中央集权的东方国家，资本只是国家的一个组成部分。

如果把国家比作身体的话，那么统管全局的朝廷是大脑，各级政府是经常使用的右手，资本是偶尔使用的左手。

资产阶级的英国，可以让资本侵入大脑，中央集权的中国，资本必须是服从管理的工具。

于是在大航海时代，英国出现了全副武装的东印度公司，中国则有朝廷派遣的郑和下西洋。我们把东印度公司理解成英国版的郑和下西洋，这事就能说通了。

原本英国东印度公司的任务，是收购东亚的香料到欧洲出售，输出英国的毛纺织品到东亚出售，这样一进一出，打通英国的经济外循环。但是英国的毛纺织品太粗糙，在东亚根本卖不动，只能输出金银等贵金属，收购香料到欧洲和荷兰竞争。直到东印度公司的权限扩大,彻底在印度站稳脚跟以后,那些在印度的职员惊喜地发现,印度竟然有全棉纺织品。

那年头欧洲人的衣服材料,以毛纺织品为主,其次是亚麻布,这两种材料都很贵,做成的衣服也不怎么样。

东印度公司的职员算了一笔账,印度的全棉纺织品完全可以替代亚麻布,而且印度的人工便宜,导致全棉纺织品的价格也便宜,运回欧洲以后,售价可以固定在亚麻布的 1/3。好东西啊。

他们回国汇报以后,公司董事会同意进口印度全棉纺织品,英国政府也同意,因为印度全棉纺织品进入欧洲市场,可以打击法国、荷兰的亚麻制造业。

这就是商业利益和国家利益完全一致,双方都非常满意。

于是准备输出毛纺织品的英国,成了印度全棉纺织品的进口国,让日薪 15 便士的普通劳工也能用两周的薪水购买 2 丈棉布,实现穿衣自由。而且印度全棉纺织品进入欧洲大陆,迅速在普通人中流传开,占领了大部分的市场。

就这样,17 世纪初期以倒卖香料为主的英国东印度公司,到世纪末已经转型成印度全棉纺织品、中国茶叶和瓷器的中间转卖商。没错,那个威风赫赫的东印度公司,其实就是个跑运输的中间商。

但正是印度全棉纺织品让东印度公司成为英国的商业龙头,1665—1688 年,英国国家财富增长 23%,国民收入增长 8%,其中东印度公司贡献了绝大部分的份额。

随着东印度公司的生意兴隆,公司的股票也成为英国最优质的投资对象,股价和分红一路攀升,甚至有人因为炒东印度公司的股票,一跃而成赫赫有名的富豪。

这些人中最臭名昭著的是乔西亚・查尔德。此人是公司的最大股东兼董事长,经常派公司的演技派员工到众人面前表演,说收到一个坏消息,公司的孟买商馆被印度暴徒袭击,公司的生意要完蛋了,赶紧跑路吧。说完,这个员工便带头抛售几万英镑的股票,众人感觉不妙,跟着抛。

等东印度公司的股票跌到最低点后,乔西亚・查尔德便开始抄底,用极低的价格买到大量优质股票,然后什么都不用说,坐等谎言破灭股票升值。作为公司的董事长,他是一点人事都不做。

由于东印度公司的混乱,再加上连续几年的贸易额下降,不能给财政困难的政府提供贷款,议会忍无可忍,于 1698 年成立新的东印度公司,并且取消旧东印度公司的特权。

不过垄断贸易近百年的公司，必然是盘根错节的，怎么可能一纸命令就解散呢？

在成立新公司的过程中，旧公司以个人的名义，认购了新公司的贷款和股票，成为新公司的最大股东。搞来搞去，其实还是一家。

国王和议会没办法，1709年命令东印度公司合并，取名为英国商人对东印度贸易联合公司，总资本320万英镑，当年的纯利润35万英镑。后来在印度杀人放火的，就是这家合并后的联合东印度公司。

叁

最开始的时候，东印度公司的最高追求就是垄断贸易，能给股东赚钱就行，根本没想插手政治的。

但是世事无常，总是“大常”包“小常”。

东印度公司确实是商业公司，但它的贸易范围是政治特权赋予的，商业地位是国王特许状保障的，一家国家政治保驾护航下的公司，你非要说是纯粹的商业公司，谁信呢？

而且随着东印度公司的生意兴隆，英国的资本家、贵族、议员等权贵，通过投资股本等方式参与公司，公司职员赚到钱，又用金钱开路竞选议员。

东印度公司和英国，已经渗透得非常深了，很难分清彼此的界限在哪里。名为商业公司，实际上是英国的国家公司。

而在印度的经营，又给了东印度公司统治印度的机会。早在1651年，孟加拉的纳瓦布（省长）舒贾病重，多方求医未果，眼瞅着就不行了，东印度公司派出医生给舒贾治病，抢回了一条性命。

为了报答救命恩人，舒贾宣布，免除东印度公司在孟加拉境内的一切赋税，而其他商人都要交2.5%的关税。正好东印度公司发愁关卡林立的局面，听到舒贾的命令，便欣然接受。

到了1717年，成立近两百年的印度莫卧儿帝国已经非常衰落，大有土崩瓦解之势，东印度公司便趁机要更多的贸易特权。

公司高层派出约翰·苏尔曼，觐见皇帝法鲁克西亚尔，提出了公司的要求，请求皇帝批准。

说来也巧了,法鲁克西亚尔也病了,印度医生束手无策,当约翰·苏尔曼带来的医生治好他的病以后,这个莫卧儿帝国皇帝便大发慈悲:他不仅重申东印度公司在孟加拉的免税权,还宣布公司在海德拉巴免税、吉拉吉特免税,并且可在孟加拉铸币,这些钱币在莫卧儿帝国境内都能流动使用。免税区和铸币权都给,这就不得了了。

凭借莫卧儿帝国给的政治特权,东印度公司一跃成为印度最大的商业集团,势力远超其他外国公司,以及印度本国商人。尤其是在孟加拉,东印度公司的贸易网络全面铺开。

有贸易点就能吸引印度人定居,有贸易网络就有治理地方的机构,要保护各贸易点就需要招兵买马,反正英国允许公司组建军队……

这些贸易点,其实就是英国东印度公司的殖民地。只要有机会的话,东印度公司可以随时取代当地政府,左右印度的政局。到这里,东印度公司便走到了统治国家的边缘。

18 世纪 50 年代初期,孟加拉的纳瓦布是阿拉瓦迪汗,此人没有儿子,便立幼女的儿子西拉杰·乌德·朵拉为接班人,将来继承纳瓦布的职位。这是妥妥的废长立幼啊,那两个大女儿肯定不满意,也产生了起兵夺位的心思。

东印度公司准备利用豪族矛盾,坐收渔翁之利,同时在驻地大量建炮台,增强自己的军事实力。

老头死后,继位的西拉杰要求东印度公司拆除炮台,并且交出藏匿的印度犯罪分子。

东印度公司不同意,西拉杰出兵征讨。但是军事力量悬殊太大,西拉杰战败,同意赔偿东印度公司的损失,并恢复一切旧的特权。这个剧本我们很熟悉,简直是晚清割地赔款的预演嘛。

原本这事到此就可以结束了,但是东印度公司的陆军上校克莱武,已经停不下来了,他要武力征服孟加拉。

当然,克莱武只有 3 000 人,征服孟加拉是远远不够的。于是他说服孟加拉的军队司令米尔·贾法尔,表示一起推翻西拉杰,公司就让米尔·贾法尔做纳布瓦。

1757 年 6 月,克莱武的 3 000 英军和西拉杰的 7 万印军,在普拉西摆开阵势,结果克莱武使一招黑虎掏心，米尔·贾法尔用一招临阵反水，就击破西拉杰的大军，彻底征服孟加拉。

普拉西战役后，东印度公司以孟加拉为根据地，陆续征服奥德土邦等印度领土，短短半个世纪，除信德和旁遮普以外的印度领土，基本接受了东印度公司的号令。

至此，那个以商业贸易起家的东印度公司，成为真正的国家政权，也可以说是英国统治印度的白手套。

肆

我们前文说，东印度公司的总资本是多少、贸易额是多少、利润率是多少，其实和掠夺印度的财富相比，这些都是九牛一毛上的毛尖尖。

每次攻陷土邦，东印度公司都要公开抢劫宫廷和府库，能运走的都运走，运不走的砸烂烧毁。

攻陷孟加拉的时候，克莱武和英军冲进府库，抢劫了价值600万英镑的财富，克莱武作为军事首领，分到20万英镑。

这些英镑到底有多少购买力呢？当时英国的中产阶级年收入差不多是150英镑，而我国现在中产阶级的门槛，应该是年收入100万～200万元人民币。这么换算下来，克莱武分到的20万英镑，相当于现在的10亿～20亿元人民币。

一场军事冒险，就换来孟加拉纳布瓦几代人的家业，真可谓是杀人放火金腰带，修桥补路无尸骸。

后来攻占南印的迈索尔时，抢劫的财富多到普通士兵的背包里，都装满价值连城的金银财宝，足够将来回到英国买房置地了。这一幕和英、法联军攻占圆明园，简直是一模一样。

也就是说，东印度公司在印度随便抢劫一次，获得的收益都比公司总资本要多，和这份收益相比，商业利润又算得了什么。

东印度公司的另一项收益是土地税。

1763年，莫卧儿帝国皇帝和奥德纳瓦布组成联军，向东印度公司进攻，但是和以前一样，他们的联军又战败了，东印度公司占领了奥德。

可能是失败的次数太多，1765年，东印度公司把奥德还给莫卧儿帝国皇帝的时候,他竟然把孟加拉、比哈尔、奥德的收税权授予东印度公司。

从此以后,这三个地方的税收,便成为东印度公司的利润,曾经的统治者纳瓦布,只是领工资的工具人。

这些地方的税收有多少呢?就在拥有收税权的1765年,以前只有82万英镑的孟加拉田税,直接被东印度公司翻倍,达到147万英镑的规模,而且完全是没有成本的纯利润。

1770年,孟加拉爆发大饥荒,饿死近千万人,东印度公司的田税不减反增,此后数年猛增到300万英镑以上。毕竟印度只是饿死人,减税的话,公司失去的可是利润。

这还只是孟加拉的税收,随着直接控制地盘的扩张,东印度公司的年度田税收入最终达到1 770万英镑。

还记得两家东印度公司合并的那年,年度纯利润是多少吗?35万英镑。

现在有了收税权的东印度公司,只要杀杀人、放放火,就能赚到商业利润的数十倍的收入。这才是东印度公司富可敌国的真相啊。

用英国的政治特权垄断经营印度,用印度的政治特权垄断税收,别说东印度公司的人精了,放条狗上去都能富。

而且征服印度以后,东印度公司开始垄断食盐和鸦片贸易,在英国每吨1.5英镑的食盐,卖给印度人是每吨21英镑,抽筋扒皮了这是。

鸦片则主要卖到中国,直到林则徐虎门销烟,英国为了保护利益,挑起了鸦片战争。

所以说,垄断才是最大的商业秘籍。

东印度公司在印度如此"成功",让英国出现一个叫"Nabob"的暴发户群体。他们抱着发财的希望来到印度,普遍积累到3万~5万英镑才愿意回到英国,回去以后便买房置地、竞选议员,进入英国的绅士阶层。

这些"Nabob",被英国人称之为孟加拉团,换句话说就是,在印度大发横财的利益集团。

一家公司造出一个国家的利益集团,古往今来,也只有英国的东印度公司了。

荷兰、法国、丹麦、瑞典的东印度公司起起落落,在世界历史上基本没留下太深的痕迹,后人说起东印度公司只想到英国,根本原因就在于——其他国家缺一个印度。

伍

天下无不亡的国，也没有永远繁荣的公司，英国东印度公司自然没跳出历史周期律，主要有两方面的原因。

首先是英国的工业革命爆发了。

虽然东印度公司是印度的土皇帝，但它本质上还是欧亚大陆商业贸易的中间商，其中，印度全棉纺织品和中国茶叶，又占了很大份额。

对于英国纺织业来说，印度全棉纺织品属于夺自己的饭碗，一旦有机会，一定要抢回来的。于是在商业资本的刺激下，英国纺织业终于改进技术，能用珍妮纺纱机等装备，生产出物美价廉的布料，不仅成本比印度全棉纺织品更低，质量也更好。从 19 世纪开始，英国的纺织品反向输出，逐渐占领欧洲市场，并且跟随英国军舰的脚步，走向全世界。

印度全棉纺织品不需要倒卖了，东印度公司的分量自然减轻许多。最重要的是，工业革命的爆发，说明世界已经走上工业资本家取代商业资本家的历史进程。

英国工业资本家要求，取消东印度公司的贸易垄断权，允许其他公司自由出海贸易。

所以，在工业资本家的围攻下，1813 年，东印度公司被取消对印度贸易垄断权，1833 年，被取消对华贸易垄断权。也就是说，东印度公司被摘牌了。

一家垄断商业公司被摘牌，商业贸易便成为副业，专门压榨印度来搞钱，变成东印度公司的主业。但是殖民印度的事业已经完成，英国政府想亲自下场搞钱，不想再用东印度公司这个白手套了，毕竟没有中间商赚差价才是最好的。

1784 年，英国首相皮特便颁布《印度法》，强化国家政府对东印度公司的管理，逐步介入印度这块大蛋糕。

1857 年，东印度公司的 20 万印度佣兵，因为子弹包上涂了牛油和猪油，感觉自己的宗教信仰被亵渎，便喊出“挺进德里”的口号，开始军事大暴动。

此时的英国刚完成工业革命，处于实力的巅峰期，听说印度佣兵闹事，迅速发行 1 000 英镑国债做军费，同时派兵远征印度。

英国政府的做法，就是要以佣兵暴动为切入点，强势进入印度，挤走东印度公司，让印度成为英国直接管理的殖民地。

事实也是如此。虽然平息佣兵暴动要到 1859 年，但是在 1858 年，英国政府便说东印度公司的统治方法太残暴，才惹出这么大的乱子，剥夺了东印度公司的统治权，随后强制命令解散。呵，早干吗去了。

不管怎么说吧，世界上有史以来最强大的垄断公司，就此退出历史舞台，258 年的幻梦终成空。

其实英国东印度公司的使命，就是为王前驱。在英国政府没有能力称霸世界的时候，作为马前卒出海开疆拓土，等英国真正崛起以后，便把公司的成果上交国家，功成身退。

对于英国来说，东印度公司是霸业的元勋。对于印度等殖民地来说，东印度公司是恶贯满盈的刽子手。不同的国家，对东印度公司有着不同的评价。

但是，不论你用什么立场来评价东印度公司，都必须承认，东印度公司的实体消散了，成立公司的初衷却延续了下来。

哪怕到了 21 世纪，那些发达国家的商业公司，依然在做东印度公司曾经做过的事。

西班牙的财富诅咒

壹

西班牙是世界上第一个日不落帝国，最强盛时期国土面积达到 3 150 万平方公里，而且在海外殖民的过程中，西班牙殖民者用粗暴的手段，掠夺了人类历史上从未有过的财富。

据统计，1521—1544 年间，平均每年有 2 900 公斤黄金、30 700 公斤白银从美洲运回西班牙。

随着玻利维亚的波托西银矿开发，美洲的白银产量迅速增加，以至于 1545—1560 年间平均每年运到西班牙的黄金达到 5 500 公斤、白银达到 24 万公斤。

仅以白银换算的话，相当于明朝的 768 万两，而明朝每年入账的财政收入，也不过数百万两而已。也就是说，西班牙殖民者在美洲开矿，便超过明朝 6 000 万人全年缴纳的赋税。这还没完呢。

由于西班牙殖民者加大采矿力度，1561—1600 年总共运回 2.5 万吨白银，平均每年 62.5 万公斤。

简直是人在家中坐，钱从天上来，西班牙人数钱数到手抽筋的日子，过得不要太爽。

现代年轻人幻想的生活，西班牙人早已体验过了。因为到美洲淘金可以一夜暴富，很多西班牙人耐不住寂寞，纷纷坐船到美洲寻找机会。即便是位高权重的牙买加总督，也难以抵挡黄金白银的诱惑，直接弃官不做，到美洲大陆淘金去了。

万里做官只为财，要是能一夜暴富，还做什么官？

那一百年里，黄金白银犹如上帝赐福，让西班牙人沉醉，从国王到平民，从官员到冒险家，无不为之疯狂。到16世纪末期，全世界贵金属的83%都属于西班牙，可以在全世界购买任何想要的东西。

西班牙，万事皆有可能。

贰

西班牙的财富是一把双刃剑。

大航海刚开始的时候，从美洲运回的黄金白银，变成西班牙市场上的流通货币，确实刺激了国内外的经济爆发增长。

比如塞维尔原本就有纺织业的基础，在金银的刺激下逐渐成为精纺呢绒中心，拥有1.6万家毛纺工厂，并且雇用13万工人，带动了地方就业，促进消费水平的提高。而刚开辟的美洲殖民地一片荒芜，殖民者需要什么东西，都要向国内购买。于是美洲殖民地给国内手工业作坊，间接送来大量订单，直接让16世纪前期的西班牙—美洲贸易总额增长8倍。

这是一种非常好的正循环，如果能坚持下去，西班牙的日不落帝国能持续很久，可能就没英国什么事了。但问题是，西班牙的财富得来太容易了。

既然渡海挖矿就能赚到大钱，那些想发家致富的西班牙人，又怎么可能安心在作坊里劳动？可能工人拼死拼活地劳动一辈子，都不如淘金客们一年赚得多。巨大的收入差距，以及付出和收获的性价比，无不在告诉西班牙人，撑死胆大的，饿死胆小的，去美洲吧。

结果无数西班牙人抛家弃子，跑到美洲淘金。

西班牙政府并没有觉得，人民去美洲淘金有什么不对。因为源源不断的财富流入西班牙，政府觉得投资工商业的周期太漫长，利润又太低，根本不值得重视。于是在人民和政府的双重选择下，西班牙的工商业达到一定规模以后，便再也没有什么进步了。不是西班牙不愿意吃苦，实在是开矿来钱太快啦。

但人民是有商品需求的。西班牙国内的工商业没有进步，不能生产丰富的商品供应市场，那么西班牙人就要带着黄金白银等贵金属，购买英国、法国和荷兰的商品。

结果就是，黄金白银在西班牙停留片刻，便流向英、法、荷等工商业略发达的国家，不仅繁荣了那些国家的市场经济，也让资本家和工人赚到了钱。这样来看，搞虚拟经济的西班牙，其实是在给实体经济的国家做嫁衣裳。

而没有工商业等实体经济的支撑，从美洲运回西班牙的黄金白银，便成为没有依托的货币，造成西班牙持续数十年的通货膨胀。1501—1562年间，西班牙的物价平均每年上涨2.8%，这样累计算下来，在那个生产力不发达的年代，生活在西班牙的两代人，几乎要面临截然不同的生存环境。当时的人就说，物价上涨是如此猛烈，大贵族和传教士都无法靠收入生活，必须抵押房产才能勉强维持。高收入阶层都这样，更不用说穷人了。

在通货膨胀的高压里，贫穷的男人大量沦为乞丐和游民，贫穷的女性则做了妓女，靠出卖肉体为生。所以在美洲金银堆砌的繁花锦簇之下，西班牙国内其实是烈火烹油的惨烈局面。

而随着时间的推移，通货膨胀对原本就不发达的西班牙工商业，又造成毁灭性打击。

因为物价上涨引起原材料涨价、人工涨价，进一步造成手工业制成品的成本上涨，那么进入市场的售价也必然上涨。结果便是西班牙国货无人问津。商品卖不出去便没有利润，没有利润便不能继续生产，经过数十年通货膨胀的摧残，西班牙的工商业基本不行了。那就有个问题，西班牙的金银也进入英、法等国了，那些国家就没有通货膨胀吗？其实也有。

英国和法国的生产力增长速度，肯定不可能超过西班牙花钱的速度，国内的货币增加是必然结果。但英、法等国有不断进步的工商业，能抵消一部分西班牙金银的危害，而另一方面，英、法在欧洲北部，西班牙的通货膨胀要蔓延过去，需要一定的时间。

事实上，在西班牙的物价上涨很多年后，法国的物价才上涨2倍，英国物价直到17世纪50年代才上涨到原来的3倍。从头到尾，差不多用了100多年时间。

这一百年就是国家命运的时间差，足够西班牙的工商业“扑街”，而英国和法国的工商业壮大了。

到16世纪末期，西班牙卖到美洲殖民地的商品，基本都是向英、法等国采购的，甚至连本国的消费品也是从国外进口来的。

曾经富甲四海的西班牙帝国，穷到除了钱什么都没有了。

叁

西班牙坚定地走在衰落的道路上，政府知不知道呢？当然知道的。那西班牙政府为什么不改革呢？因为改不了。

当初出海探索新大陆的冒险家们，几乎都是西班牙国王和贵族资助的。既然他们做了风险投资，那么探索新大陆产生的利益，自然是国王和贵族们分享大头。在这个过程中，西班牙的国王和贵族们用权力换财富，然后用财富巩固权力，形成完整的金权闭环。而且贵族们以2%的人口，控制着95%以上的土地，他们在自己的土地上选择代表，进入议会代表自己的利益，对于免税的政策便举手投票，有损自己利益的政策便坚决反对。

于是国王和贵族成为西班牙的绝对权力阶层，几乎可以垄断西班牙的方方面面。他们要保护自己的地位，就不会支持工商业，以免出现独立的商人阶层来挑战自己。他们要享受生活，就要放开国门，以极低的条件让外国商品进入西班牙。

总而言之，国王和贵族不愿意改变现状。对于这个绝对权力阶层来说，现在就是最好的时代，没有什么是需要改变的，最好永远延续下去，子子孙孙无穷尽也。

从美洲而来的财富一度繁荣了西班牙，但财富也是西班牙的诅咒，永远把西班牙困在中世纪的圈子里跳不出去。等什么时候西班牙的财富来源锐减，甚至永远中断，所谓的日不落帝国也就到了日落的时候。当然，这种事还是发生了。

其中一方面是来自海盗的抢劫。

早在大航海之初，英、法、荷兰等国就非常羡慕，由于没有实力和西班牙正面抗衡，便组织海盗抢劫西班牙的财宝船。尤其是英国，伊丽莎白女王亲自出钱，资助海盗德雷克出海抢劫。有次德雷克抢到价值470万英镑的金银，回国以后，伊丽莎白女王到船上授予德雷克骑士称号，并且得到26万英镑的分红。

有了女王的亲身示范，英国贵族和海盗便纷纷下海，参与抢劫西班牙的行动。在伊丽莎白女王时代，基本上每年都有几百艘海盗船出海，总共带回价值1 200万英镑的财富，当时的英国也被称为海盗国家。英国海盗抢劫到的金银，便是西班牙损失的金银，再加上法国和荷兰海盗的抢劫，西班牙能运回国内的财富大大减少。

而另一方面是西班牙的花费巨大。可能是财富得来太容易，西班牙的国王和贵族有些飘，和周围国家一言不合就出兵打仗，几乎参加了 16—17 世纪的所有战争。打仗就要花钱，武器装备、制造战船、战后抚恤等，都需要钱，而且西班牙的战场基本都是在国境以外，那么需要粮食和军用品的时候，往往是在作战的地方购买。

于是西班牙通过战争，反复给别的国家送去军事订单，而不是用战争带动西班牙的军工产业。

这种战争又有什么意义呢？赢了，国王和贵族收获荣誉和利益，和西班牙人民关系不大。可一旦输了，白花花的银子就算送出去了，纯粹是花钱买罪受。

16 世纪后期，国王腓力二世（又译：菲利普二世）为了继续进行战争，发行了政府债券，规定任何人都可以购买债券借钱给国王，并以 5%～10%的利率支付利息。由于利率不错，国王的信用也可以，所以腓力二世屡次发行债券借钱打仗，甚至直接向外国银行家借钱。到腓力二世去世的时候，留下了 1 亿杜卡特（金币）的债务。

走到这一步，西班牙基本上废了。

肆

1576 年，西班牙驻菲律宾总督给腓力二世写信，建议派一支远征军征服中国，表示这项事业非常容易成功，花费也不多。腓力二世收到来信，不置可否。

10 年后，菲律宾总督在马尼拉召开大会，详细讨论了远征中国的计划，并且在会后写了一份备忘录，送回西班牙给腓力二世参考。

这份侵华计划认为，派 1.2 万名西班牙士兵，另招募 5 000 名日本人，再加上 4 艘大帆船、三四名铸炮师，便足以征服中国。等征服中国以后，西班牙要在中国设立 58 个教区，传播基督教的信仰，派遣数名总督治理地方，同时鼓励西班牙人移民中国，和中国女性生育混血后代，逐渐改变中国人的血统。而且计划书里还说，在征服中国的过程中，不能肆意杀戮，要不然以后没人给西班牙做苦力了。现在看这份侵华计划，只能用一个词来形容——夜郎自大。

不过腓力二世感觉非常满意，准备组织远征军，马上征服中国这个世界上最大的国家。

但是，世事无常啊。还没等腓力二世准备好远征中国，便在短短两年后，被英国歼灭其“无敌舰队”，逐渐失去海上霸主的地位。

《西班牙无敌舰队被炮火赶出加来》

［油画，英国艺术家(Richard Brydges Beechey)创作于1882年。］

此后的西班牙沦为欧洲二流国家，再也没能恢复曾经的辉煌，百年间运回来的金银也成为其他国家崛起的燃料。

真是“食尽鸟投林，落了片白茫茫大地真干净”。

拿破仑和法国的生死局

壹

科西嘉是地中海的岛屿，面积 8 680 平方公里，相比上海稍微大一些。因为处于法国和热那亚共和国之间，科西嘉岛便成为两国常年争夺的地方。

早在 16 世纪中期，相当于我国的明朝嘉靖年间，法国一度占领科西嘉。但是好景不长，法国的统治仅仅维持 6 年，便被科西嘉人赶走，随后经过反复较量，热那亚重新统治了科西嘉。

科西嘉的面积不大，经济也不行，地理位置却非常重要，哪个国家占领科西嘉，都可以作为开疆拓土的桥头堡。正所谓“穷山恶水出刁民”，科西嘉的民风特别彪悍，根本不愿意接受任何国家的统治，一心谋求独立建国。

经过统治和反抗的百年较量，热那亚感觉心累，便于 1768 年和法国签订秘密协议，把热那亚在科西嘉的权力卖给法国，意思就是：“热那亚玩累了，法国来接盘吧。”

法国军队越过地中海，进入梦寐以求的科西嘉。

科西嘉人奋起反抗，掀起一场科西嘉保卫战。他们追随反抗运动领袖保利，在科西嘉岛上打游击，抵御法国的侵略。从城市到山区，从森林到海边，科西嘉人一路打一路退，但是因为势单力薄，终于在第二年春天战败。1779 年 6 月，保利带着数百人逃到意大利，而保利的副官夏尔·波拿巴，则想着既然不能反抗法国，那就躺平享受吧，于是夏尔·波拿巴向法国投降。至此，科西嘉成为法国的海外省份。

再过两个月，夏尔·波拿巴的次子出生。刚做完带路党的夏尔·波拿巴，根本不知道生于战火的次子，终生都要在战场度过，带领法国把欧洲大地踩在脚下，最终成为人类历史上屈指可数的“猛人”，把名字写进人类的史书上。

这个名字便是拿破仑·波拿巴。

虽然法国占领科西嘉，但科西嘉实在太穷了。科西嘉的人均 GDP 只有法国的 2/3，没有繁荣的经济，便没有太多的就业岗位，为了有一份旱涝保收的工作，科西嘉有 1/4 的人口都去做了政府工作人员。这不就是典型的苦寒边塞之地吗。

法国无奈，自己选的路跪着也得走完，于是法国占领科西嘉以后，每年从国家财政里拨巨款来补贴科西嘉。这份丰厚的补贴，让法国的财政雪上加霜。

此前数十年，法国参加了西班牙王位继承战争、波兰王位继承战争、奥地利王位继承战争以及七年战争，军事开销达到 20 多亿里弗尔。尤其是在七年战争中，法国丧失北美和印度的大部分殖民地，不仅失去殖民地的财政来源，连海外出口市场都没了。从此以后，法国便没有争夺世界霸权的资格，即便在欧洲也沦为二流国家，政治和军事影响力受到了严重打击。

1775 年美国独立战争爆发，法国为了向英国复仇，便积极支援美国独立，累计向美国提供贷款 3 500 万里弗尔、无偿援助 1 050 万里弗尔，此外还给美国支援了 90%的火药、枪弹、大炮等军用物资。结果在美国独立战争胜利之后，迅速和法国划清界限，然后与异父异母的亲兄弟英国站在一起。这番折腾，法国非但没有收回丢失的殖民地，反而又赔进去 20 亿里弗尔。

18 世纪后期的法国，有非常严重的财政危机，但法国没有能力开源，也做不到节流。

做不到节流，主要是宫廷奢靡。早在“太阳王”路易十四执政的时候，便大兴土木，耗资数百万在凡尔赛城堡附近修建新城，并且修建 2 座行宫。而且路易十四不惜做冤大头，购买欧洲的名贵绘画和艺术品，填充到金碧辉煌的卢浮宫。

1774 年路易十六继位，法国宫廷奢靡到极点。路易十六的宫廷，常年有 17 000 人为他服务，随时准备舞会、狩猎、郊游等娱乐活动，每年的伙食费就要 300 万里弗尔。玛丽亚王后更是花钱如流水，她可以在赌桌上一晚上输掉 50 万里弗尔，也可以批条子，把国库里的钱随手赏给喜欢的亲信。有钱任性。

没有能力开源，主要是法国的税收制度有问题。

那时的法国税收依赖“包税人”，也就是把每年需要征收的赋税数额写在一张合同上，交给包税人。包税人具体征收多少，国王是不管的，只要完成合同规定数额就行。

包税人不是法国的热心公民，他们愿意替国家收税，也是为了赚钱发财。

于是包税人利用国王和政府的名义，想出千奇百怪的方法征税，每到年底，包税人征收税额是合同规定数额的一倍，相当于包税人和国家对半分账。这种税收制度对财政的好处不大，却对国家和人民的伤害非常大。法国的纳税人怨声载道，却不知道，根本不是国家要收他们这么多的钱。

1788年的财政报告里说，当年法国的财政支付是6.29亿里弗尔，收入只有5.03亿里弗尔，赤字亏空达到1.26亿里弗尔。花费越来越大，收入越来越少，赤字越来越红，累计算下来，法国的债务已经超过40亿里弗尔。

巴黎的街头歌舞升平，人民的心里暗流涌动。夏尔和拿破仑，加入的就是这样一个法国。

贰

拿破仑·波拿巴10岁的时候，夏尔·波拿巴带着拿破仑兄弟离开科西嘉，先坐船在土伦登陆，然后走陆路前往凡尔赛。

这次登陆法国，夏尔的目的很简单——求法国政府承认波拿巴家族的贵族身份。波拿巴家族原本就是科西嘉的贵族，世代传承很多年了，凭借这层贵族的身份，他们家族在科西嘉，也算是有头有脸的人物。要不然，夏尔·波拿巴也不可能做保利的副官。

拿破仑的母亲莱蒂齐娅，也是来自热那亚共和国的贵族，其父曾做过热那亚共和国的骑兵团长，她嫁到波拿巴家族，属于门当户对强强联合。这样的世代贵族家庭，不管到哪里都要想办法重新成为贵族，总不能说科西嘉成了法国的省份，岛上的贵族就不算数了吧？没有这样的道理。所以夏尔·波拿巴带着两个儿子到了凡尔赛。

拿破仑终生都崇尚贵族身份，并且在大革命扫荡旧贵族之后，又重新立了一批新贵族。

这是刻在骨子里的东西，改不掉的。夏尔·波拿巴带着约瑟夫和拿破仑，到凡尔赛走一个元帅的门路，然后由元帅向主管头衔等级事务的部门推荐，波拿巴家族终于确认了贵族身份。

路易十六专门接见了新贵族夏尔·波拿巴，赏赐了一些钱，并且让长子约瑟夫到神学院读书，次子拿破仑入读军校，将来毕业以后，他们可以成为法国神职人员和军官。之所以这样安排，是因为神职人员和军官属于法国贵族的热门职业。

这和法国贵族的地位有千丝万缕的关系。早年间欧洲各国的贵族，基本都是追随开国君主打天下的一批人，类似于中国王朝初期封的功臣。而欧洲国家没有科举制和郡县制，不知道如何治理国家，便只能用简单粗暴的分封制，把土地赐给军功贵族们。在这块土地上，贵族就是土皇帝。

土地上的农民向贵族效忠，贵族再向国王效忠，正所谓“附庸的附庸不是我的附庸”，简单来说的话，其实和中国的春秋战国差不多。

到了18世纪的时候，经过数百年的贸易征战，法国的经济逐渐启动，在市场经济大环境的刺激下，法国农村的土地出现租赁和买卖。

那些旧贵族在市场经济的驱动下，逐渐离开贫穷落后的农村，到巴黎等大城市定居生活，只保留着封地领主的空名。

即便旧贵族是空头贵族，也不掌握法国的行政权力，但旧贵族依然是法国社会地位最高的阶层，他们也认为自己是国家的主人。

最重要的是贵族有免税权，土地和财产不用交。有地位、有利益，这种贵族谁不想做？于是深陷财政危机的法国王室，为了筹集资金缓解财政危机，开始在一定程度上卖官鬻爵，只要符合条件的人交一笔钱，国王便赐予其贵族身份。

到大革命前夕，只有2 500万人口的法国，贵族数量已达到数千家，相当于现在一个居民小区就有一个贵族。

神职人员也是如此。教会在法国各地都有土地，农民租赁教会的土地要交各种苛捐杂税，此外还要给教会交什一税，表面上是用于教会开支和赈济贫民，其实都进了大主教的个人腰包。据统计，占法国人口10%的王室、教会和贵族，拥有法国各省土地的13%～50%不等，占人口90%的农民在各省有23%～60%不等的土地。

看起来法国的土地兼并没有中国和英国严重，对吧。但这就是法国的问题了。

古代中国是农业国，农民没有粮食以外的诉求，只要有口饭吃，怎么折腾他们都能忍，实在忍不了的时候，直接一波起义推倒。

英国已经开始工业革命，圈地运动造成的大土地集中生产，反过来又刺激了工业革命的进程，农民不用依赖土地为生，实在吃不上饭还能进城务工。

而法国没有完全开始工业革命，也不是纯粹的农业国，这种半生不熟的青瓜蛋子国家，遇到农民和土地问题是最危险的。

因为法国农民有相当部分的土地，但平均算一下，都是占有面积不大的小自耕农，那么每年的产量便不会太多。经过贵族、教会和国家的层层盘剥，基本剩不下多少粮食。

当时的法国人就说，农民已经穷到“不可能从一无所有的人身上，再拿走什么东西”的地步。

那法国农民能不能抛弃土地，不种了？也不行。

法国的城市并没有太多的工厂来消化失去土地的农民，让他们转变成产业工人。那么有小块土地、又见识过市场经济的法国自耕农，在被残酷剥削之后，会产生什么样的诉求呢？其实只有两个——推翻贵族和教会等剥削者，以及用法律的方式巩固土地所有权。而18世纪的法国经过海外贸易、办工厂等近代经济模式，也出现了数量庞大的资产阶级，他们有钱却没有贵族的社会地位，有实力却不能掌握国家政权，有资本却要面对国家的剥削。

于是资产阶级有自己的诉求，那就是取代贵族和教会阶层，掌握国家权力，用国家机器为自己的财富增值。农民和资产阶级，都把矛头对准旧的既得利益者。所以拿破仑青少年时期的法国，特别魔幻。

贵族和教会不掌握国家的军政大权，但能在巴黎街头招摇过市，对国家没有任何贡献，却能享受所有的地位和荣耀，属于脱离群众的食利阶层。农民和资产阶级已经成为国家的支柱，但没有任何政治地位，也没有能力保护自己仅有的利益。

用中国故事类比的话，法国的贵族教会相当于晚唐的门阀，早已没有祖先的实力，却又用祖先的名望做到宰相，平生什么都不会，还要怎么样？而法国的农民和资产阶级，相当于晚唐逐渐夺权的藩镇军阀，以及平民出身的文人，他们有能力、有实力，偏偏就是没有匹配的地位，也不能掌握自己的命运。这就非常矛盾了。

从国家社会层面来说，这种阶层地位和实力不匹配的局面，是有问题的。

不过刚成为贵族的拿破仑，根本不明白法国的贵族意味着什么，开开心心地到布里埃纳军校读书了。军校的读书生涯，让拿破仑的个人特长，与时代的需要深深结合在一起。

法国贵族

叁

在布里埃纳军校，拿破仑是个沉默寡言的学生。他擅自在学校的花园里，用篱笆圈了一小块土地，声称这是自己的私人领地，谁都不能进来。如果同学和他开玩笑，闯进篱笆里的小天地，拿破仑便会恶狠狠地和同学打架。一来二去，同学们都知道了，这个科西嘉贵族是个怪人。

拿破仑喜欢圈占土地，也喜欢读书。他最喜欢读普鲁塔克的《希腊罗马名人传》，这本书类似于中国的《史记》，记载了欧洲最古老的英雄故事。

拿破仑常年捧着普鲁塔克的书，读得热血沸腾，恨不能穿越到希腊罗马时代，和英雄们并肩作战。

这种感觉，与我们读到霍去病封狼居胥便想追随霍去病纵横大漠类似。从这里就能看出来，拿破仑是个有英雄情结的人。

除了喜欢看名人传记外，拿破仑还喜欢读一些工具书，如数学、历史、地理等，努力提升自己对世界的认知，以及对具体事务的分析判断能力。

1784年，拿破仑从布里埃纳军校毕业，以优异的成绩被选送到巴黎军官学校。第二年因父亲去世，拿破仑作为家族次子，有了养家的压力，便拼命学习挣学分，争取到提前毕业的机会。16岁的拿破仑，以少尉军衔被分配到拉斐尔军团，成为法国的基层军官。

在部队驻地，拿破仑依然和同事们不一样。他不喜欢舞会，也不喜欢社交，凡是普通人的七情六欲，好像都和拿破仑无缘，他只愿意在工作空闲的时候，做一些对他有用的事。

就是这几年的时间，拿破仑研究了炮兵的原理、攻坚的战略战术、复盘腓特烈大帝的征战过程，通读了英国、埃及和土耳其的历史，甚至深度钻研了法国财政问题、马基雅维利的著作、波斯和瑞士的宪法等。

凡是能解读世界的内容，拿破仑都要研究。他甚至做了厚厚的阅读笔记，仅仅后来在报纸上刊登出来的便有400页，包括古希腊在小亚细亚的要塞图、埃及金字塔的尺寸、印度各教派的区别。

拿破仑在尝试用自己的方式，重新解构世界。而就在拿破仑读书解构世界的时候，他也读到卢梭、孟德斯鸠和伏尔泰的著作，知道了什么是平等、什么是社会契约、什么是法律。这些意识形态方面的著作，拿破仑能读到实在太不容易了。

欧洲中世纪的时候，教会势力强大，基本不允许所谓的异端出现，哥白尼提出“日心说”，都能被喷到怀疑人生。直到各国宗教改革成为风尚，才打破教会对文化的垄断。后来的大航海和全球化贸易，导致欧洲经济蓬勃发展，这场席卷世界的经济风暴，也逐渐吹散世袭贵族的文化垄断权。

就像我们前文说的，法国贵族几乎都离开领地，到巴黎混生活了。没有领地做基础，贵族便没有国家的领导权，而没有国家的领导权，又怎么能引导社会舆论的走向。

与中国做对比的话，类似于西周时期的周天子，不仅是掌握国家政权的领袖，还是有宗法文化解释权的圣人。但到了东周时期，没有能力控制列国的周天子，只能做空有虚名的国家领袖,宗法文化的解释权也被天下列国瓜分,便出现了孔子、孟子、老子等诸子百家。所以政权和意识形态是联系在一起的。

现在法国的贵族和教会走向没落,卢梭、孟德斯鸠和伏尔泰等人便在法国的意识形态领域跑马圈地,放心大胆地思考社会问题,构建自己的理论,提出一系列改变世界历史的观点。

在这样宽松的环境中,拿破仑不断用新思想构建自己的三观,同时用各种知识做自己的工具,可能他都想不到,自己和历史进程有多么契合。只需一个时机,拿破仑就能一飞冲天。

肆

1786 年,法国和英国签订协议,规定英国减少法国的葡萄酒进口税,法国则降低英国的工业品进口税。

法国政府想多出口些酒类,充裕国家财政,没想到互相减免关税的协议,导致英国向法国倾销廉价工业品,让法国的棉纺织业受到严重打击。

用不了多长时间,法国大批工厂倒闭,数十万工人失业,那些种田之余搞纺织副业的农民,也失去一大部分收入来源。

1788 年,法国遭遇灾荒,给农业造成惨重的损失,很多地方的农民颗粒无收,而粮食减产又造成粮食涨价,农民的日常生活都出问题了。原本资产阶级和农民就很憋屈,现在遇到经济危机,特别希望国家能照顾一下,减免赋税,让人民喘口气。但法国政府说了,想都不要想,来开会吧,商量一下征税的问题。

1789 年 5 月,中断 175 年的三级会议在凡尔赛召开,议题是凝聚国民共识,顺便征收新税款。所谓三级会议,是指法国三个等级的人民会议。第一等级是教士,第二等级是贵族,第三等级是资产阶级、农民、律师等闲杂人员。最近几年受灾的人,基本属于第三等级。

所以在这次会议上,第三等级的代表要求重新制定宪法,限制王权,保护自己的利益。那意思就是,我们是国家的主力,国家事务理应我们说了算。

经济矛盾催化阶级矛盾,法国走到了悬崖边。

按理说,法国的现实就是第三等级崛起,第一、第二等级没落已久,教士和贵族应该尊重客观事实，给占人口多数的人民让一部分利益，才能缓解阶级矛盾，保护自己的利益。但是只有背叛阶级的个人，没有背叛阶级的阶级。

教士和贵族不同意第三等级的诉求，铁了心要保护贵族和教士的江山不变颜色，第三等级的代表说破嘴皮子都没用。那就掀桌子吧，不玩了。

7 月 13 日，巴黎的 4.8 万市民决定建立国民自卫军，从军火库中抢到数万支枪，第二天，这支新组建的粗糙部队便走上街头，喊出“到巴士底去”的口号。

巴士底狱原本是一座军事要塞，随着数百年来的巴黎城市建设，巴士底狱成了巴黎的制高点，控制巴士底狱，便拥有控制巴黎的主动权。

热血的巴黎市民和政府军进行殊死搏斗，最后找来一尊威力巨大的火炮，才攻破巴士底狱的围墙，取得武装反抗的阶段性胜利。随着巴黎市民的成功，法国各大城市纷纷响应，犹如中心爆炸四面开花，法国大革命就此开场。

为什么巴黎的武装暴动，就能决定法国命运呢？其实这和全球贸易、工业化进程有关。

法国作为老牌资本主义国家，自大航海以来就深入参与全球贸易，比如开拓印度的殖民地、在北美和印第安人做皮毛贸易等。在全球贸易的过程中，法国的资本和商品要走出去，殖民地的货物和原材料要走进来，那么就需要一个商业资本的集散地。这个集散地相当于内外循环的支点。随着贵族向巴黎汇聚的历史进程，巴黎成为法国的政治、军事、文化中心，为了更好地整合资源，毫无疑问，巴黎就是最适合做内外循环支点的地方。到了法国大革命前夕，巴黎已经是法国的半壁江山，巴黎就是法国，法国就是巴黎，两者几乎是同一个概念。只有巴黎发生的重大事情，才能迅速传到法国各地，而其他城市由于资源和实力的限制，根本搞不起任何大新闻，偶尔听到风声，也要等待巴黎的消息传来，再决定怎么做。

其实这也是世界贸易和工业化的必经之路。只要深度参与世界贸易，就要实现不同程度的工业化，只要有了工业化就会有城市化，那么便会出现几个特大城市，吸取全国的人口和资源。

巴黎革命就是法国革命，法国的第三等级攻占巴黎，就能顺理成章地攻占法国全境。

攻占巴士底狱

伍

法国平民发动大革命的目的，起初是推翻贵族和教士的统治，让平民翻身做主人，并没有改变法国政治制度的要求。他们只是遵循自己的利益，懵懂地发起暴动，想彻底摧毁旧世界，但没有准备建设一个新世界。所以在法国大革命初期，法国人民在街头聚会的时候，总要高喊“国王万岁”，在他们看来，国王是正确的，都是贵族和教士念歪了经。

直到 1791 年的时候，路易十六批准君主立宪制，还被法国人民称为“法兰西人的国王。”

但革命毕竟是革命，谁都不会轻易放弃利益。随着路易十六屡次逃跑未遂，保王党屡次闹事，法国人民才发现不对劲，国王就是代表旧贵族利益的，他怎么可能代表人民的利益呢？而且路易十六还和外国君主通信，希望借助国外亲戚的力量，恢复法国的旧秩序。神圣罗马帝国皇帝利奥波德二世，就给法国送去信件："让我的兄弟和妹妹放心，我们将用行动参与他们的事情。"

毕竟法国大革命是史无前例的大事，其他欧洲国家的君主和贵族，都害怕法国大革命的理念传播出去，撼动自己祖传的江山。还是那句话，没有背叛阶级的阶级。

在这个过程中，随着革命进程的起伏摇摆，立宪派和吉伦特派陆续执政，又接连被推翻，终于在1793年，得到平民拥护的雅各宾派上台执政，实行恐怖专政的政策，在法国杀得人头滚滚。而路易十六，也因为自己的摇摆不定，被愤怒的法国人民送上了断头台。

既然革命群众和国王彻底撕破脸，那欧洲其他国家也没什么可避讳的，坚决要把法国革命扼杀，于是长达20年的"反法同盟"战争开始了。

大革命爆发的时候，拿破仑在做什么？其实拿破仑没有参加法国大革命，他不喜欢浮华的贵族，也讨厌一盘散沙式的群众暴动，他更愿意自己独立做一番事业。

于是在大革命爆发以后，他离开军队回到科西嘉，想以解放者的身份，策动科西嘉独立，自己成为科西嘉的领袖。

但在大革命的无秩序时期，每个地方都在争权夺利，根本没有安全可言。可能某个人物今天占了上风，明天就被送上断头台，如同儿戏似的。

拿破仑在科西嘉，当然也不例外。他返回科西嘉，组织过科西嘉的军队反抗法国政府，也领导过政府军攻击科西嘉。

反复横跳多次，却没有一次成功，反而差点被科西嘉人打死。拿破仑有些想不明白，我是要解放科西嘉啊，你们怎么能如此对我？也罢，你们不领我的情，从此以后就分道扬镳吧。

1793年，拿破仑坐船前往土伦，离开让他伤心的故乡。走投无路之下，拿破仑决定到法国谋生。站在帆船的甲板上，拿破仑望向远方的土伦，再回首身后的科西嘉，一定想到10岁的时候，和父兄到法国求封贵族的一幕。只是同样的路线，同样的海风，却已物是人非。

拿破仑登陆土伦的时候，第一次"反法同盟"战争已经开始。土伦的富人害怕被雅各宾派抓去砍头，为了保护财产，便合伙把法国舰队送给英国，英国则承诺保护土伦富人的财产。

战争一触即发，拿破仑时来运转。

因为法国政府派来的军官，要么是画家，要么是医生，总之，没有一个真正懂军事的，而军事正是拿破仑的专业。拿破仑到处指点江山，甚至给巴黎送去一份收复土伦的计划，巴黎的官员们一看，既然你说自己牛，那就你来？

拿破仑表示，我来就我来。于是拿破仑以中层军官的身份，找来大炮放在土伦的关键位置，然后在战役发起以后，指挥炮兵协助法军作战，战后拿破仑破格升为准将。

到了 1795 年，拿破仑再次临危受命，命令阿尚·缪拉找到 40 门大炮，在巴黎街头狂轰，粉碎了保王党的巴黎暴动。

战后拿破仑重新晋升为准将，同时兼任巴黎卫戍司令，开始在法国军政界崭露头角。

区区两次小战役就能在军政界声名鹊起，是因为在大革命的无秩序状态下，社会各界看到了拿破仑稳定秩序的能力，并且在拿破仑身上，寄托了对未来的希望。

而就在拿破仑一鸣惊人的时候，法国培养了大批自耕农，这些自耕农，数年后将成为拿破仑建立帝国的基础。因为他们也在拿破仑的身上看到了希望。

陆

法国大革命爆发以后，新成立的政府开始没收教会、流亡贵族、王室的财产土地，然后把没收来的土地，组成国有财产进行拍卖。尤其是雅各宾派执政以后，规定无偿废除一切封建契约，并且把土地分成小块出售给农民，允许农民在 10 年内分期还款。经过几次没收重组，法国政府的国有财产超过 400 亿里弗尔。

到 1794 年，国有财产基本拍卖完成，占法国全部土地的 1/4 左右，参与竞拍的主要是农民和资产阶级。也就是说，通过大革命的暴力运动，法国出现一次大规模的财富转移。

经过这次财富转移，旧贵族和教士作为法国的政治力量，基本退出历史舞台，而购买到土地以及土地确权的农民、资产阶级，成为法国土地的主人，也是主导法国走向的阶层。

虽然在拍卖土地的过程中，难免出现资产阶级多买、普通农民少买的事情，但是总体来说，法国的土地占有情况以中小地主和自耕农为主。

小农成为法国的重要经济力量。

	占地总面积	占农业主人数的比例	占地比例
小土地所有者	14 800 000 公顷	89.3%	32.5%
中等土地所有者	21 200 000 公顷	10%	46.4%
大土地所有者	9 455 000 公顷	0.6%	20.8%

资料来源:金重远,法国大革命和土地问题的解决——兼论其对法国历史发展的影响。

而小农恰恰是最保守的群体。因为小块土地的产出有限,小农便不能持续积累资金,完不成资本的原始积累。那么小农就做不到农业机械化,也没有足够的实力进行投资。于是小农的诉求就很简单了,保护到手的一亩三分地,谁打乱小农的正常生活,他们就和谁拼命。这种诉求放到国家政治上,就是选票跟着土地走,哪个政治势力能稳定秩序,保护自己的农业生产,他们就给谁投票。想和小农讲民主意识,门都没有。反正他们没读过什么书,也不懂什么平等自由民主的理论,全部身家就是家门口的一亩三分地,你们看着办吧。

在国家的社会生态里,没有土地耕种的农民是最革命的,有小块土地的农民是最保守的。拿破仑能够从将军做到皇帝,就是满足了法国小农的诉求。

从大革命开始,法国就始终处于动荡之中,刚得到土地以及摆脱贵族剥削的农民,始终有一种不安全感,担心旧贵族和教士再回来,抢走他们的土地。退一万步来说,整天的运动战争,也不利于农民耕种。于是在平定巴黎保王党的暴动以后,拿破仑的声望飙升,随后领兵征服意大利,更是让拿破仑的声望暴涨,法国人民出现一种错觉:好日子就这样过下去了吧?但反法同盟却不放弃任何机会。

1798 年,拿破仑远征埃及。他准备在埃及建立殖民地,一来切断英国和西亚的联系,然后把西亚收入法国的囊中。二来以埃及做跳板,效仿两千年前的亚历山大大帝,带领法国的陆海军去征服印度。这个计划,拿破仑觉得非常完美。

拿破仑指挥数万法国陆海军、175 位各类学者,越过地中海到了埃及,刚登陆不久,拿破仑便击败 8000 名马穆鲁克骑兵,在埃及站稳脚跟。

拿破仑曾指着金字塔对士兵们说,4 000 年的历史在注视着你们。而他自己站在狮身人面像前,感觉心潮澎湃,亚历山大大帝曾经站在这里,凯撒曾经站在这里,现在他来了。

刚开始的时候,拿破仑在埃及的作战挺顺利,他几乎可以确定,这次远征成功了。

但是，天有不测风云。拿破仑远征是针对英国的，英国又怎么可能袖手旁观？于是趁拿破仑指挥陆地作战的时机，英国将领纳尔逊向法国舰队发动攻击。

这一场海战，法国海军几乎全军覆没。失去海军，对拿破仑的打击非常大。因为英国重新拥有地中海的控制权，导致法国的后勤补给再也不能送到埃及，那么远征埃及的拿破仑，就成了一支孤军。在军事上，这是无解的死局。

趁着拿破仑困于埃及的机会，欧洲各国组成第二次反法同盟，在法国周围攻城略地，国内保王党的势力也在恢复。而法国政府尽是无能之辈，根本没人能出来收拾残局，导致大革命以来得到的利益悉数丢失。此时的法国需要英雄，农民需要保护神，资产阶级需要代言人。人在埃及军中的拿破仑，对此心知肚明。

于是在 1799 年 8 月，拿破仑离开军队回国。

刚到法国海岸，拿破仑就被当成英雄。有个官员想给拿破仑做体检，担心他从埃及带回黑死病，周围拥簇的法国人民却说，我们宁愿要黑死病，也不要奥地利人。拿破仑一路北上，走到哪里都是礼炮轰鸣，有个议员甚至因为拿破仑的回归兴奋过度而猝死。

这一切都在表明，拿破仑以前的战绩，给他赢得巨大的声望，在法国大革命即将失败的时候，法国人民把拿破仑视作救命稻草。

拿破仑顺利回到巴黎，和资产阶级进行了一番利益交换，随后便发动雾月政变，得到法国的执政权力。

这次夺权过程一气呵成，基本没有遇到太大的困难，根本原因就在于，法国的小农需要稳定的秩序，谁能提供秩序，他们便支持谁。

英雄人物的背后是经济基础，几年后的拿破仑称帝，其实也是建立在这个基础上的，小农不懂什么民主自由，拿破仑的军事能力告诉他们，此人能保护我的一亩三分地。

至于拿破仑想做什么，一点都不重要。而且拿破仑重新恢复了贵族制度，封麾下的将领为国王和元帅，本质上也是拿破仑在大革命的废墟上建立起一套秩序。

后来的人说拿破仑背叛了革命，其实真正的背景是，大革命摧毁了旧世界，却不能建立新世界，大革命宣扬的民主自由，和造成的小农经济基础，完全不匹配。

法国要活下去，就只能退一步。

柒

大革命造成的小农经济,让拿破仑取得辉煌的成功,但最终也毁了拿破仑。

大革命把土地分给农民,那么对于农民来说,保卫土地和保卫国家才是密切相关的一件事,义务兵役制才有可操作的空间。而人人平等的公民权,更像是精神层面的附属增值。

正因如此,拿破仑便有了无穷无尽的兵员,然后带着他们南征北战,打下一片巨大的疆土,差点统一欧洲。但连年战争的后果也是严重的,1800—1814年间,将近300万人被征召入伍,参与到保家卫国的战争中。

大量劳动力入伍,导致农村的劳动力枯竭,那么法国农民的经济必然衰落,这就违背了农民支持拿破仑的初心。

随着战争的范围越来越大,拿破仑的战功越来越显赫,农民的抱怨也越来越多。

这就是一个无解的死循环。而拿破仑为了争霸欧洲,便和英国打贸易战,命令1806年起封锁欧洲大陆,片板不许入海,准备把英国困死在海外。结果欧洲大陆没有封锁住,各国和英国的走私贸易做得飞起,并且给法国造成严重的伤害。

比如农业,拿破仑执政初期,小麦的价格是24法郎/石,大陆封锁以后,由于小麦不能出口,导致大量积压,价格跌到10～15法郎/石。这些受害者,恰恰是支持拿破仑的农民。

比如工商业,封锁政策不允许进口英国原材料,于是法国的进口总值从1806年的4.77亿法郎,降低到1809年的2.89亿法郎。棉花和染料等原材料进不来,那么纺织业便不能生产,导致大批工厂倒闭关门。这些资产阶级,也是当初支持拿破仑的人。

所以拿破仑兵败莫斯科之前,自己的权力基础便开始垮塌了,莫斯科的冬天只是压死骆驼的最后一根稻草。

停战,才能解救拿破仑。但拿破仑的帝国建立在军事胜利上,只要反法同盟不消失,拿破仑就不可能停战。说到底,拿破仑因民意成立帝国,也终因民意而失去帝国。

1815年,拿破仑在滑铁卢兵败,帝国再也没有翻盘的可能,反法联盟决定流放拿破仑到圣赫勒拿岛，而忠于拿破仑的亲信，则建议他再来一次。

拿破仑拒绝了亲信的建议。他自己也知道，即便江东子弟多才俊，肯为君王卷土来，但天地已不同力，运去的英雄不自由。

而小农经济同样毁了法国。由于小农的保守性，坚持保护自己的利益不动摇，农民便用手里的选票，一次次地选举符合小农利益的政府。

共和国可以，帝国也没问题，想得到选票就要保护小农利益，农民不在乎是什么政体。

19 世纪的法国始终在共和、帝国之间摇摆，其背后的主导力量，就是大革命后分到土地的小农，以及拥有土地的资产阶级。

按道理来说，这样做是没错的。但坚持保护自己利益的小农，严重阻碍了农业机械化的进程，进而影响了法国工业革命的成果，这也是拿破仑征服欧洲以后，法国再也不能雄起的原因。

虽然法国至今是世界强国之一，但法国能处于强国之列，根本原因是处于欧洲腹地，能就近吸收工业革命的成果。要是法国不在欧洲腹地，早就不行了。

法国当真是，成也大革命，衰也大革命。

国际悲歌歌一曲:你可能没读懂的一首诗

壹

1870 年,发动"西班牙光荣革命"的将军胡安·普里姆,向普鲁士发出邀请,想让普鲁士亲王利奥波德继承王位。

普鲁士的威廉一世很想要,但他担心法国反对,引起国家之间的纷争,便拒绝了普里姆的美意,表示绝不干涉西班牙内政。

法国当然有理由反对。原本普鲁士就在法国的卧榻之侧,如果再出一个亲王继承西班牙王位,岂不是在东西两侧把法国给包围了?

普鲁士的威廉一世拒绝以后,首相俾斯麦不甘心丢失到手的利益。正好威廉一世让侍从官给俾斯麦写信,说了他和法国大使的谈话内容,让俾斯麦决定是否公开发表。

俾斯麦看到信的内容,随手划掉几句关键性语句,导致正常的外交谈话语气,变成普鲁士简单粗暴的蔑视法国,类似于"我都说了不要西班牙,你们还想怎样?"

修改内容的后果,俾斯麦门儿清,他对毛奇说:"公开发表的电文,将起到红布对高卢公牛的作用。"

毛奇也在旁边附和:"原本听起来是退却的信号,现在是回答挑战的号角。"

法国看到普鲁士报道的时候,恰好是国庆日,法国人民大怒:"专门选择国庆日来发表这种口气的内容,普鲁士到底什么意思?"

俾斯麦的一封报道,挑起法国狂热的爱国情绪。法国人民走上街头声讨普鲁士,呼吁政府向普鲁士开战,短短2天后议会便通过战争拨款,7月19日,外交部向普鲁士驻法大使递交宣战声明,普法战争爆发了。

自始至终,法国都在保护国家尊严和安全,除了有些冲动,其他的没毛病。

换位思考一下,我们遇到这种事情,可能比法国的情绪更狂热。但是开战容易,想结束战争就难了。

法国向普鲁士宣战以后,22万军队编成莱茵军团,准备一举夺取法兰克福,造成先发制人的声势,逼迫普鲁士投降认输。

而普鲁士集结了47万人的军队,计划进攻阿尔萨斯—洛林地区,然后一鼓作气攻入巴黎,灭了法国。

两国都有灭国的野心,然而法军的战力太渣,9月1日,在"色当会战"中被普军包围,再打下去就要全军覆灭了。

拿破仑三世给威廉写信,表示愿意投降。

此战法军损失12万人,普军不过损失9 000人,普鲁士完胜。

随着拿破仑三世战败退位,法国也进入第三共和国时代。

但是普鲁士不满足,出来混要讲信用,说攻入巴黎就要攻入巴黎,怎么能半途而废呢,投降也没用,继续战吧。

9月19日,普军包围巴黎。巴黎人民彻底怒了,几个月前普鲁士侮辱我们,那我们就拿起武器和普鲁普拼到底,现在技不如人,我们也投降认输。怎么普鲁士还没完没了,蹬鼻子上脸呢?告诉你吧,巴黎人民不是好惹的。

退无可退,只有血战。于是30万工人阶级组成国民自卫军,并且选举出领导机构"中央委员会",目的便是保卫巴黎、保卫共和政体,防止帝制复辟和普鲁士进城。他们甚至找来一批大炮,搬到普军进城的必经之路上,只要普军敢来,就鱼死网破。

就在巴黎工人阶级勇猛奋战的时候,法国第三共和国的政府在议和。他们和普鲁士草签了《法兰克福条约》,规定阿尔萨斯—洛林地区割让给普鲁士,并且在5年内赔偿5亿法郎,这个数字折合12.5亿两白银,超过清朝历年签订的赔款数额。

草签是指正式签署条约前的认证方式,条约一旦草签,就说明双方不再对条约进行实质性变更。也就是说,这事基本定了,只等最后认证。

消息传出来,巴黎人民根本不管政府做什么解释,于1871年3月18日直接起义攻占市政厅,走投无路的法国政府,迁往巴黎城郊的凡尔赛宫。而在两个月前,凡尔赛宫刚举办了威廉一世加冕为德意志皇帝的典礼。

起义成功的巴黎人民选举产生了巴黎公社，并且有一种彻底改造法国的雄心。比如颁布政教分离法令、给妇女选举权、废除面包店的夜班制度、工人可以接管资本家放弃的企业甚至规定公社委员最高年薪不能超过6 000法郎，只相当于巴黎工人的年收入。

巴黎公社的改革方案，基本是以后社会主义国家的雏形。

这不是要了资本家的命吗，那个资产阶级成立的第三共和国政府，怎么可能容忍这种大逆不道的行为？

于是在5月10日的时候，法国政府和普鲁士正式签署《法兰克福条约》，换来停战的机会，以及普鲁士营地的10万法国战俘。

现在法国政府手里有了军队，立刻调转枪口进攻巴黎，要坚决消灭不走寻常路的巴黎公社。

巴黎公社只是刚成立的起义政府，不论领导机构还是战略眼光，都不是太成熟，根本不可能和资本家的政府对抗。

于是经过一场接一场的惨败，1871年5月21日到28日，巴黎公社迎来惨烈的"流血周"，最终彻底失败。那些积极参加起义的巴黎公社成员，有7 500人被监禁或者流放，20 000人被政府的军事法庭处死。

和中国大革命失败的结局一样，法国巴黎公社失败以后，也是血流成河。

贰

巴黎公社是共产主义运动实践的起点。

虽然存在的时间非常短，结局也很惨烈，但巴黎公社是一粒火种，在阶级矛盾和国家矛盾并存的19世纪末期，这就是一粒最耀眼的火光。

只要时机一到，星星之火便可以燎原。欧仁·鲍狄埃是法国的诗人革命家，早在16岁的时候，他就把15首诗集合成《年轻的诗神》出版。

长大成年以后，欧仁·鲍狄埃一边参加革命一边写诗，有什么感想就用诗歌写下来，发现社会上有什么不公，也用诗歌来表达愤怒。

巴黎公社起义的时候，欧仁·鲍狄埃已经是56岁的老人家了。他被选举为巴黎公社的领导人之一,每天除了正式工作,还要和战士们一起作战,即便在“流血周”里受伤导致右手残疾,欧仁依然战斗在第一线,拼命精神和年轻小伙子似的。

巴黎公社失败以后,欧仁·鲍狄埃想不明白。法国人民为了国家尊严战斗,有什么错吗,为什么首都巴黎要变成普军的欢乐场?巴黎的工人阶级要改造不平等的社会,提出的改造方案不好吗,政府怎么就不接受呢?巴黎公社为保卫巴黎而战斗,怎么就被资产阶级的政府给出卖了?

一系列疑问出现在欧仁的脑海里,简直让他怀疑人生,经过一个月的反复思考,他觉得自己找到了问题的终极答案:法国人民必须自己做主,资产阶级政府必须推翻。

怎么回答这个问题呢?还是写诗。

1871年6月,欧仁·鲍狄埃在一所老破小房子里,把满腔热血凝聚于笔端,写下一首名为“L’Internationale”的无产阶级战歌。翻译过来就是——《国际歌》。

欧仁把自己的思考以及巴黎公社无数烈士的鲜血都写入这首诗歌里,语句动人、感情充沛,属于欧仁·鲍狄埃诗人生涯的巅峰之作。

哪怕只读开篇第一段,就足以让人热血沸腾。

起来,饥寒交迫的奴隶。

起来,全世界受苦的人。

满腔的热血已经沸腾,

要为真理而斗争。

旧世界打个落花流水,

奴隶们起来,起来。

不要说我们一无所有,

我们要做天下的主人。

世界上伟大的文学作品,读起来总会有一种心灵的震撼。不管你是什么职业、身处什么地方,都能在文字里读到自己,然后发出感同身受的共鸣。毫无疑问,《国际歌》就是伟大的文学作品。

1887年,包括《国际歌》在内的很多革命战歌,被欧仁·鲍狄埃收录到《革命歌集》里出版,这是《国际歌》第一次公开发表。

第二年,法国工人党里尔支部要排练一首歌曲,在卖报工人纪念会上演唱,于是支部负责人把欧仁的《革命诗集》，交给合唱团指挥皮埃尔·狄盖特，让他选一首诗歌，并且谱曲。

皮埃尔·狄盖特翻阅诗歌集，一眼就看中了《国际歌》，太有力量了，这不就是给世界穷苦人写的吗，这才是无产阶级的歌啊。

皮埃尔·狄盖特热血沸腾，马上对着诗歌哼唱起来，仅仅用了一晚上时间，便给《国际歌》谱上曲子，让只能读的诗歌，可以唱出来。

这也是文艺作品最重要的东西。你写出来的内容、想表达的思想和观点，必须面对最广大的受众群体，内容普世才有足够的传播力。如果作者太自嗨，那就不要怪受众不买账。

《国际歌》也是这样，诗歌和文字是有门槛的，无形之中就减少了受众的数量，可一旦谱曲变成音乐，那么知识分子和穷苦工人，都可以直接明了地唱出来。这才拥有了最广大的受众群体。

古代有“凡有井水处，皆能歌柳词”，现代有“无产阶级高唱《国际歌》”，这个道理在古今中外都是相通的。

从诗歌变成音乐的《国际歌》，至此有了生命，成为世界无产阶级的革命战歌。1900年，流亡西欧的列宁听到《国际歌》，极为震撼，同年12月便在《火星报》上原文刊登了《国际歌》的一、二、六段以及副歌的歌词，把这首无产阶级的战歌介绍给俄国民众。

两年后，俄国诗人柯茨将其翻译成俄文，迅速引起俄国工人的传唱。可以说在苏联成立之前，《国际歌》已经伴随俄国无产阶级战斗了很多年。

1917年“十月革命”成功，苏俄政府决定以俄文版的《国际歌》，作为世界上第一个无产阶级国家的国歌，直到1944年，才被《牢不可破的联盟》取代。

在这27年的时间里，一代又一代布尔什维克党员们，在《国际歌》的陪伴下翻越苏联的高山大河，努力建设他们心目中的地上天国。

“二战”开始，近千万红军唱着《国际歌》、喊着“为了斯大林”的口号，操纵钢铁洪流一路向西推进，最终把苏联红旗插上柏林城头。

那时候的苏联，才是真正的无产阶级国家。

《国际歌》在共产主义运动中的地位，相当于“王侯将相宁有种乎”给中国人营造的精神殿堂。

《国际歌》传入中国是20世纪20年代。

现在普遍认为,最早是耿济之和郑振铎翻译成中文的,但是只有歌词,没有曲子,没有办法演唱出来。第一版能唱能读的中文《国际歌》,是瞿秋白翻译出来的。

1920年11月,以《晨报》特派记者身份去莫斯科的瞿秋白,暂时停留在哈尔滨,顺便参加了俄国人的庆祝会。

他后来在《饿乡纪程》里回忆:“看坛下挤满了人,宣布开会时大家都高呼万岁,哄然起立唱《国际歌》,声调雄壮得很,这是我第一次听见《国际歌》。到俄国之后,差不多随处随时听见,苏维埃俄国就以这歌为国歌。”

通过在俄国的工作学习,瞿秋白明白了什么是共产主义、什么是无产阶级,并且在苏俄感受到了《国际歌》悲壮和激昂的语境。

1923年,瞿秋白回到北京,根据自己的理解,重新翻译了《国际歌》的歌词,并且在风琴上边弹边唱,不断修改润色。

这也是瞿秋白厉害的地方。别人不懂音乐知识,就不能根据曲谱的音调来翻译歌词。瞿秋白的文学和音乐俱佳,便可以根据曲谱中的节拍,翻译出恰当的歌词。

比如法语中的“国际”,翻译成中文只有两个字,曲谱中却有八拍,怎么补足呢?瞿秋白就没有直接翻译成中文的意思,而是把“国际”翻译成“英德纳雄纳尔”,于是歌词和曲谱完美契合。

这是第一首能读能唱的中文版《国际歌》。

叁

我们现在传唱的《国际歌》底本,是1923年萧三翻译、陈乔年配唱的版本。

瞿秋白版的“英德纳雄纳尔”,改成更加顺口的“英特纳雄耐尔”,于是那几句激动人心的副歌就成了这样:这是最后的斗争,团结起来到明天,英特纳雄耐尔就一定要实现。此后十几年在中国传唱的,就是这个版本。

自从《国际歌》在中国传开以后,便有了两种“身份”:在商讨国家民族未来的党代会做闭幕曲、在烈士牺牲前夕做送别挽歌。

1923年6月召开的“三大”起,《国际歌》成为全国和地方党代会闭幕时,必须奏唱的歌曲。这个惯例一直保留到现在,虽然没有明文规定,其实就是党歌。论规格是全国最高的。

1931年，中华苏维埃共和国成立时，效仿苏联，选定《国际歌》做国歌。各级共产党员和红军战士们，唱着这首歌冲锋陷阵，只为歌词里说的：

从来就没有什么救世主，也不靠神仙皇帝。

要创造人类的幸福，全靠我们自己。

我们要夺回劳动果实，让思想冲破牢笼。

这是信仰，也是现实利益，当这两者结合在一起的时候，绝不是“1＋1＝2”那么简单，而是会爆发出非常强大的战斗力。

不论是党代会闭幕曲还是国歌，《国际歌》在这种环境下出现，都代表了党和国家不断向上突破的雄心，以及追求人类美好未来的初心。

这是开拓国家、民族和人类的上限。

另一种“身份”的《国际歌》，则是无产阶级战士向死而生，不断向下开拓人类精神和肉体能承受的最低点。

1928年6月，陈乔年在上海龙华被国民党杀害，他对周围的人说：“让我们的子孙后代，享受前人披荆斩棘的幸福吧。”

说完临终遗言，陈乔年唱着《国际歌》走向刑场。

1935年6月的福建长汀，拖着手铐脚镣的瞿秋白，也是唱着自己翻译的《国际歌》走向刑场，盘膝坐下，说了一句“此地甚好”，随即饮弹牺牲。

在那个革命年代，能唱着《国际歌》离世，对于死者来说是荣耀。

因为开拓未来的理想需要牺牲，牺牲必然能换来理想落地，这样不断开拓上限和下限，一定能留下巨大的精神和物理空间。

这就是国家、民族和人类的广阔天地。

这就是两种“身份”的《国际歌》所代表的意义了。

2021年5月22日，中科院院士吴孟超去世，第二天，东方肝胆医院举行悼念仪式，灵堂上没有放寻常哀乐，而是响起《国际歌》。

很多人纳闷，为什么啊？

我们明白了《国际歌》的来龙去脉，就能明白，这是老一辈无产阶级的荣耀，更是一个共产党员的浪漫。

这种浪漫其实就是12个字：物质永恒、理想不死、精神永存。

肆

1930 年,李立三定下“会师武汉、饮马长江”的计划,彭德怀和红三军团的任务是进攻长沙,然后向北进逼武汉。

彭德怀一度乘虚攻入长沙,但是在何健的优势兵力下被迫退出,随后毛泽东带兵与彭德怀会和,又打了一次,结果损失更惨重。

9 月 13 日,毛泽东下令撤退。

在撤退的路上,毛泽东在马上填了一首《蝶恋花·从汀州向长沙》:

六月天兵征腐恶,万丈长缨要把鲲鹏缚。赣水那边红一角,偏师借重黄公略。

百万工农齐踊跃,席卷江西直捣湘和鄂。国际悲歌歌一曲,狂飙为我从天落。

遭遇惨重失败,毛泽东还有填词的心情,而且词里的气势非常宏大,让人感觉毛泽东没有失败,反而真的饮马长江一样。尤其是“百万工农齐踊跃”,很容易让人想到《渔家傲》里的:“唤起工农千百万,同心干,不周山下红旗乱。”

把前文对《国际歌》的分析放到这里,就很容易知道毛泽东的情绪了——征战和牺牲、奋斗和失败、最光明和最低谷。两种极端的情绪混在一起,就是毛泽东的词意,也是《国际歌》的浪漫。所以毛泽东写了那句“国际悲歌歌一曲,狂飙为我从天落”。

那些高唱《国际歌》的共产党员、无产阶级战士,在经历跌宕之后,必将缚住鲲鹏。

南京市雨花台烈士陵园国际歌照壁

希特勒的经济困境

壹

德国是发动两次世界大战的元凶。

每次发动战争前，德国都有一系列的外部客观理由，比如要争取生存空间、抢夺阳光下的殖民地等。但战争的背后是经济，德国经济是怎样崛起的，又是怎样逼迫国家发动战争，甚至决定了德国的外交政策和战略战术的？这些德国发动世界大战的内部主观因素，很少有人关注。于是我准备把德国的经济史捋一遍，来聊聊经济是如何影响德国命运的。

德国经济是 19 世纪崛起的，那我们就从 19 世纪初说起。

德国的最初形态和春秋战国似的，是破碎成玻璃碴子一样的德意志邦国，各邦国之间关卡林立，货币和度量衡也不统一，根本没办法一起生活，直到 1834 年全德关税同盟成立，德国才有了国家的雏形。

所谓关税同盟，就是德意志邦国在政治、军事层面放松戒备，在经济层面达成共识，以后要团结合作，一起做生意发家致富。

到了 1852 年，德意志邦国废除内地关税，承诺各邦之间的贸易免税，并且以普鲁士为标准统一外贸税率，统一货币和度量衡。也就是说，中国都爆发鸦片战争了，太平天国都要起义了，德国才完成中国两千年前秦始皇的成就。

关税同盟只是起点，德国经济想要崛起，还必须克服交通问题。

当时德国的煤矿集中在鲁尔和萨克森等地，铁矿分布在东西边境地区，纺织业则在南部和中部等地区，可以说，德国想在关税同盟的基础上，打通经济内循环，必须有便捷的交通设施。但是我们都知道，货物运输的成本非常高。

据流传下来的资料显示，19 世纪初的德国公路只有 12 888 公里，费用是航运的 3～4 倍。那德国用航运交流不就可以了吗？可问题是，德国只有 20 艘汽船，总吨位不到 5 500 吨。

这么贵的公路运费，这么少的航运载重，根本负担不起德国经济内循环的重任。想顺利地做生意赚钱，必须修建驰道，啊，不对，必须修建铁路。于是，修铁路成为德意志邦国的共识。

1835 年，德国建成第一条铁路，从起点纽伦堡到终点福尔特，全程仅 6 公里，但短短 5 年后德国铁路里程便增长到 470 公里，再过 10 年已经达到 5 822 公里，此后 20 年都以“十年翻倍”的速度增长，运货量也达到每公里 40 亿吨。

即便以现在的眼光来看，德国修铁路的速度，也是相当快的。而修铁路需要钢铁，炼钢需要煤炭，于是在铁路的需求下，德国钢铁、煤炭和机械制造出现爆发式增长，有各种厂矿近 400 家。

铁路、钢铁和煤炭又需要大量资本，于是德国的资本也快速集中起来，形成一系列巨无霸企业，出现了一批资本寡头。等铁路修成以后，德国的商品贸易更加频繁，于是纺织、零售、餐饮等产业也繁荣起来。

此外，德意志最大的邦国普鲁士，始终有统一德意志、称雄欧洲的军事野心，便在修铁路的时候，政府以军事订单的方式，扶持起大批军工企业。

在这样的背景下，克虏伯发展成欧洲最大的军火企业，雇用了 1.6 万名员工。

因此，德国的经济崛起，其实是以铁路和战争为龙头，带动一系列中下游产业蓬勃发展。

贰

19 世纪初的德国是落后国家，要人才没人才、要技术没技术，为什么能在短时间内修铁路建工厂呢？其实答案也简单，英国就在旁边蹲着，薅羊毛非常方便。

19 世纪 30—40 年代，德国建工厂需要的机器，几乎都是从英国进口来的，甚至 1842 年使用的 245 台火车头，只有 38 台是德国制造，其余火车头有 166 台进口自英国,29 台来自美国,12 台来自比利时。

除了直接进口机器以外,德国还搞了人才招引和招商引资。人才招引的对象是技术工人和工程师。

德国出台政策,允许外国人在本国定居,但必须指导德国人使用设备和维修机器,比如但泽的一家冶铁工厂,共有职工 104 人,但 14 名领导干部都是英国人,厂长还定期返回英国,用德国资本购买英国的技术资料。

招商引资的主要对象也是英国,德国各邦的政府允许外国企业直接办厂,并且给了免税或减税的优惠政策。

能正大光明地减免赋税,英国企业就不用费尽心机逃税了,那还不是美滋滋?于是德国的外企越来越多,到 1857 年,以英国为首的外国资本,在德国拥有近 1 亿马克的股份。

虽然德国人民吐槽说,英国资本绑架了德国,但德国在吸引外资和人才的过程中,学到了英国的先进技术和管理经验。

这种大规模的"技术转移"是多少钱都买不来的。而且德国学到英国的技术和经验以后,很快就能模仿复制,生产出质量低劣却不影响使用的"伪英国货",卖给德国底层人民,或者出口欧洲,抢占低端市场,企业回笼资金便能投入下一轮的研发生产。

在这样的正循环过程中,德国企业逐渐成长起来,到 19 世纪 60 年代初期,德国钢铁产品的进口量,便下降到 30%左右。所以说,闭门造车是搞不出工业化的,必须在内循环的同时打通外循环,让资本技术和商品流通起来,各项产业才能一步步迭代升级,国家才能完成进口国到制造国的转型。

这条转型之路走了 30 多年,1870 年,德国便由英国产品的倾销市场,成长为自给自足的工业制造国家。资本和资源也被整合起来,煤产量是 3400 万吨,钢产量是 126 万吨,以整体生产力来说,已经达到英国的一半左右。也就是这个时候,德国又赚到一波大红利。

1870 年 7 月,法国皇帝拿破仑三世对普鲁士宣战,普法战争爆发。

法国出兵 22 万人,准备先夺取法兰克福,逼迫普鲁士投降。普鲁士动员起 47 万人,短短半个月便击溃法军,进入战略反攻阶段,9 月 1 日的"色当战役"更是包围法军,法军统帅拿破仑三世被迫投降。

在这场赌国运的战争中，法军损失12.4万人，普鲁士仅损失9 000人，普鲁士大获全胜。

战争结束以后，法国的拿破仑三世被废黜，巴黎公社成立，而普鲁士则完成德国的统一，国王威廉一世在法国凡尔赛宫加冕为皇帝，德意志帝国成立。

其实这场战争对德国来说，最大的收获是法国的50亿法郎赔款。这笔巨额赔款，大部分被德国投资到工业和军工产业，以至于“普法战争”结束以后的三年里，德国修建的铁路、厂矿、军工企业数量，比此前20年的总和都要多。

仅在1872年，德国就新成立了500家企业，拥有15亿马克的资本。而在铁路方面，德国准备修建柏林—巴格达铁路，要通过陆地交通线，把国家的势力范围延伸到中东，和英国一较高下。9 000人便换来国家工业化起飞，德国血赚。

后来斯大林评价说，资本主义工业强国的发展道路有三条，英国道路、沙俄道路和德国道路。所谓德国道路，就是一个国家对另一个国家进行军事破坏，以及索取赔款的道路。

以我们现代中国人的眼光来看，德国的崛起模式和日本差不多，都是小国在生存的压力下，走上扩军备战之路，然后用一场大战的战争赔款，刺激国内产业改造升级，进而形成一种不正常的道路自信，变得更加渴望战争，也更有挑起战争的意愿。

德国道路其实也是日本道路，是发动世界大战的轴心国道路。

到了1913年，已经是欧洲经济第一的德国，国防费用是18.22亿马克，占财政支出的25%，在财政倾斜的加持下，缺乏殖民地的德国，发动世界大战便是不可避免的。

可以说，发动战争是刻在德国骨子里的基因，毕竟19世纪初搞工业化的目的，就是为了赚钱和打仗。

德国非常自信，一定能把英、法挑下马来，得到和经济实力匹配的世界地盘，以及国际影响力。但德国的问题和日本一样，就是实力强大而战略纵深不够，依靠爆发力打突击战没问题，但是持久性太差，经不起持久战的消耗。

为了将战争持久地进行下去，德国政府开动印钞机大量印刷马克，导致德国的货币供应量从战前的72亿马克，暴增到1918年的284亿马克，结果就是通货膨胀、物价飞涨，人民的日子相当痛苦。

不管德国制造多么精良，陆军多么善战，都不能挽救战略纵深不够的硬伤，德国和周边的哪个国家打仗，都是体量相当的国与国战，几乎不存在以大欺小的概念。

因此，我觉得，德国发动世界大战是必然的，四年后战败也是必然的。

叁

作为"一战"的战败国，《凡尔赛和约》让德国失去6.5万平方公里土地、700万人口，以及高达1 320亿马克的战争赔款。

原本按照法国的意思，发动战争的德国就不要存在了，直接肢解算了。但是英国想了想，肢解德国的话，法国就成欧洲大陆唯一的强国了，那英国以后怎么在欧洲混？于是英国坚决反对肢解德国，要留着德国来制衡法国。

而美国在战胜国的刺激下，初步有了称霸世界的野心，便也想在欧洲安插棋子，用来制衡英、法这种老牌强国。选来选去，美国也选中了德国。

就这样，有了英国和美国的干预，战败的德国成了一颗棋子，避免彻底失败的命运，保住将来重新崛起的根基。

既然是制衡欧洲大陆的棋子，战败的德国显然有些弱，不能满足美国的要求，那么美国要达成目的，必须重新武装德国。

巧合的是，20世纪20年代初的德国超级通货膨胀，给美国提供了介入德国的最佳时机。那场超级通货膨胀给德国造成巨大的伤害，1921年11月，马克兑美元的汇率是330∶1，两年后便成了4.2万亿∶1。马克的快速贬值，让德国人的财富缩水严重，以前有几十万马克就是中产阶级，可现在连1美元都兑换不到。

德国数十年积累的财富被洗劫一空，中产阶级沦为赤贫的无产阶级。而就在德国经济跌落谷底的时候，美国资本趁机到德国抄底。

一方面是美国在1924年启动"道威斯计划"，把德国的战争赔款削减到370亿马克，然后向德国提供326亿马克的贷款，让德国偿还英、法的赔款并且恢复工业实力。另一方面，美国的资本随着贷款进入德国，大量收购或入股德国企业，控制德国工业的半壁江山。

有了美国资本的输血，德国恢复了欧洲最先进的工业体系，但整个20年代也呈现出一种畸形的繁荣。

为什么是畸形的繁荣呢？因为德国经济确实复兴了，制造业不仅恢复到战前的水平，并且逐渐有了和英、法竞争的能力，但不管哪家企业，或多或少都和美国资本有关系。

如果你是20世纪20年代的德国人，会怎么想？恐怕也是一边享受经济恢复的红利，一边吐槽美国和犹太资本，这种憋屈的感觉，想想也是很难受的。

如果日子就这样继续下去，德国应该和现在的日韩一样，不仅是美国的经济附庸，同时也是美国安插在欧洲制衡英、法、苏联的棋子。

然而，世事无常啊，20世纪20年代末的大萧条，让世界走向偏离原有的轨道，战争狂人希特勒也趁势崛起。

肆

早在1923年11月，希特勒就在慕尼黑啤酒馆发动政变，准备一举夺取政权，结果还没走出村口，政变就被一举扑灭。此后6年的时间里，希特勒都过得非常消沉。

毕竟20年代的德国经济蒸蒸日上，谁跟着希特勒玩命啊，好好经营小日子不好吗，为啥要打破现有的秩序。

但是1929年美国的经济危机爆发，受美国资本影响颇深的德国，迅速被经济危机拖下水，到1932年失业人口便飙升到600万，而德国的总人口也不过6 000多万。

失业就没有经济收入，没有经济收入就不能养家，所以明面上失业人口是600万，实际上受经济危机打击的德国人，远远不止这些。

古今中外的历史都表明，当人们的生存受到威胁时，任何道德约束都变得一文不值，为了生存下去，他们愿意尝试任何机会，哪怕这个机会非常偏激。于是德国人选中偏激的纳粹党和希特勒，尤其是受经济危机影响严重的白领、手工业者、小店主，成了纳粹党崛起的第一批“燃料”。

1933年，煽动民粹情绪的纳粹党成为德国议会第一大党，希特勒出任德国总理，执掌德国政局。

希特勒是依靠失业者起家的，那么恢复经济消灭失业，便是希特勒执政的合法性所在，所以他刚做总理就承诺：“四年之内一定要消灭失业。”

在欧美国家参加选举，喊口号很容易，要落实口号就很困难，但希特勒还是做到了，短时间内便恢复经济消灭失业，让德国重新回到欧洲第一大国的位置上。这段历史一直被网友们津津乐道，说希特勒是伟大的政治经济学家，像变魔术一样再造德国。

我们都知道，经济不是无缘无故恢复的，失业不是无缘无故消失的，即便是变魔术也需要一些道具，希特勒能带领德国复兴，一定有原因的。

第一个原因依然是美国资本的输血。美国控制了德国经济的半壁江山，德国出现经济危机，美国资本也要受到伤害，所以稳定德国秩序，挽救德国的经济危机，很符合美国资本的利益。

《华尔街与希特勒的崛起》中说，希特勒上台前便收到洛克菲勒、福特、摩根等美国资本家提供的3 200万美元赞助。这是恢复德国政治秩序的赞助。

而且据后来的资料披露，美孚石油向德国法本公司转移2 000多项专利技术，美国国际电话电报公司曾给德国盖世太保捐款，杜邦公司把橡胶和飞机技术卖给德国，亨利·福特由于提供技术和投资20亿美元，被授予铁十字勋章。德国的军工企业中，美国资本控制的就有60家以上。

这是挽救德国经济，方便美国赚钱的投资。

其实纳粹德国吸纳美国资本，和普法战争前吸纳英国资本没什么区别。曾经的德意志帝国能借英国资本壮大，希特勒相信，自己的国家也能借美国资本壮大。

无非是互相利用一下，迟早要和前辈们一样，把美国资本踢出去的。

希特勒振兴德国的第二个原因是搞大基建。1933年6月，希特勒和政府通过一项修建高速公路的法案，而且要沿着观光路线修建，因为这代表着德国伟大的建筑成就。

3个月后，高速公路的工程开始动工，希特勒铲下第一锹土，到了1938年，德国已经建成3 500公里的高速公路，质量非常过硬。

其实当时德国人的汽车保有量并不高，平均每100个人才有1辆汽车，修建高速公路也没什么人去开，常年空闲在那里。要是算经济账的话，这是一项赔本的生意，顶多算是希特勒的面子工程。但要是算政治账的话，这些高速公路的意义就大了。

在修建高速公路的时候，政府可以提供近60万个工作机会，再加上为修高速公路服务的建材、服装、餐饮、制造等行业，能提供的工作机会不下百万个。

而且在修高速公路的同时，希特勒推出购车减税的方案，减轻了德国人购买汽车的负担，于是德国人的买车热情高涨，1933 年的汽车销量就比 1932 年翻一番，1935 年在这个基础上又翻了一番。

汽车能卖出去了，汽车企业便能扩大生产规模，这就提供了就业岗位，有利于消灭失业，恢复经济。

“一战”前的德国通过修铁路带动产业链，“二战”前的德国通过修公路带动产业链。

当然了，最大规模创造就业岗位的是军工企业。刚做德国总理的时候，希特勒便以“消灭失业”的理由，开启了重整军备的计划。在这个计划的指导下，政府财政大量向军队倾斜，以至于陆军控制了 2 800 家企业，生产了德国过半的钢铁和汽车。空军制定出制造 1.7 万架飞机的计划，创造了 7 万人的就业岗位，而克虏伯工厂开始以拖拉机的名义造坦克。这些军工企业及其中下游产业链，把相当部分的失业人口都吸纳进来。

对于希特勒来说，重整军备是很划算的政策，平时可以消灭失业，带动经济，战时可以输出产能、重振国威，简直是一举两得。至于那些依然失业的人口，希特勒也特别有创造性：“你们都当兵去吧，吃上国家的军粮，国家就彻底消灭失业了。”于是德国的军队从 10 万人扩大到“二战”前夕的 75 万正规军、100 万预备役。

至此，德国彻底消灭失业，国家经济蒸蒸日上，人人都有工作，大街上跑着崭新的汽车，每个德国人的脸上都洋溢着微笑。

伍

有人曾说，如果希特勒突然去世，他或将是流芳百世的领袖。但这种说法是不实事求是的幻想。

希特勒的经济政策是“春药”，刚吃下去的时候药效猛烈，等药性过去之后，就会变得非常疲软，根本没有持久性。因为不论是修高速公路，还是重整军备，都需要大规模的政府投资，而政府在不健康的经济环境下，财政税收能力是不足的，那么德国政府只能贷款和印钱。

1932 年的德国政府财政，除了花销以外还有一些盈余，算是比较健康的。1933 年开始搞大基建，德国政府就出现 8 亿马克的赤字，1938 的财政赤字直接飙升到 95 亿马克。这些钱，希特勒是还不上的。

更严重的是，随着重整军备计划的推进，很多生产民用消费品的企业，被迫转型生产军用品，导致德国的民生受到影响，15％的粮食必须依赖进口。

如果进口不到粮食，德国人就要饿肚子了。而且民用消费品的产量减少，导致出口量的减少，军用品的产量增加，导致相关原材料的进口增加，赚不到钱还要不断花钱，这种经济模式怎么可能持久？所以赤字难以削减、粮食短缺、财政收入不佳，就是希特勒面临的经济困境。

经济大师亚尔马·贺拉斯·格里莱·沙赫特警告希特勒："你再这么瞎搞，经济危机很快就来了。这里的水很深，你把握不住，让我来吧。"

希特勒告诉他："你不适合为伟大的国家服务了，回家去吧。"

当然了，希特勒知道自己面临的经济困境，但他不着急。

这些年重整军备，就是把国家资源都押到军事上，等经济危机出现的时候，用战争一次性解决问题。

他的原话是："要保持德国的经济安全，并且长期保持复苏的态势，就必须到东欧开拓生存空间。"

所谓开拓生存空间，其实就是把东欧的人赶走或消灭，用东欧的粮食来供养德国人，用原材料和产业抵消德国的财政赤字。

可以说侵略东欧乃至发动世界大战，原本就是希特勒恢复德国经济计划的一部分，他的一切行动，都是为最后"梭哈一把"做准备。而由于严重的经济问题，德国军队不适合打持久战，必须用有限的资源赢得最大的战果，德国便出现"闪电战"的概念。

因此，"闪电战"倒也不是什么创新战术，而是德国经济困境下，被逼无奈的选择。

在这样的背景下，"二战"也就从德国闪击波兰开始了。

陆

我们现在重新审视两次世界大战中的德国，就能发现德国在工业化和经济崛起的起点上其实是有问题的，造成这种问题的原因是多维度的。

德国是中欧的陆权国家，西边的英国和法国，在大航海以后积极出海，开辟殖民地，依赖庞大的海外殖民地，这两个国家都辉煌过一段时间，不仅能繁荣国内民生，还能在世界范围呼风唤雨。东边的俄国原本是土包子国家，偏偏西伯利亚是广袤的无人区，俄国不费吹灰之力便能占领，开拓了国家的战略纵深。

德国不羡慕是不可能的，不是有这么一句话吗，我出生之前存在的，就是合理的，所以在德国人看来，夺取殖民地是德国的历史使命。

这是德国发动世界大战的天时。

德国是被英、法、俄包围的国家，在“二战”以前的暗黑森林世界，和平的国际秩序还没有建立起来，德国难免有一种不安全感，骨子里就认为，如果德国没有强大的实力保护自己，可能会有灭国的危险。在这样的环境下，德国想要国家安全、想要经济繁荣、想要世界影响力，都得发动战争夺取殖民地。

这是德国发动世界大战的地利。

德国在两次世界大战中都失败了，我认为和德国的关系不大，主要是20世纪出现了美国和苏联这两个超级大国。美国和苏联的工业实力强劲，国家有战略纵深，有足够的能力打持久战，即便在战场上失利，凭借雄厚的国力也能把德国耗死。而持久战恰恰是德国的软肋。

不论“一战”还是“二战”，德国都是初期进攻猛烈，后期疲软无力，这和德国的人口、经济基础、消耗资源组成的整体国力有关系。如果没有美国和苏联，德国消灭英、法，横扫欧洲，基本是板上钉钉的事情。但有了美国和苏联的出手，德国就只能折戟沉沙。

这是德国世界大战失败的“人不和”。

而以上的天、地、人因素，都是建立在“德国崛起太晚”这个基础上的。

总的来说，是时代塑造了发动世界大战的德国，是时代催生了威廉二世和希特勒，也是时代让德国两次成为废墟。

这是一个悲剧的国家。现在有很多人和德国的命运产生共情，但共情不能等同于翻案。我不支持德国夺取殖民地，更不支持德国开拓生存空间。德国人想过好日子，但殖民地的人民也想过好日子，东欧人民也想过好日子，凭什么德国人的幸福，要建立在世界人民的苦难之上。这是反人类罪行，必须钉在历史的耻辱柱上。如果因为站在德国的立场上共情，便给德国的侵略鼓掌，那就是对近代中国遭受侵略历史的背叛，对参加抗日战争的先烈的背叛，更是对“反对内外敌人，争取民族独立和人民自由幸福”的背叛。

人类命运是共同体，我们读历史需要一些温情，但评价历史的立场不能变。

战争爆发以前，一切都有预兆

壹

1913年1月的维也纳，绝对是风云际会的城市。

俄国布尔什维克党领袖列宁，命令斯大林暂时放下圣彼得堡的工作，留在波兰的克拉科夫，写一篇关于民族政策的文章，准备把斯大林培养成民族问题专家。

斯大林在克拉科夫写完初稿，寄到圣彼得堡，随后便和特罗扬诺夫斯基到了维也纳，住在美泉宫街30号的公寓里。可能是维也纳的风景太迷人，斯大林安顿好之后，又向圣彼得堡要回初稿，想重写一篇。

斯大林住在朝向街道的房间，每天大部分时间沉迷于写作，偶尔抬头，就能看到维也纳美泉宫街上熙熙攘攘的人群。到了傍晚，斯大林和特罗扬诺夫斯基一家下楼，穿过美泉宫街，到公园散步消食，顺便聊一些工作生活中的问题。

在美泉宫公园，斯大林的身边极有可能走过一个消瘦落魄的艺术青年，那是年仅25岁的落榜美术生希特勒。

他们是彼此人生中最大的对手，年轻时偶尔擦肩而过，他们却茫然不觉。

那时的希特勒住在布里吉特瑙区，虽然临近多瑙河，但希特勒没钱也没朋友，只能在廉价旅馆里度日。即便生活不如意，希特勒还是愿意步行10公里，到美泉宫街走一走，在公园里逛一逛。因为这里是维也纳的政治中心。统治奥匈帝国的弗朗茨·约瑟夫一世，每天都会乘坐8匹白马拉的镀金马车，离开居住的美泉宫，到霍夫堡宫处理国事，然后再原路返回美泉宫。

经常在附近散步的斯大林和希特勒，都亲眼见过年迈的帝国皇帝，以及皇帝那老旧浮夸的排场。

这一幕，与2100年前的中国旧事非常像。秦朝时期，志得意满的秦始皇喜欢巡游，而尚未发迹的刘邦和项羽，在咸阳见到秦始皇的巡游车驾，刘邦脱口而出“大丈夫当如是”，项羽则说“彼可取而代也”。

现在美泉宫街的皇帝车驾旁边，同样站着两个尚未发迹的年轻人，真是此时此刻恰如彼时彼刻。

但面对弗朗茨·约瑟夫一世的车驾，斯大林什么都没说，希特勒感兴趣的也不是宝座，而是老皇帝代表的奥匈帝国。

当然，维也纳的猛人远不止他们。来自克罗地亚的铁托，正在汽车厂做试车员，经常开着汽车在维也纳溜达，自然要经过老皇帝的美泉宫。多年后，铁托在战场上硬刚希特勒，在政治上不服斯大林，一路做到南斯拉夫共和国总统。

而铁托驾车经过的中央咖啡馆，里面有一个高谈阔论的知识分子，他是托洛茨基，数年后将成为世界顶尖的大佬。

1913年1月，老旧的帝国时代即将过去，革命时代的擎旗猛人头角峥嵘。

对于时代的变化，弗朗茨·约瑟夫一世可能有预感，但他却没有任何改变的办法。

奥匈帝国是二元制国家，由奥地利和匈牙利合并而成，正儿八经的欧洲强国，也是世界排位靠前的列强。

维也纳是奥地利首都，属于欧洲著名的享乐之都。歌剧院、音乐厅和啤酒馆，在维也纳到处都是，人们只要花钱，就能找到想要的娱乐项目。为了满足人们的欲望，维也纳甚至建了全天候营业的娱乐园，只要人们能想到的项目，娱乐园里都有。而在维也纳的街头，红白相间的电车是欧洲最先进的，沿线是各式各样的风景，人们谈论娱乐明星的八卦，聊着文化名人的最新作品，或者看着原始的电影消磨时间。

维也纳的一切，都让人迷醉。但维也纳之外，奥匈帝国是另一番景象。

奥匈帝国有5 000万人口，数量仅次于德国，却包括了德意志人、匈牙利人、捷克人、波兰人、罗马尼亚人等，没有一个民族的人口数量，能占到总人口的50%以上。

也就是说，没有绝对优势种族的奥匈帝国，潜藏着种族分裂的危机。

在复杂的种族矛盾下，布拉格的捷克语居民和德语居民基本上老死不相往来，他们有自己的报纸、球队和学校，种族界限泾渭分明。

而在奥匈帝国议会，由于种族语言太多，议员们不能正常交流，经常是鸡同鸭讲，最后在会场上演全武行。弗朗茨·约瑟夫一世的每道命令，都要翻译成多种语言发布，才能保证政令畅通，以至于他的头衔是——受上帝护佑的奥地利皇帝、匈牙利和波西米亚、克罗地亚、斯洛文尼亚国王等一长串，看着都头大。

所以别看奥匈帝国是欧洲大国，其实就是哈布斯堡家族领土拼凑起来的中世纪国家。在奉行种族主义的欧洲，这种国家已经落伍了。

那些奥匈帝国里的种族，一旦感觉不到温暖，就有可能出来挑战帝国的权威，然后另起炉灶独立建国。

老皇帝对此心知肚明，他曾对人说过："我的帝国是一个纸房子，只要有人使劲踹一脚，就会轰然倒塌。"

帝国到底是什么样子，地位高的老皇帝知道，斯大林和希特勒等猛人知道，但大部分身处其中的人不知道。

茨威格晚年回想往事，在书里写道："我们知道这个安全的世界，只不过是空中楼阁。然而，我父母曾经以为那是一所石头房子，从来没有风暴或者穿堂风，能打扰他们温暖舒服的生活。"

不是每个人，都能感知自己所处的历史进程。

贰

1913年2月，斯大林回到克拉科夫，把重新写好的文章交给列宁。

列宁仔细读完文章，感觉斯大林同志写得非常好，决定用原文作为布尔什维克党的政策，并且称他为"神奇的格鲁吉亚人"。

不过，历史的舞台，暂时不属于斯大林，刚回圣彼得堡，他就被沙皇政府逮捕，然后流放到西伯利亚的北极圈里。此后4年，斯大林都在与世隔绝的荒原度过，流放到那里的人大部分都死了，斯大林是少数幸存下来的人，生命力特别顽强。

等他重新回到舞台中央的时候，世界已经天翻地覆。

因为沙皇政府能逮捕俄国革命者，却浇不灭革命的火种，20世纪初期的俄国社会，就是源源不断培养革命者的沃土。

随着两次工业革命的爆发，俄国和英、法等国一样，也出现了不同程度的工业垄断资本集团，如钢轨同盟、车厢辛迪加、银行同盟等。

这些工业垄断资本集团，逐渐成为俄国经济的支柱，那么为了保护国家经济，俄国政府必须保护工业垄断资本集团，让他们继续给俄国发光发热。于是在 20 世纪初期，俄国政府和工业垄断资本集团达成妥协，放弃征收累进税的计划，按照非累进税率征收个人所得税。

这样一来，数量少但收入丰厚的资本家，只给政府财政贡献少量税收，沉重的赋税压力落在占人口多数的工人和农民身上。

此外，工业垄断资本集团还享受免税和补贴的福利，比如出口 1 普特糖可以得到 1 卢布的补贴，出口 1 普特纺织品可以得到 5～6 卢布的补贴。

而在军工方面，俄国政府的军事开支从 1900 年的 4.2 亿卢布增长到 1913 年的 9.6 亿卢布，长期享受政府订单的普季洛夫斯基、布良斯基等军事工厂，逐渐形成四大军事工业联盟，垄断政府的军工产业。

这些军工资本集团和政府官员沆瀣一气，一起抬高产品报价，薅俄国政府的羊毛。

按照市场价来算，俄国政府买一台蒸汽机车要多花 3 000 卢布，买一节车厢多花 300 卢布，买一普特钢轨多花 23 戈比。

资本家赚得盆满钵满之时，占俄国人口 80%的农民几乎都住在低矮的小木屋里，吃着发霉的土豆，和蟑螂细菌一起生活。

即便是城市工人，也享受不到俄国的福利。男人基本住在贫民窟或者工厂宿舍，这些房间没有自来水和厕所，甚至没有供暖设备，与其说是家，不如说是工人临时睡觉的地方。而在工厂上班的妇女，每天也要工作 13 个小时，住宿条件和男人差不多。

俄国人穷的越穷、富的越富，非累进税制属于典型的反动政策。

工业资本垄断集团发财了，俄国的旧贵族非常不满。

贵族是俄国政府的统治者，他们在农村占有大量土地，有世袭数百年的爵位，不用费太大的力气，便能得到显赫的政府官职。

贵族们觉得，自己才是俄国的主人，凭什么要把利益让给新崛起的资本家？于是，在地主贵族的影响下，俄国政府又制定了抑制资本家的政策，也就是俄国式反垄断。

1913年，地主贵族提出“国家垄断石油”的方案，以及一系列发展国有企业的计划，如在巴顿斯建立国家煤矿、阿普歇伦半岛建立国家油田、铁道部独立修建工厂等。

在政府订货时，地主、贵族和政府，一起打压工业资本集团。

1908—1910年间，俄国交通部要采购4.88亿普特煤炭，但只有2.53亿普特的订单给了煤炭辛迪加，其他的采购份额要么来自国企，要么来自国外。而且向辛迪加的采购份额，单价也在一路走低，从8.62戈比/普特，逐渐降到7.77戈比/普特。

总之，就是一句话，工业垄断资本家要少赚点，最好把吃进去的再吐出来。

斯大林流放北极圈时期的俄国，国家和人民的矛盾、政府和资本家的矛盾、旧贵族和资本家的矛盾纠结在一起，把俄国变成火药桶，稍微遇到风吹草动，这个火药桶就炸了。

国内矛盾如此激烈，偏偏俄国还要参加国际争霸，尤其是想得到出海口和不冻港。

在西边，俄国看中了黑海出海口。

只要控制黑海的出海口，俄国军舰就能进入地中海，切断西欧列强和亚洲的联络，然后雄霸整个西亚。

想完成争霸大业，俄国需要肢解奥斯曼帝国，占领奥斯曼帝国的首都君士坦丁堡。

但地中海是英国的命门。英国军舰横渡地中海，再经过埃及的苏伊士运河，就能进入红海和印度洋，和印度联系起来。

如果俄国控制地中海，英国岂不是完了？所以英国的诉求，便是维持奥斯曼帝国的现状，让奥匈帝国守在君士坦丁堡，扼住俄国南下的欲望。

在东边，俄国逐渐蚕食中国150万平方公里的土地，还想直接占领蒙古，如果成功的话，俄国就在远东有了不冻港，军舰直接进入太平洋。

而且英国因为人口实力的限制，对中国的领土野心没那么大，主要诉求是保证英国有完整的倾销市场。

俄国想分裂中国，那就是动了英国的利益。于是在1904年“日俄战争”的时候，英国利用日本的野心，运来大量物资武装日本，打了一场代理人战争，暂时扼住了俄国的进攻势头。

1913年的俄国，处于国内矛盾激烈、国外争霸受挫的困境。

要提高政府威望,压制国内反对派,冲破世界争霸的囚笼,最好的方式是参与一场世界大战,然后成为战争的最大胜利者。所以俄国对战争的欲望,远比世界各国想象的更强烈。

叁

俄国是陆权国家的典型,英国则是海权国家的代表。

陆权国家的经济作物在大陆运输贸易,国家安全也依赖山河形成的关隘险地,于是陆权国家要占领土地,极力开拓自己的生存空间。

海权国家不同。这种国家的经济商品依赖海洋运输,只要有船有海,他们就能出海贸易,国家安全的威胁也来自海洋。

于是海权国家对军舰的需求巨大,反而对占领大陆土地不太感兴趣。

但这并不代表海权国家愿意放弃大陆,毕竟陆地才是人类的根本,只要机缘巧合,大陆便可能出现强大国家,随时切断海权国家的海洋线路。海洋线路犹如血管,吸收全世界的养分,来供养海权国家的生存,所以海洋线路是万万不能失去的。

那么,要防止大陆出现强国,保证海洋路线的通畅,海权国家就出现了孤立主义。所谓孤立主义,就是以海洋为海权国家的天然屏障,自己不亲自参与大陆事务,却要利用大陆国家的矛盾纵横捭阖,不断联合弱国围堵强国,直到大陆国家的力量形成一种均衡状态。

英国的“搅屎棍”之名,便来自“孤立主义”的实践,毕竟“我大英自有国情在此”嘛。

而英国的孤立主义更有意思,他要保证绝对孤立,还不愿意和大陆国家结盟,担心结盟之后,以后需要围堵或者联合的时候,背上道德包袱。

只要我没有道德,道德就约束不了我。

但英国的不结盟孤立主义,需要以强大的国家实力为基础。19 世纪中后期,英国是世界上第一个完成工业革命的国家,在全世界圈占了 3 400 万平方公里的殖民地,海军在四大洋上昼夜巡航,号称“日不落帝国”,国家实力自然爆棚。不结盟就不结盟吧,孤立就孤立吧,反正谁都惹不起英国,那就英国说了算。

然而,英国吃尽第一次工业革命的红利,却在以“电气化”为核心的第二次工业革命中落伍,自此失去“世界工厂”的地位,国家实力和国际地位远远不匹配。

以工业生产比重为例。1870年,英国的工业生产比重占世界的40%,到1913年只占世界的9%,反而是美国异军突起,从1870年的23%,上升到1913年的42%,德国则始终保持在12%～13%。英国的市场份额锐减,国家财政收入也要跟着减少,于是对于俄国等陆权国家的竞争,便有些心有余而力不足。

不结盟的孤立主义,作为古典海权国家的国策,已经老套落伍了。毕竟大家都在抱团取暖,力量自然指数级增长,英国还是一副傲娇的臭脸,你以为你是谁啊。

而且英国的竞争对手不止陆权俄国,半陆半海的德国,成为大陆强国之后,也在积极地下饺子,想在海洋上和英国争锋。

19世纪70年代,欧洲出现瓜分非洲的浪潮,每个欧洲强国都在非洲跑马圈地,想在最后一块"无主"大陆,尽可能地多占一些。

德国制定了"中非殖民帝国计划",准备打通西非的喀麦隆和东非的坦桑尼亚,建立连通大西洋和印度洋、横贯赤道的非洲殖民地。而英国制定了"2C计划",准备打通埃及开罗和南非开普敦的联系,建立贯穿非洲南北的庞大殖民帝国。德国要东西,英国要南北,必然有重叠之处。

英国和德国要解决分歧,不管怎么谈都是谈不拢的,最终要在战场上见分晓。赢家通吃,输家一无所有。

既然"不结盟的孤立主义"破产,那就和其他国家结盟吧,国家活下去才能谈霸业。

原本英国选中的结盟对象是德国,想和德国联手制俄。

但由于英德在非洲的矛盾,以及德国正在实行"世界政策",不愿意给英国做小弟,所以在英国抛出橄榄枝之后,德国表示,英国就在欧洲保卫德国利益吧。

正好英国在西亚稳住奥斯曼帝国,在东亚扶持日本打赢日俄战争,暂时遏制住了俄国的扩张势头,预计俄国暂时也翻不出什么花样来,便去找俄国结盟。

俄国无奈,反正要打仗输出国家危机,那和英国打是打,和德国打也是打,德国离俄国还近些呢。现在英国想结盟,结就结吧,便于1907年和英国签订《英俄协定》,两家握手言和,顺便把日本和法国绑上战车。

日本愿意上英国的战车,很好理解,一直是英国的小弟嘛。

法国和英国结盟,则是因为对德国又恨又惧。恨是因为普法战争期间,法国皇帝拿破仑三世被普鲁士俘虏,随后被迫割让阿尔萨斯和洛林地区。

皇帝被俘乃至割地赔款，对任何国家来说，都是奇耻大辱，不报此仇，岂能抬头做人。

惧是因为德国在第二次工业革命中崛起，容克军官团执掌的陆军雄视欧洲，卧榻之侧出现陆权强国，法国怎么可能不惧？

要防止巴黎再被德国攻破，那就远交近攻。借俄国牵制德国的陆军，借英国削弱德国的国力，一旦天下有事，法国趁德俄交战的间隙，趁机在德国背后捅刀子，报仇雪恨。

其实说到底，海权国家和陆权国家结盟，根本原因便是德国崛起了。

肆

1913 年 5 月，希特勒离开维也纳，前往德国的慕尼黑寻找机会。

俄国是革命者的沃土，德国同样是乱世枭雄的用武之地，如果不是处于德国的历史进程，希特勒不会是后来的样子。

而德国历史进程的主要问题，是崛起得太晚了。

19 世纪 60 年代，英国已经完成工业革命，威廉一世和俾斯麦才走上历史舞台，动手收拾碎片化的德意志邦国。19 世纪 70 年代，第二次工业革命即将爆发，德国才完成统一大业，成为正常的欧洲国家。

不过，好在赶上了“电气化”工业革命，机会，有总比没有强。

此外，德国在普法战争中得到法国的阿尔萨斯和洛林地区，以及 50 亿法郎的赔款，便有了工业革命的启动资金。

于是德国在 1870—1880 年间，工业年均增长率为 4.1%，1880—1890 年间达到 6.4%，增长速度非常快。有了高速的工业增长率，1895 年，德国工业水平已经超越英国，成为欧洲头号工业强国，而那年美国成了世界头号工业强国。

到了希特勒迁居慕尼黑的 1913 年，德国人民年平均收入是 645 马克，属于世界前列的发达国家。

德国崛起了，然后呢？然后就没有然后了。

20 世纪初期，世界依然保留中世纪的习惯。国家奉行赤裸裸的丛林法则，只要国家的实力足够，就能在全世界抢占殖民地，以作为国家实力再次进步的养料，正所谓“杀人放火金腰带，修桥补路无尸骸”。

当时的企业奉行原始资本主义，只要能完成资本增值，贿赂官员、捆绑政府、虐杀贫民之类的事情，通通不在话下。一切以资本增值为主，其他的都要让路。

在中世纪的野蛮惯性下，那些先发达起来的国家往往具有先发优势，把能抢的都抢了，能占的都占了，根本没有世界可持续发展的意识。

于是，后发达起来的国家就惨了。放眼望去，世界再也没有“无主”的土地可以做国家的殖民地。没有殖民地就没有原材料来源，没有工业产品的销售市场，更没有与国家实力匹配的话语权。

虽然英国等先发达国家号称自由贸易，但英国的殖民地，是英国的自由贸易市场。德国想到英国的殖民地自由贸易，那得看英国的脸色。

给英国做小弟，那就可以自由贸易。

德国要和英国平起平坐，英国便摆摆手，对不起，此门不开，我们要关税保护。德国能怎么办？

英国已经衰落了，却依然维持着“日不落帝国”的空架子，德国已经崛起成欧洲第一，但影响力不出地中海。

那德国就要问问，凭什么？

作为国家实力和国际影响力严重不匹配的国家，德国其实也没什么办法，只能虎口夺食，向英国等先发达国家要殖民地。而要殖民地的潜台词是要市场、要国家地位、要国际影响力。

如果真的可以自由贸易，估计德国也未必愿意“杀人放火”，但英国等先发达国家，守着中世纪的野蛮做派不放，德国抢夺殖民地也是被逼无奈。

于是德国南下非洲，准备建立横贯赤道的殖民帝国，为此不惜和英国起冲突，寸步不让。

为此，德国新君威廉二世改组政府，发布“世界政策”，要夺取阳光下的地盘，大张旗鼓地走上世界争霸的道路。

德国宣称“未来在海上”，海军预算从1888年的6 500马克增长到1908年的4.2亿马克。

海军预算增长，德国就要在海洋下饺子。

德国海军人数从1.5万人扩充到5万人，原本只有9艘铁甲舰，计划到1920年扩充到 80 艘最新的铁甲战舰。

到了 1913 年，德国除了海军略有欠缺，全国各界随时可以动员起来，进行一场旷日持久的战争。

军人希望在战场上建功立业，政府官员准备亲手完成帝国伟业，工业资本集团整装待发，只等一声令下就能“暴产能”支援前线。

男学生们热血沸腾，梦想成为 12 万普鲁士军官团的一员，工人和农民随时准备加班，市民则聊着政经新闻，分析其他国家的行为，是否对德国有利。

以理性著称的德国知识分子，也在舆论阵线呼吁战争万能，必须给德国人民争取生存空间。

德国各界狂热，人人都期盼爆发战争。

大西洋对面的美国，虽然没有狂热鼓吹战争，那是因为美国的国土空间足够大，又有南美洲做后花园，没有挑起战争的必要。但美国是世界第一工业国，也想用世界第一的经济实力，支撑起世界第一的国际影响力。

早在 1900 年世界博览会的时候，美国总指挥官就说：“美国有权在地球各国中占据尊崇的地位，而且应该在发达国家的文明间，享有最重要的位置。”13 年后，美国也焦躁不安。它没有发动战争的胆量，但是有借战争敛财的胆子，而且还很大。

世界就是这样，先发达的国家从容不迫，后发达的国家孤注一掷。

伍

1870 年到世界大战前夕的 40 余年，后人称之为“美好年代”，人们用无数诗歌和电影，回忆曾经岁月静好的世界。现在想来，除了中国等落后的殖民地国家，对于欧美人来说，那 40 年确实是非常美好的年代。

英国正在经历“维多利亚盛世”，骄傲的英国人掌控世界，一度生产了世界近半数的工业品，然后把全世界的政治、经济和军事权力，集中到伦敦的几间办公室里。英国人发自内心地认为，自己是人类文明的继承者，以及传承者。强盛的国力，让英国人非常自信，也固化了英国人所谓的绅士气质，他们甚至在船上的求生包里放了三件西装，就是为了让英国人穿着体面的衣服，等待救援船队。这份骄傲的气质，犹如中国的大唐子民。

德国从碎片化的封建邦国，进化成雄踞世界的工业强国，“德国制造”也从假冒伪劣产品的标签，成为顶尖工业品的代名词。1903年，德国便有了人类历史上最快的电力机车，时速达到210公里。柏林人口超过200万，电话、电灯等先进技术，把柏林打造成“电之都”，住在柏林的人们，过上了父辈想都不敢想的生活。而在柏林之外，克虏伯、西门子、拜耳等工业集团，按照规定的步骤运转，生产出来的每件产品都是德国问鼎天下的底气。

法国的贵族和资本家们，喜欢收藏古董家具，把家里装修成奢华宫殿一样，只为听一声来访客人的赞叹。他们还喜欢打猎，这种烧钱的运动是上流社会的入场券。雅克·德·瓦森侯爵就养了60匹马、120只狗，每年打猎花费7 000万法郎。法国妇女喜欢在浴室里安装供暖系统，享受生活情趣，也喜欢定制高级时装，每套花费800～1 500法郎。至于底层穷人，也不再吃难以下咽的黑麦面包，而是以松软的精麦面包做主食。国家发达了，贵族和资本家吃肉，也能给穷人留些汤。

似乎一切都在进步，未来充满期待。人们甚至幻想星际旅行、时空穿越、恐龙大战等科幻话题，觉得这些神奇的事情指日可待。即便是矛盾重重的俄国，也有一群人为了共产主义理想而奋斗。

这些新技术孕育了新文化，接受新文化的新青年，便产生了新共识。他们未必知道新世界是什么样子，却可以模糊地感知到，不太喜欢那些老旧的帝国。但那些延续数百年的旧贵族、旧秩序、旧价值观，在历史的强大惯性中，怎么可能轻易改弦更张？

走向终点之前，必然要用新技术搏一个你死我活。新青年和旧贵族针锋相对。新技术和旧秩序不能兼容。新世界和旧帝国难以过渡。旧帝国和新帝国互不相让。穷苦人和资本家矛盾重重。

“美好时代”是欧美国家的盛世，世界历史却忽然走向了转折点。

盛世辉煌有多么璀璨，积累的矛盾就有多么复杂，盛世落幕就有多么动荡。于是就有了前文说的奥匈帝国种族问题、英国和俄国的海权陆权之争、德国和美国争霸世界的雄心。于是就有了斯大林、希特勒、铁托、托洛茨基等年轻人，誓要改变世界的奋争。

盛世总是让人留恋，但盛世的一切美好事物，往往在孕育一场毁天灭地的战争。所有的坛坛罐罐都在战争中打碎，新世界也会在战争的废墟中冒出绿芽。

如果局部战争不够，那就会有世界大战，一场不够还有下一场，直到历史的进程完成使命为止。这是客观世界的普遍规律。

陆

1914 年 6 月 28 日，奥匈帝国的皇储斐迪南大公夫妇，在萨拉热窝视察时，被青年学生加夫里若·普林西普刺杀。据凶手供认，他仇恨奥匈帝国统治波斯尼亚，觉得波斯尼亚等斯拉夫地区，应该和塞尔维亚合并成斯拉夫国家。

果然，奥匈帝国倒在民族问题上了。

不管凶手刺杀斐迪南大公夫妇的理由是什么，其实都不重要了，整个欧洲已经乱成一锅粥，只缺一个挑事的借口。

现在机会来了。7 月 24 日，老皇帝弗朗茨·约瑟夫一世向塞尔维亚发出最后通牒，因为塞尔维亚没有接受全部条款，4 天后向塞尔维亚宣战。

随后几天，德国向俄国和法国宣战、英国向德国宣战、奥匈帝国向俄国宣战，一场蓄谋已久的世界大战，正式爆发了。战争爆发以前，一切都有预兆。

战争爆发以后，希特勒加入德国巴伐利亚预备步兵团，在西线和英、法联军作战。

经过多年奋斗，他得到两枚铁十字勋章，德国战败前，希特勒受到芥子气攻击，回到后方养伤。此后的岁月，希特勒找到了自己的错误信仰，也继承了德国前辈们“走向世界”的信念。

铁托在奥匈帝国军队服役，和俄军作战被俘后长期留在俄国，在世界大战末期经历了俄国的革命，从此走上革命的道路。

战争末期，从北极圈王者归来的斯大林，成了革命领袖列宁的左膀右臂，即将开启属于自己的时代。

1913 年，汇聚于维也纳的猛人们，在世界大战摧毁旧帝国、动摇旧秩序之后，不断提炼新共识，探索那一代新青年的新世界。

他们中的三个人登上了国家领袖的宝座，还有一个人等来了万里之外的冰镐。

一代人有一代人的使命。即便现在青山依旧在，几度夕阳红，但是非成败，其实并不是转头空。

世界大战即将爆发,但他们说和平已经到来

壹

1938年,中国抗日战争已经进行7年,但对于欧洲来说,才刚刚走到战争与和平的分水岭上。

那年3月,纳粹德国的军队进入奥地利。奥地利人和德国人都属于日耳曼民族,面对纳粹德国的攻势,奥地利人非但没有奋起抵抗,反而纷纷涌上街头,欢迎德军接他们回家。

原本希特勒的想法是,让奥地利成为德国的卫星国,但当他亲眼看到奥地利人的热情,感觉盛情难却,便决定将奥地利并入德国。

他站在维也纳的英雄广场发表演说:"我们不是暴君,而是解放者。"围观的群众掌声雷动,希特勒的声望达到新高峰。

随后德军镇压了反对派,逮捕7 000多名奥地利的异见人士,并把他们关押在维也纳西北部的集中营里。

对于希特勒的扩张行为,不论是英国、法国、意大利,还是苏联和美国,都在一定程度上保持静默,并未出手阻止。

半年后,受到各国默许和纵容的希特勒,把扩张目标对准捷克斯洛伐克。因为捷克斯洛伐克的苏台德地区,有300万德意志人。根据"民族自治"的原则,这些德意志人期望脱离捷克斯洛伐克,德国也可以保护同胞的名义,迎接流落国外的游子回归祖国。面对德国的领土要求,捷克斯洛伐克无奈,便向英、法寻求帮助。

因为签订的外交条约规定，如果德国和捷克斯洛伐克爆发战争，英、法必须按照约定，帮助捷克斯洛伐克抵御德国。

但问题是，英、法不想卷入战争。法国总理达拉第和内阁成员商议一整天，都没有想出对策，便请英国首相张伯伦出面调解。张伯伦给希特勒发电报，要求见面商议，争取和平解决。

经过三次面谈，张伯伦和希特勒达成一致。希特勒保证，苏台德地区是他对欧洲的最后一次领土要求，张伯伦同意，把苏台德地区转让给德国，以求希特勒能息事宁人。

9 月 29 日，德国领袖希特勒、意大利总理墨索里尼、英国首相张伯伦、法国总理达拉第在慕尼黑召开首脑会议，正式签订协议，把苏台德地区转让给德国，而捷克斯洛伐克的国家首脑人物，却没有资格出席会议，只能等待四大强国的裁决。

他们签订的文件被称为《慕尼黑协定》，代表“绥靖政策”的顶峰。

推动《慕尼黑协定》的张伯伦，毫不怀疑这份文件的有效性，刚飞回伦敦，张伯伦便向迎接他的人们说，我带回了我们时代的和平，听众们报以热烈的掌声，迎接永久和平的到来。

然而，仅仅过了一年，绥靖政策就破产了。所有人都期望的和平并没有到来，迎接他们的只有战火和杀戮、飞机和坦克、诡诈和牺牲、卫国和投降。

世界大战的记忆，深深刻在那一代人的骨子里，也彻底改变了世界的格局。

这篇文章不准备聊“二战”的具体事件，而是把目光放在“二战”爆发的前夕，看看那些人为什么做出后人难以理解的抉择，那些国家到底有怎样的诉求和苦衷。明白了这些问题，我们也就知道了“二战”的前因后果。

贰

英国首相张伯伦以“绥靖政策”闻名。

当他签订《慕尼黑协定》飞回伦敦，向人们宣扬和平的时候，他是真的相信，自己给英国带回了和平，那些欢呼的人们也相信，未来是和平的世界。因为绥靖与和平，不是张伯伦的个人选择，而是英国人民的共识。

“一战”结束以后，英国作为统治世界百年的日不落帝国，国力严重下滑。在经济方面，英国的煤产量从1913年的2.87亿吨减少到1918年的2.27亿吨，生铁产量从1 000万吨减少到908万吨，造船业的总吨位从120万吨跌落到77.2万吨。

在金融方面，"一战"前英国是世界最大的债权国，战后欠了美国50亿美元，沦为债务国，世界金融中心也从伦敦转移到纽约。

除此之外，1914年的英国货币流通量是3 300万英镑，为了应付战争的巨额开销，1920年的货币流通量便暴增到3.5亿英镑。货币暴增但生产力下滑，必然引起通货膨胀、物价飞涨，于是1920年的英国物价是1914年的2.25倍。英国人民的日子基本没法过了。

1929年爆发的经济危机，更是让英国经济雪上加霜。

由于农业减产，英国成为其他国家的剩余粮食倾销地，而工人失业情况进一步恶化，1930年英国失业人数已占工人总数的16.8%，1932年更是达到25.5%。

在人口方面，英国在"一战"中损失93万人，占男性壮丁的50%，以至于一度出现女多男少的人口环境。

惨痛的人口死亡和经济恶化，让英国人民开始反思：可怕的战争大屠杀，几乎影响到全国所有家庭，我们讨厌战争，我们需要和平。

时间进入1936年，英国的一家社会机构进行民意调查的结果显示，100%的英国人不愿意参加战争。

这说明英国的反战民意已经成为一股强大的社会思潮，任何政党和政治家想要执政，都必须向"反战与和平"靠拢，否则就得不到选票。

于是"一战"的创伤产生了反战民意，民意通过选票影响了政府，政府顺应民意，最终出现避战求和的绥靖政策。

天视自我民视，天听自我民听，所谓天意，其实就是民意。

最重要的是，英国政府没有参加战争的诉求。

即便受"一战"影响，英国的国力下滑严重，但美国和苏联尚未成长起来，法国和德国在欧洲互相制衡，英国依然是世界帝国。

国家和个人一样，站在食物链最顶端以后，唯一的诉求便是固化，什么都不需要改变，维持现状即可。因为一旦发生任何改变，对他们来说，都有跌落顶端的风险。一句话，谁都别来挑战我，这样挺好。

所以"一战"和"二战"期间的英国，对内镇压各殖民地的独立运动，维持英伦三岛和殖民地的经济内循环健康运转，对外推行绥靖政策，避免爆发战争，改变现状。

即便战争一定会爆发，也要尽量祸水东引，让布尔什维克和纳粹打起来，英国可以坐收渔翁之利。

明白这样的时代背景，是不是可以理解张伯伦的绥靖政策了？很多人都以为，英国首相就是国家的操盘手，一举一动都能改变国家的走向，其实张伯伦也只是时代的囚徒罢了。

叁

法国和英国一样，有着同样的困境。

在长达四年的“一战”中，法国动员了795万名青年男性参战，但战死131万、伤427万，其中150万人终身残疾，相当于整整一代法国青年都葬送在“一战”的炮火里。

巨大的人口牺牲，也让法国爆发“反战与和平”的社会潮流，他们厌恶流血的战争，渴望永久的和平，为了这样的诉求，法国人甚至进行自我催眠：相信普遍的繁荣、社会正义、人类平等的和平时期，即将开始。不管别人信不信，起码法国人是信了。

战后的法国人不再压抑个性，开始追求享乐。爵士音乐充斥在大街小巷，电影院和剧院里座无虚席，咖啡馆里坐满高谈阔论的市民，巴黎街道的高档珠宝店里，摆放着闪耀的珠宝和钻石，前来购物的人们车水马龙。

战争犹如一场短暂的激情，结束之后便是无尽的空虚，法国人为了弥补空虚而肆意放纵，像是末日狂欢。而在人们狂欢的背后，却是直线衰落的法国。

自从拿破仑时代起，法国就是以小农经济为主的国家，“一战”时期依然如此，直到1926年，法国的工业人口才第一次超过农业人口。这样的经济比例，完全不匹配法国的国际地位。

就在这些占国民经济一半的工业里，工厂的机械设备平均使用年限已经达到25年，可以说大半个法国都是老工业基地，需要进行大规模改造升级，才能重新焕发生机。

1931年，受席卷全球的经济危机影响，法国有118家银行破产，大量企业工厂倒闭，迎来真正的大萧条，此后一年时间，法国的工业产量下降70%。到了签订《慕尼黑协定》的1938年,法国工业倒退回1911年的水平,生产总值只有德国的37%。这样的经济水平,让法国强硬起来对抗德国,确实有难度。

而且经济衰落也导致军工衰落。20世纪30年代后期的法国,每月只能生产坦克19辆,导致服役坦克只有200多辆,还是作为步兵的辅助工具使用,而德国用强劲的工业生产大量坦克,已经作为主力兵种使用,在谋划闪电战了。

法国每月生产飞机50~70架,同时期的德国能生产1000架,仅仅是数量上的对比,法国也被虐得体无完肤,失去制空权是很正常的。

在这样的现实条件下,法国基本没有实力独自迎战德国,只能在军事上寄希望于马其诺防线,阻挡德国的兵锋,在外交上寄希望于绥靖政策,拖延战争爆发的时间,能拖一日是一日。

所以法国总理达拉第签订《慕尼黑协定》回到巴黎,还担心因为抛弃盟国,导致自己的安全受到威胁,结果却和张伯伦一样,刚下飞机便受到法国人民的夹道欢迎。

不是法国想低调,实在是实力不允许。

肆

相比英国和法国的退让,德国则是咄咄逼人。

早在"一战"前,德国对战争的呼声便很高。1895年,德意志帝国的议会议员哈赛写了一本书——《1950年的大德国和中欧》,他在书里鼓吹战争,希望吞并巴尔干半岛的国家,并且把犹太人和斯拉夫人遣送出境,建立起包括波兰、罗马尼亚、塞尔维亚等地的大德意志帝国。

5年后,英国裔的德国作家豪斯顿·张伯伦(Houston Chamberlain)走红,他宣扬日耳曼人是世界上最优秀的种族,并且在这种基础上,创立了一套种族主义理论。

豪斯顿·张伯伦的著作发表之后,先后有两位读者给他写了激情澎湃的感谢信,其中一个是德国皇帝威廉二世,另一个就是美术生出身的希特勒。

这两个身份截然不同的人,都成为种族主义和大德意志的拥趸,说明德国用战争扩张生存空间,已经成为德国人民的共识,是刻在德国骨子里的基因。

为了扩张生存空间,德国做了两方面的努力:一是投入大量经费来建设海军,准备和英国在海洋争锋;二是准备修建柏林—巴格达铁路。

这是一条联通欧洲和中东的陆地交通线，可以把德国的工业生产能力，和中东地区的原材料、石油、粮食产地以及市场联系起来，整合中东欧和西亚的陆地资源，并且将德国的影响力，延伸到波斯湾和印度洋。

面对这条铁路，后来出任英国首相的亚瑟·贝尔福曾说："如果我们不赶在德国人修建更多的运输系统，并夺走我们的贸易之前向德国宣战，那英国将犯下严重的错误。"

由于英国的阻挠，巴格达铁路的终点站到底建在哪里，始终没有确定。就在双方扯皮不定的时候，"一战"爆发，德国的精力转向欧洲战场，对延伸国际影响力的铁路线，自然没有太大的投入。

战争结束以后，德国作为战败国，受到《凡尔赛和约》的制裁。德国失去1/10的人口，13%的领土，包括工业重地阿尔萨斯—洛林地区。而为了肢解崛起的德国，战胜国划出一条"波兰走廊"，表面上是让刚独立的波兰得到出海口，其实是为了把东普鲁士和其他德国领土隔开。

此外有600万讲德语的人口，被战胜国留在奥地利，虽然他们认为加入德国是最好的出路，但没有人在乎战败国人民的想法，坚决不允许奥地利和德国合并。

毕竟，失败者是没有人权的。

在这种强度的制裁面前，德国陆军缩减到10万人、海军缩减到1.5万人，都是小意思罢了。

对于坚信"德国崛起"的德国人来说，这样的结果是不能接受的。他们普遍感到迷茫和悲愤。这就是祖国强大时感觉不完美，当祖国衰落时，才体会到强大的祖国有多么可贵。

而"一战"后成立的魏玛共和国，属于典型的弱势政府，14年间共诞生了20个内阁，每届内阁平均执政239天，不到8个月的时间。这样的弱势政府，自然没有能力稳定战后的混乱局面，导致长达14年的时间里，德国一盘散沙，别说恢复帝国荣耀了，连自保都做不到。

内忧外患的环境，让一批又一批的德国新青年成为民族主义者，尤其是近百万受到高等教育的大学生，进入社会以后成为政府公务员、企业家、文化工作者，他们在教育和工作的双重催化下，更坚定了自己的民族主义信仰。

也就是说，复仇和崛起是德国新青年的共识。他们最终成为纳粹党的拥趸，成为希特勒的信徒。他们在万字旗下宣誓，要为德国的生存空间而战，要为德意志的荣耀而战。

德国导演莱尼·里芬斯塔尔执导过一部纪录片——《意志的胜利》，她用镜头拍摄了如林的手臂、整齐的方阵、激情的工人以及声嘶力竭的呐喊。一切都在宣示，这就是德国的力量。

伍

签订《慕尼黑协定》的英、法崇尚绥靖政策，而《慕尼黑协定》以外的苏联和美国，也在对法西斯进行绥靖。

对野心勃勃的日本，苏联从来没有作战的诉求，起码不准备亲自冲在第一线。

1931年的“九一八事变”以后，苏联以为日本进攻中国东北就是继续北上进攻苏联的前奏，于是想方设法避免和日本开战，甚至面对日本怀疑苏联援助中国抗日的问题，苏联也正式声明：“奉行严格的不干涉政策，对交战双方不提供任何支持。”

苏联外交人民委员李维诺夫也说，苏联不想和日本发生冲突，只要求日本尊重苏联在中东铁路的商业利益。

到了1935年，苏联不顾中国的强烈反对，以1.4亿日元的低价把苏联段的中东铁路卖给日本，让日本彻底占领东北，再无南下侵华的后顾之忧。

其实苏联对日本的绥靖，和英、法对德国的绥靖一样，都是用弱国的主权和领土做筹码，换取自己的暂时和平。

虽然苏联在中国抗战期间，提供贷款和物资帮助中国抗战，但苏联本质上是希望中国拖住日本，不要让日本转移兵锋，北上进攻苏联。

情是情、利是利，这两层关系我们一定要分清楚。

而美国是资本主义国家，最害怕苏联的共产主义思想，所以美国对日绥靖，其实是鼓励日本发动战争，在占领中国东北以后继续进攻苏联，最好在东北亚打一场旷日持久的战争。

如果日本能削弱苏联，那是最好的结果，如果苏联削弱日本，美国也可以趁日本虚弱的机会，在政治经济上控制日本，而且在苏日作战期间，美国还能向交战双方卖武器，趁机大发一笔战争财。

不管怎么算，美国都不亏。于是在 1931 年，美国卖给日本价值 14 万美元的枪炮弹药、600 万美元的工业装备、700 万美元的钢铁、1 600 万美元的石油。那意思就是，干吧，我们举双手支持你。

除此之外，英、法也公开支持日本，鼓励日本北上攻苏。“九一八事变”爆发后，英国给日本提供了大量武器装备，法国借给日本 8 亿法郎的贷款。

英、法苏美对日本的绥靖，焦点在于“南下”还是“北上”，而对于德国的绥靖，焦点在于“西进”还是“东征”。

在德国崛起以前，欧洲大陆的主角始终是法国和俄国，英国维持欧洲大陆平衡的“均势原则”，也主要是在法俄之间展开。法国强便联俄，俄国强便助法，法俄之间不允许任何一国独大。

等到德国崛起以后，欧洲大陆的双簧戏变成三国杀，局面更加纷繁复杂。

“一战”结束的时候，德国成为战败国，地位一落千丈，法国作为战胜国则有了更高的话语权，而俄国成了苏维埃国家，被欧洲国家排斥在“列强大家庭”之外。

这样一来，欧洲大陆便是法国一家独大，国家之间的平衡被打破了。怎么办呢？英国和美国的对策就是，扶持德国，制衡法国和苏联。

于是在英美的干涉下，德国避免了被彻底肢解的命运，保留了一定规模的实力，这可以看成是绥靖政策的开端。

随着法国和苏联逐渐恢复国力，被《凡尔赛和约》束缚的德国，在制衡法苏方面，便显得力不从心。这是绝对不可以的。

1924 年，美国启动“道威斯计划”，要求将 1 320 亿德国马克的战争赔款降到 370 亿德国马克，同时向德国企业提供 326 亿马克贷款，让德国工业恢复实力。有了美国的输血，短短 5 年后，德国便恢复了欧洲最先进的工业体系。

希特勒上台以后，美国华尔街的资本继续输血，想让德国雄壮起来，堵住苏联西进的道路，如果可能的话，希特勒最好挥兵东征消灭苏联。

在美国的眼中，希特勒和纳粹德国，只是一把趁手的工具。

1933 年，荷兰出现一本书，详细记录了希特勒和美国资本的交易记录，包括洛克菲勒、J. P. 摩根、亨利・福特等著名资本家都向希特勒提供了巨额资助。这本书面市不久便被查封，但事实证明，书里讲的都是事实。

据后来的资料披露，美孚石油向德国法本公司转移 2 000 多项专利技术，美国国际电话电报公司曾给德国盖世太保捐款，杜邦公司把橡胶和飞机技术卖给德国，亨利·福特由于提供技术和投资20亿美元，被授予铁十字勋章。

正是雄厚的美国资本，催化了德国雄霸欧洲的野心，也强化了德国人民复仇和崛起的共识。

作为对美国绥靖德国的回应，苏联的斯大林除了增加筹码绥靖德国以外，其实也没什么办法。

于是在《慕尼黑协定》签订以后，斯大林不仅没有谴责德国，反而要求苏联谦虚谨慎，别卷入英美法和德国的冲突。

1939年5月，亲德的莫洛托夫取代亲西方的李维诺夫，出任外交人民委员，经过一系列谈判，斯大林和希特勒签订《苏德互不侵犯条约》，约定共同瓜分波兰。

你们不是要祸水东引吗，那我就祸水西推，看谁的手段更高明。同年9月，德国和苏联先后出兵波兰，双方都得到了满意的战果。真正意义上的第二次世界大战，也就此爆发，世界进入炮火纷飞的战争年代。

陆

我们现在回看"二战"前夜，有时候会感觉，很多事情不能理解。比如张伯伦为什么坚持脑残的绥靖政策，斯大林会和希特勒谈笑风生，美国为什么和日本眉来眼去，等等。

德国和日本明明是法西斯侵略者，那些正义的国家，怎么不能明辨是非呢？其实当你抛开表象，真正了解各国的处境和诉求，这些不能理解的问题，也就不是问题了。

然而，世事如风，从来没有固定的方向，走到哪儿，就是哪儿。

这些变幻莫测的人和事，交织在一起，便是一幅波澜壮阔的世界战图。所有的血和泪、悲和喜、爱和恨，都在这幅世界战图里沉浮，永无休止。

瑞士银行，其实就是翻版的“雇佣兵”

壹

随着“俄乌战争”的进行，以“中立国”自居的瑞士，暂时放弃中立国的立场，追随美国的指挥棒，加入制裁俄罗斯的队伍中来。

而且全世界富豪最爱的瑞士银行，也宣布冻结俄罗斯寡头的资产，据瑞士银行协会估算，这些资产大约有 2 130 亿美元。

中立国竟然不中立了，这其中有何玄机？

于是我觉得，是时候和大家分享一下瑞士的来龙去脉了，主要有三个阶段：

数百年前的瑞士为什么盛产雇佣兵？

“武德充沛”的瑞士是怎么开银行的？

中立国到底能不能中立？

贰

瑞士是中欧的内陆国家，面积约 41 284 平方公里，境内遍布各种奇形怪状的山脉，其中阿尔卑斯山就大约占了全国面积的 60%。

在生产力落后的中世纪，这种地理环境根本不适合农业，瑞士先民基本靠放牧和打猎为生。而纵横交错的地理环境，也把生活在这里的瑞士先民分割开来，让他们很难做到真正的统一。

想抱团取暖也可以，但只能以松散联盟的形式存在。13世纪末期，也就是中国元朝的时候，施维茨、乌里、下瓦尔登的代表约定时间，开了一个小会，决定结成战略同盟，在遭遇入侵的时候共同进退。在随后的时间里，苏黎世、伯尔尼、卢塞恩等地陆续加入同盟。这个战略同盟，便是瑞士的起源。

虽然特殊的地理环境导致瑞士的国家组织方式非常松散，但正所谓“穷山恶水出刁民”，瑞士的山地，也把瑞士先民塑造成天生的战士。这种地理和人的关系，在全世界都一样。

例如，繁荣昌盛的宋朝，军人和农民都享受惯了，在战斗意志方面，就不如“穷山恶水”走出来的契丹人和女真人。

经历三百年太平的明朝，坐拥上亿人口，却在战场上被仅有12万兵马的满洲八旗吊打。

1315年，奥地利的哈布斯堡家族想征服瑞士，便派出2万人的军队发起攻击，结果瑞士仅靠临时征召的1 300名“乌合之众”，就利用地形击败哈布斯堡家族的大军，杀死3 500人，而自己只有15人阵亡。

能打出这样的战损比，双方都没想到。

哈布斯堡家族：“怎么就输了？”瑞士：“就这么赢了？”

不过，这次战争总有一种利用地形取巧的成分，欧洲各国也没放在心上。

但在此后的几百年里，瑞士军队的实战经验越来越丰富，逐渐摸索出一套适合自己的战法，不用再依靠地形取胜了。

他们把8英寸长的短武器，换成18英寸长的白蜡杆大枪，士兵也从单兵作战，被组织成密集的方阵队形。每次面对敌军冲阵的时候，瑞士军队便将大枪一起刺出去，形成一堵密集的“枪墙”。

如果你是瑞士的敌人，看到一片寒光闪烁的枪尖，就问你怕不怕？而且瑞士军队属于光脚不怕穿鞋的，战役失败的时候宁死不当俘虏，战役胜利以后也不要俘虏，全部都要杀掉祭旗。于是，瑞士军队留下“凶残”的名声。

就靠着这种技战术改进，瑞士终于成长为真正的战斗民族。

国家崛起会出现标志性事件，军队定型也会有成名战，而瑞士军队的成名战就来自15世纪后期的三次战役。

1476年，法国的勃艮第公爵派出2万大军，准备征服瑞士，在那个时代，他们号称欧洲最强陆军，几乎没有哪个国家敢于正面对抗。但瑞士非常猛，直接征召 1.8 万人的军队，和勃艮第公爵的军队进行决战。

战争结束之后，瑞士歼灭千人，缴获 400 门火炮、800 支枪、1 万匹马。数月后，勃艮第公爵不甘心失败，又派出 2 万大军和瑞士决战，这次瑞士军队的战斗力爆表，歼灭万余敌军，自己才损失 400 余人，又打出非常漂亮的战损比。

1477 年，试图挽尊的勃艮第公爵亲自率领 1 万余军队出征法国南锡，这次瑞士军队主动前来助战，再次击败勃艮第公爵的军队。

三战三胜，瑞士军队迅速晋升为欧洲的“当红辣子鸡”。

各国也发现，瑞士军队是真的猛，便向瑞士抛出橄榄枝：“我们的作战业务繁忙，要不瑞士派些人来帮忙吧，费用都好说。”

瑞士也想着，能输出产能出口创汇，这是好事啊。于是瑞士和各国一拍即合，接了大量雇佣兵的订单，随后便开始打遍欧洲无敌手的辉煌岁月。

瑞士军队的大致画风

叁

既然瑞士军队的战斗力爆表，能打遍欧洲无敌手，为什么不给自己的国家开疆拓土，而是输出雇佣兵给其他国家卖命呢？

瑞士人不爱自己的祖国吗？这个问题看起来有些违反常理，但我们从唯物的角度来看，其实也就明白了。

我们前文说了，瑞士是松散联盟性质的国家，国内没有真正说了算的领袖，也没有利益一致的军政集团，不管做什么决定，都是各方代表在群策群议。这是一种完全民主化的决策方式。

现在说起民主化，总觉得是先进和文明的代名词，但完全民主化的决策方式，导致瑞士在事关国家利益的事情上，经常难以达成共识。

例如，要开疆拓土，那到底向哪个方向进攻呢？有的代表说进攻法国有利，有的代表说南下进攻意大利不错，还有的说北伐德意志是最优解，总之就是公说公有理、婆说婆有理，说上几天几夜都定不下来。

毕竟建议向哪个方向进攻，说明那个方向可以满足自己的利益，而满足自己的利益，往往要以其他人的利益为代价。

所以在这种“九龙治水”的决策机制下，瑞士的强大军事力量始终不能团结起来，为国家的百年大计服务。而且完全民主化也伤害了瑞士军队。

和政治决策机制一样，瑞士军队也没有真正说了算的人，每次作战的时候，都是一群将领坐在一起，商量到底用什么战术来作战。商量到最后，不管建议是对是错，都要少数服从多数。

战场的环境变幻莫测，那些百战百胜的军队，往往需要将领根据战场的变化快速做出决定，而这些决定可能不被其他人理解，但是不理解也应该执行，等战争结束复盘的时候才能发现，哦，原来是这么回事。

而瑞士自从诞生起，就没有集中决策的基因，军队完全民主化结果就是，在战场上掌握真理的少数人，难以脱颖而出，空有战斗力爆表的军队，却没有战略家来指导作战方向。

因此，作战勇猛的瑞士军队，其实就是一部战争机器。他们需要掌握“使用说明书”的人来操控，但不能决定自己的命运。

再加上瑞士是山地国家，常年穷困潦倒，对眼前的物质利益难以抵挡，便出现输出雇佣兵赚钱的奇葩事。

到了 18 世纪末期，也就是法国大革命爆发以后，打爆欧洲的瑞士雇佣兵开始走下坡路。

倒不是瑞士雇佣兵不能打了，而是时代变了。随着欧洲手工业的蓬勃发展，枪炮技术也持续改进，而且那时候的步枪射击，不需要太精确，一波子弹打过去，能打死多少算多少，基本是以数量堆质量。

于是欧洲国家对士兵的要求就变得非常简单，只要能看懂阵型、听懂命令、知道开枪的步骤就差不多了，基本不需要单个的战斗英雄力挽狂澜。

这么简单的要求，欧洲各国招募普通的青壮年集训一个月，就能培养出合格的步兵，然后投放到战场上为国效力。而且自从法国大革命以后，义务兵役制在法国兴起，然后随着拿破仑的炮火，在欧洲大地逐渐铺开。

在义务兵役制下，国家不再需要用利益来收买士兵，只要告诉他们“参军保家卫国”，就能呼啦啦地招募几万军队。

所以经过技术和思想改造的近代军队，不再是个人英雄主义的秀场，而是成了工业化流水线产品。

各国要人有人，要枪有枪，要思想有思想，自然不需要瑞士雇佣兵了。对于瑞士雇佣兵来说，淘汰他们的不是战场，而是时代浪潮。

肆

1815 年，拿破仑的法兰西第一帝国战败，英、法、俄、普鲁士等国家召开“维也纳会议”，商量战后的欧洲格局划分。

在这次会议上，瑞士成为永久中立国。

如果其他国家成为中立国，那真是要命了，但瑞士却有一种非常享受的感觉。这个国家始终没有扩张的欲望，更没有扩张的能力，那么参与国际事务的权重就不够，与其说中立限制了瑞士的发展，不如说中立保护了瑞士的现状。我不去打你们，你们也不要来打我，大家井水不犯河水。

《自由引导人民》

（欧仁·德拉克罗瓦创作于1831年。）

而且瑞士的北方是德意志，南方是意大利，西边是法国，东边是奥地利，属于欧洲大陆的中心，各大国之间的交通枢纽。

这种地方，不管哪个国家占了，都是进攻其他国家的桥头堡。在讲究“均势原则”的欧洲，哪个国家都不占领瑞士，让瑞士做中立国其实就是最优解。

所以瑞士的中立，大国博弈的结果是主要原因，自我定位是次要原因，这个逻辑挺重要的，我们后面还要说到。

作为中立国，瑞士再出口雇佣兵创汇，显然不合适了，但是天无绝人之路，很快瑞士又找到了新赛道。

早在16世纪，欧洲便爆发了宗教改革，天主教徒和新教徒的矛盾非常激烈。为了躲避宗教压迫，处于弱势地位的大量新教徒，便纷纷离开意大利和法国等国家，跑到“穷山恶水”的瑞士谋生。人一旦跑路，不可能只是自己跑，必然要带着积蓄和财产一起跑。

于是随着新教徒跑到瑞士，大量资本也跟着流入瑞士，资本又需要储蓄和升值，瑞士银行业便借着这波时代红利，开始发展起来。

在当时的欧洲，资助新教徒属于政治不正确，但新教徒又是瑞士银行业的大客户，为了自己的生计，瑞士银行家也要服务周到啊，是吧。

一边是政治正确，一边是现实利益，怎么解决呢？资本的力量是无穷的，这个问题当然难不倒瑞士银行家，他们想到一个折中的办法，我给客户保密，不透露客户的财产情况，不就解决了吗？简直完美。

从此以后，保密制度成为瑞士银行业的潜规则。

银行业是讲信用的，你越保密不说，别人越是信赖你，别人越是信赖你，就越想在你的银行存钱，这就形成一个资本和银行的正循环。

于是在近代欧洲经常改朝换代的时代背景下，欧洲各国失去地位的破落贵族，都喜欢带着资本到中立的瑞士避难，刚崛起的新贵为了财产安全，也愿意把钱存到瑞士的银行。尤其是拿破仑横扫欧洲的时候，瑞士银行家依靠“资本避难地”的特殊地位，发了一笔横财。

在这一点上，新贵和旧贵族的诉求是一致的，那就是隐匿财产数额，以清白的身份示人，千万不要成为被人盯上的肥肉。

资本流动如大江大河，滋润了瑞士的银行业。到了1934年，瑞士为了资本生意绵延永续，正式出台《联邦银行法》，规定在银行实行秘密号码制度，使用秘密号码来代替客户的真实姓名，同时对违反保密原则的银行职员，给予严厉的刑事处罚。

以前是潜规则，现在升级成国家法律了，这下更不得了。

由于纳粹德国害怕资金外流，于1933年出台规定，凡是在国外银行存有资金的人，都必须向政府申报，否则便处以死刑。

希特勒的本意是给市场信心，然后回笼资本，但希特勒的命令反而让市场失去信心，导致德国资本持续外流，而大部分资本都流入了瑞士的银行。

此后希特勒开始驱逐屠杀犹太人，犹太人为了避难，也在瑞士银行建立秘密账户，准备将来东山再起，结果几百万犹太人被屠杀以后，这些秘密账户里的资金，就成了没人认领的死账。

这些死账到底有多少，到现在都没有一个准确的数字，有说法是100亿美元，有的说法是远不止这些，总之就是一笔无头账。而且纳粹德国从各地掠夺来的资本，不能直接花出去，必须以兑换美元等货币的方式洗白，才能用来充作战争费用。

希特勒选中的洗钱工具，就是瑞士的银行。据后来美国的调查结果，瑞士给希特勒洗的钱里，黄金便有近60吨。

随着希特勒的战败，这些钱和犹太人的存款一样，也成了无头死账。所以除了美国和苏联以外，“二战”另一个大赢家就是瑞士的银行。长达数百年的资本流入，中立国瑞士成了世界上最富裕的国家之一。

有钱就能投资工业，于是在19世纪50年代，瑞士成为仅次于英国的第二个工业化国家。

有钱就能研究学问，于是瑞士成了诸多欧洲科学家的白月光，直到现在都是国民教育最普及的国家之一、世界上科研最有活力的国家之一。考虑到瑞士只有800万人口，我们也可以把“之一”去掉。

有钱就能沉浸艺术，于是积累到现在，瑞士有1 142家博物馆、最大的图书馆藏书840万册、每年70%的人都要参加音乐会。毕竟有钱才能有闲。

从雇佣兵转型银行业，瑞士是非常成功的，但这种成功，背后的逻辑是相同的，那就是：拿人钱财与人消灾。

现在西装革履的瑞士银行，其实就是翻版的瑞士雇佣兵。

伍

瑞士是国际公认的中立国，那中立国到底能不能做到真正中立呢？答案是不能。

希特勒发动“二战”的时候，瑞士便没能坚守中立的立场，给希特勒洗白包括60吨黄金在内的巨额财富。

犹太人被纳粹屠杀的时候，瑞士也没能坚守中立的立场，接收了百亿美元的存款，却拒绝几十万难民入境避难。

可以说，在兵临城下的亡国危机面前，瑞士的中立国宣言，只能演变成追求利益最大化的政治招牌。

认为瑞士是真正的中立国，其实是冷战塑造的思维定式使然。

长达45年的冷战，以美国和苏联为首的两大阵营，在政治、经济、军事方面进行全方位对抗，但两个阵营不可能完全不交流，于是就需要一个中介。

这个中介不能是两大阵营的国家，否则就得不到双方的信任，也不能是有实力的国家，否则便有借机牟利的嫌疑。

那么瑞士作为不参与对抗、没有军政实力的小国，正好适合担任两大阵营中间人的角色。于是在冷战期间，瑞士就在国际政治和货币方面，做了美国和苏联的中介。

如果要类比的话，冷战时期的瑞士，相当于前些年非常活跃的大师王林，都是以自己为基点，沟通上下和内外的掮客。

等到苏联解体冷战结束，瑞士的中立国身份便逐渐坚持不下去了。于是自 20 世纪 90 年代起，美国以反腐败的名义，要求瑞士银行公布客户的名单。于是犹太人跳出来，要求清理“二战”时死亡的犹太客户存款，以便让他们的后代取回去。于是有人发出一种声音，说瑞士银行是纳粹德国的帮凶，要求彻底清算瑞士银行。

所谓中立国，其实是大国力量均衡的时候，需要一个掮客出面，做一些大国不方便直接出面做的事。

当大国均衡变成一家独大，或者大国的关系破裂，不需要做表面工作的时候，中立国就没什么存在的必要，实质上消亡了。

因此“二战”时纳粹德国横扫欧洲，瑞士没有坚守住中立国的立场，这次“俄乌战争”中美国和俄罗斯撕破脸，瑞士也没有坚守中立国的立场，直接站在美国一边，宣布制裁俄罗斯。

站队还是中立，都是随着时代的变化而变化的，对于瑞士来说，这都是老手艺活了。

欧洲团结的梦想

壹

欧洲不团结是有传统的。

1618—1648 年，欧洲爆发“三十年战争”，差不多战死 800 万人，相当于两次世界大战的预演。

战争原因有很多。

神圣罗马帝国的皇帝是——哈布斯堡家族，他们通过联姻和继承等手段，逐渐控制德意志、奥地利和西班牙。

他们望向欧洲地图，感觉自己棒棒的，想把其他国家也夺走，成为真正大一统的神圣罗马帝国。夹在中间的法国瑟瑟发抖，生怕见不到明天的太阳。

而英国、丹麦和瑞典有唇亡齿寒的担心，生怕下一个被吞并的是自己，再加上新教和天主教的矛盾，战争爆发了。

总体上以神圣罗马帝国、西班牙、德国天主教诸侯为甲方，德国新教诸侯、丹麦、瑞典、法国、荷兰、英国和俄国为乙方。

所以，“三十年战争”可以看成乙方团结起来对甲方的抗议。

战争结果，当然是神圣罗马帝国失败了。帝国实力大幅削弱，基本和其他国家处于同一水平线，再也没有挑事的底气。

欧洲各国的天空没有灭国乌云，大家继续在一亩三分地上做生意，谁要再提统一就是欧洲公敌。

从此以后，欧洲国际政治产生“均势原则”。

所谓均势就是保持国家势力的平衡，不允许任何国家称霸欧洲，只要敢冒头就是独夫民贼，大家合起来灭掉他。在“均势原则”的共识里，欧洲弱势国家互相结盟，共同对抗崛起的强国，强国之间也要统一战线，对抗有威胁的隔壁老王。

这种复杂的国际关系中，每个国家都在结盟和对抗，往往牵一发而动全身，谁都不敢轻举妄动。

欧洲形成一种脆弱的平衡。

如果实在不能理解的话，你就把“均势原则”类比成中国的“合纵连横”，基本不会跳戏。神圣罗马帝国、拿破仑帝国、希特勒帝国相当于不同时期的秦国，他们具有统一的实力和雄心。英国、法国、俄国相当于不同时期的楚、魏、齐、赵，害怕国家灭亡，便结成同盟自保。唯一不同的是，秦国一统天下，欧洲强国总是被灭掉。

贰

把“均势”玩到极致的是英国。

英国的基本盘是英伦三岛，与欧洲大陆隔着英吉利海峡，在技术不发达的年代，英吉利海峡就是天堑，可以阻挡大部分侵略军。

而且在 1588 年击败西班牙舰队后，英国海军成为欧洲最强大的海上力量，谁敢挑战英国海军，绝对是找死。

海峡和海军，足以让英国摆脱欧洲琐事。

所以英国一直奉行“孤立”政策。说是孤立，其实不是真正的孤立，它只是不直接参与欧洲的事情，而是通过扶持和制衡的手段，遥控欧洲大陆的均势。它不愿意成为冲锋陷阵的先锋，反倒愿意做一个欧洲事务的仲裁者。局势有利的时候，英国是欧洲大家庭的一员，一旦局势发展对英国不利，它可以迅速关起门来过小日子。

远离大陆的英国，骨子里不在乎欧洲大陆的整体利益，反而认为英国利益是最重要的。

几百年的孤立和均势，让英国成为著名的“搅屎棍”，任何地方的纠纷都有英国身影，哪里出现强国，英国必然扶持强国的一个对手。

比如扶持欧洲小国制衡法国。

比如扶持日本制衡俄国。

说句题外话。英国充当“搅屎棍”，当然有独特的条件和传统，但更重要的是英国坐在第一强国的宝座上。只要坐在第一强国的铁王座上，必然会拿起身边的“搅屎棍”，到世界各地指手画脚，只有这样，才能发挥“仲裁”的作用。一旦其他国家成为铁板一块的同盟，那么绝对会对第一强国的地位产生威胁。

类似的做法，古代叫“众建诸侯少其力”，现代叫“均势”，只是换了马甲，古今中外的内核从来没变过。

剿灭妄图统一的拿破仑，是英国“均势”的最大手笔。

叁

1789年，法国大革命爆发，4年后路易十六走上断头台。几乎同时，法军走出国门输出革命。

当时法国有2 700万人口，年产生铁20万吨，与周围国家相比，有很强劲的实力。

如果只是国家征战就罢了，关键是法国走出国门以后，到处宣传自由的观念，号召国外人民抄起武器，反抗本国的王权和贵族。

他们攻陷一个地方，就要废除旧制度，并按照法国革命的模式建立新制度。

1796年，拿破仑攻陷意大利。拿破仑狠啊，把意大利教堂和寺院的土地统统没收，取消地主和教会的司法权，并且取消意大利国内的关税，方便意大利人民做生意。

在德国和比利时，法国军队废除贵族和教会的特权，推翻一切旧制度，解放无数欧洲下层草根。

《跨越阿尔卑斯山圣伯纳隘口的拿破仑》

（雅克-路易·大卫创作于1800—1801年。）

那时的法国是欧洲灯塔，不论去哪里都能受到热烈欢迎，国运如日中天势不可挡，大有称霸欧洲的趋势。

1799 年，拿破仑发动政变，成为第一执政。

法国资本家特别支持拿破仑，因为国土的扩张，意味着产品市场和原料来源的扩张，拿破仑打得越好，他们赚得越厉害。

此后 10 年，法国向意大利的出口额增加 6 倍……再加上其他占领区，可想而知，法国资本家赚了多少。

其他国家慌了。英国、德意志联邦都是王权国家，如果本国草根听了法国的蛊惑，那还得了？更何况，市场都让法国抢走，让他们喝西北风啊？

赶紧组织同盟掐灭法国吧，维持均势要紧。1793—1815 年，英、俄、普鲁士、奥地利等国家，总共成立 7 次反法同盟，一直把拿破仑流放到圣赫勒拿岛为止。让你再称霸，用海风吹死你。

由于英国的人口少，陆军也不行，无力登陆欧洲大陆和法军硬刚，但是英国的工业革命已经完成一半了，不缺的就是钱。

整个反法战争期间，英国总共花费 15 亿英镑，用来资助盟国和法国贵族。如果没有英国的钱，欧陆国家很难支撑 22 年。

而且英国还用强大的海军，封锁法国港口，导致法国的海上贸易彻底中断，直接让法军的后勤出问题。

表面上，法军败在滑铁卢。其实在“均势原则”下，哪怕军队战力再牛，迟早会被欧洲国家围殴致死。乱拳打死老师傅啊。

所以拿破仑在圣赫勒拿岛的时候，看开了，不想再偷跑回国了。拿破仑知道，他的霸业在欧洲不可能完成，别费那个劲了，他说：“我真正的光荣，并非打了四十多次胜仗，滑铁卢一战抹去了关于这一切的全部记忆。但有一样东西是不会被人们忘记的，它将永垂不朽。那就是我的这部《民法典》。”算是求仁得仁吧。

打败拿破仑之后，英、俄、奥、普在维也纳开会，搞了一个条约，基本恢复了欧洲的旧王朝和旧秩序。

有个细节特别有意思。法国做为战败国，到底该怎么处理，维也纳会议还是取得共识了：“不应该过分削弱法国。”

如果发生在东亚，法国这种战败国早就烟消云散了，但是在欧洲依然可以存在。

俄国想让法国制衡德意志，奥地利想让法国牵制英国，而英国想用被削弱的法国平衡欧陆局势。这就叫均势原则。

肆

欧洲产生均势原则的根本，在于没有强大国家做中流砥柱，只能有话好好说，什么事都大家商量着来。

那么没有中流砥柱，怎么才能保持均势呢？欧洲国家的秘诀是开会。

他们特别喜欢在某地开会，签订一系列条约，确立一系列原则，然后在会议上制定一套体系，成为参与会议国家的外交方针。

维也纳会议的目标，就是制定打败拿破仑之后的欧洲体系。

但各国开会制定的体系，往往是不稳定的，这个体系过几十年就会破裂，然后几个强国重新制定下一个体系。周而复始，循环不息，子子孙孙无穷匮也。

因为国家是不断发展的，没有任何国家在原地踏步，只要有发展就有强弱之别，有强弱之别就要较量高下，一旦开战，强国就被围殴致死。这就是欧洲。

1815年，维也纳体系制定完成，40年后就出事了。

体系刚制定的时候，英国在搞工业革命，庞大的海军在外开拓殖民地，黄金白银吃着火锅唱着歌向英国跑，英国人笑得满脸褶子。

为了开拓市场，英国顺便到中国打了一场鸦片战争。而反法的主力俄国，获得欧洲的强势地位，一个劲向西南发展，想把庞大的奥斯曼帝国纳入版图。

1853年，相当于太平天国攻入南京的时候，俄国沙皇尼古拉一世对欧洲喊话："奥斯曼帝国已经病入膏肓，我们不如共同瓜分病夫遗产。"

奥地利首相："你希望我当医生还是继承人？"

此时的英国已经完成工业革命，迫切需要扩大工业品的市场，以及工业原料产地，它也看上奥斯曼了。而奥斯曼也是法国的市场和工业原料产地，法国不希望俄国独吞。

既然谈不拢，那就打吧。1853年爆发克里木战争，俄国单挑英、法等国，结果一顿操作猛如虎，仔细一看原地杵，俄国华丽战败。在均势原则下，英、法怎么可能让俄国一家独大呢。

有了英、法的保护，奥斯曼帝国一直活到1922年，比清朝的寿命都长10年。

同样的道理可以来看清朝。清朝已经烂成渣渣，如果列强放手进攻的话，恐怕国内根本扛不住，可清朝却一直活下去，怎么打都死不了。因为列强之间的制衡，让他们谁都不能放手去打，稍微露出苗头，就被其他列强掐灭了。

日本甲午战争之后，本来已经拿下辽东，结果闹出"三国干涉还辽"，日本只好心不甘情不愿地吐出口中肥肉。

俄国想独吞奥斯曼，同样不允许。战争结束之后，各国在巴黎开会，把俄国制裁了一顿，维护住欧洲的均势。

此后几十年是英、法的时代。但真的天下太平了吗？

伍

英国之所以强大在于赶上了风口。

打败西班牙之后，英国在全世界建立殖民地，把掠夺的财富运回国内，为了赚更多的钱，资本家想尽办法提高生产效率。

需求决定结局。为了赚钱，英国发生了工业革命，和其他国家产生代差，不论技术或者国力，英国都稳稳压住其他国家一头。

法国离英国近，技术扩散也方便，所以法国是第二个崛起的国家。

技术这玩意是藏不住的，随着时间推移，英国有的东西，周边的国家都会有，国力也会逐渐拉平。那个时候，英国的领先地位就不存在了。

1870年之后，第二次工业革命爆发。经过多年发展，英、法、德、美、俄已经完成第一次工业革命，纷纷开始搞第二次工业革命，大家望向英国庞大的身躯："我们不比你差，凭什么你吃独食？"

1900年左右，美国成为世界第一大工业国，德国成为欧洲第一大工业国，英国丧失"世界工厂"的地位。

挑战欲望最强烈的是德国。原本碎成一地的德意志诸侯，在俾斯麦的领导下重新统一，但是德国回头一看，发现风口已经过去，太阳下的土地被抢光了。

于是俾斯麦宣称："当代的重大问题不是通过演说以及多数人的决议所能解决，而是不可避免地将通过一场严重斗争，一场只有通过铁与血才能解决的斗争来达到目的。”

向外扩张成为德国的国策……俾斯麦、威廉二世、希特勒都是这么做的。

1908 年，威廉二世宣称“德国世纪”即将到来，德国要在英、法的笼罩下，开拓属于自己的地盘，有必要的话德国可以称霸欧洲。

此后几年，德国建立了仅次于英国的海军，陆军预算从 2.04 亿美元增长到 4.42 亿美元。

德国，走上了拿破仑的旧路。这就必然破坏了欧洲的均势原则。

而且在 1856 年的巴黎会议之后，德国为了阻止俄国西进，与奥匈帝国、意大利签订“三国同盟”条约。

为了对抗德国，俄国选择与法国结盟，就连一向不结盟的英国，也因为国力下滑加入“三国协约”。

外交结盟加上国力升降，最终导致“一战”爆发。

虽然是新戏码，但没有脱离旧剧本……妄图称霸欧洲的德国，被各国联合起来教做人：“我给你解释一下，什么叫均势。”

德国战败后，欧洲各国废除巴黎会议的体系，重新签订《凡尔赛条约》，搞了一个国际联盟，建立新的国际体系。

根据《凡尔赛条约》，阿尔萨斯和洛林地区归还法国，萨尔区的煤矿给法国开采，莱茵河左岸由协约国占领 15 年，德国陆军不得超过 10 万人。

欧洲最强的德国，惨不忍睹。

历史再次证明，没有人可以在欧洲称霸。

陆

德国很委屈。它有强大的陆军、欧洲最齐全的工业、稳定的统治阶层、一丝不苟的工作作风，凭什么不能得到更高的地位？对不起，你来得太晚，红利已经被吃尽了。赶上风口的强国，不希望发生任何改变，因为任何挑战现有秩序的国家，都是从他们的口中夺食。

当欧洲各国再次维护了均势之后，抬起头来蓦然发现，时代变了。大洋彼岸的美国成为世界第一强国，强大的工业和动员能力，足以成为世界反法西斯同盟的奶牛。隔壁苏联是庞大的巨无霸，直线推进的钢铁洪流，几十年后都是欧洲的噩梦。夹在中间的欧洲像个过气的老人。

何况，美国和苏联都是大国，而欧洲却是一堆小国拼凑而成的，单个拎出来，谁都没有抗衡的实力。

说到底，欧洲各国只是赶上了时代风口。工业革命在英国爆发，让英国成为第一个吃螃蟹的国家，称霸世界 200 年。先进技术跨越英吉利海峡，扩散到法国、德国、俄国……各国先后完成工业革命，走上世界食物链的第一梯队。那时的欧洲就是世界，世界就是欧洲。

由于殖民地和均势原则，欧洲大战就是世界大战，世界大战的源头就是欧洲大战。

如果欧洲是统一的大国，那文明代差的优势还能保持很久，可惜，欧洲都是小国。小国有很大的局限性。人口和体量，不足以支撑任何一国统治世界太久，彼此之间的争斗，又消耗了各国太多的精力。一旦某些大国得到技术扩散，小国的优势就不在了。在美国和苏联面前，欧洲国家不可能像以前一样，按照自己的意愿行事，而是必须考虑美国和苏联的反应。

时代，真的变了。

说欧洲落寞，也仅仅是相对美、苏而言，放到全世界，欧洲依然是食物链的第一梯队。

所以“二战”后的欧洲是肥肉，美国和苏联都想控制欧洲。于是东欧跟了苏联，西欧跟了美国。

从了美国的西欧国家，估计有点不甘心，玩了几百年的均势，怎么就玩脱了呢？现在从了美国，也要和美国保持均势呢。

怎么保持？团结呗。

柒

1946 年 9 月，英国前首相丘吉尔向欧洲喊话：“大家别闹了，我们成立个欧洲合众国吧。”

欧洲各国对合并没什么兴趣，做生意倒是可以考虑。1950 年 5 月，法国外交部长罗贝尔·舒曼举行记者招待会，提议把法国和德国的煤钢生产，置于一个欧洲国家都能参加的高级联营机构的管制之下，各成员国之间的煤钢流通立即免除一切关税。

第二年，法国、联邦德国、意大利、比利时、荷兰、卢森堡达成协议，签订了为期50年的欧洲煤钢联营条约。

美国把西欧当作抗衡苏联的桥头堡，西欧太弱的话很难实现目的，于是也在鼓吹欧洲一体化。

1952年，欧洲煤钢共同体成立，紧接着成立了欧洲经济共同体、欧洲原子能共同体，最终在1967年合并为欧洲共同体。

随着加入的国家越来越多，欧共体可以发展的业务越来越广，大家商量了一下，既然贸易统一了，要不把货币、防务也统一了？

1993年11月1日，欧盟诞生了。对于这个组织，不知道你们是怎么看的，我个人觉得啊，欧盟就是抱团取暖的“群租房”。

欧洲是世界中心的时候，从来没人想着团结一致，反而叮铃咣啷打成一片，为了维护自己的利益，各国都在用均势原则制衡“隔壁老王”。

当技术扩散到全世界以后，东西两边都冒出体量庞大的超级大国，他们的均势原则玩不下去了，只有抱在一起，在世界舞台上玩均势。

但欧盟的正式官方语言就有24种。这种联盟是不可能真正团结的。平时在“群租房”里，大家为了做生意，可以你好我好大家好，一旦出事情了，必然是大难临头各自飞。因为他们只是群租的室友，不是真正有血缘关系的亲人。

欧盟所谓的超国家机构，仅仅是机构，不是强有力的国家政权。遇到事情可以协调，但不能强制命令。假如不符合国家利益，英国脱欧给你看。

本质上说，欧盟类似于中国战国时期的合纵……没有强有力的中流砥柱，所有行动全凭各国自觉，而自觉的基础是开会签订的条约。

战国诸侯经常合谋攻秦，从来没有胜利过，而只要秦人出关迎敌，要么收买带路党，要么用力击溃一国，合纵就破灭了。

其实，欧洲史和《史记》可以放在一起读，当真是太阳底下无新事。

想要欧洲团结，只有统一，欧洲能统一吗？暂时看不到希望。那么欧洲能团结吗？显然，不可能。

俄罗斯国土扩张史

壹

相当于唐朝末年的时候，东欧平原成立了一个叫“罗斯”的国家，由于首都定在基辅，也叫“基辅罗斯”。要说“基辅罗斯”有什么文明吧，也谈不上，基本处于中国的夏商时代，为什么不说“周”呢，因为它连一套像样的继承制度都没有。

况且那年头欧洲都处于黑暗时代，日子苦得要死，“基辅罗斯”就像村里的王二麻子一样，平平无奇。

与所有国家一样，基辅罗斯有过一段黄金岁月，但终究抵挡不住岁月的侵袭，逐渐分裂成十八个公国。它们成天为了地盘和利益相互攻伐，人民处于水深火热之中。基辅罗斯的大公也想把国家重新统一起来，可惜力量对比太均衡，没有实力碾压对手，于是就这么凑合着过。直到历史等来蒙古。

13 世纪初的蒙古太生猛，一方面是蒙古的制度和战术优秀，另一方面是世界各国都处于分裂或衰弱时期，基本没人能在蒙古手下走三个回合。

喏，基辅罗斯就是分裂的典型。1235 年，成吉思汗的孙子拔都奉命西征，两年后攻入分裂的罗斯诸国，再过 3 年攻克首都基辅，并且按照惯例毁城杀人。随后，拔都率军横扫波兰和日耳曼，一路打到匈牙利才停下脚步。

至此，大半东欧被蒙古金帐汗国统治。虽然金帐汗国的势力强大，但蒙古人口很少，不可能直接统治征服地，便和后来的世界霸主英美一样，扶持代理人，施行间接统治。莫斯科公国，成为被蒙古选中的幸运儿。

当时的莫斯科公国实力非常弱小，根本不可能对蒙古产生威胁，扶持这么个弱国对抗强大公国，显然是很划算的买卖。

毕竟……扶持强大公国的话，很可能得到蒙古的资源以后，调转枪口反抗蒙古，如果扶持弱小的莫斯科公国，它还不感动得冒鼻涕泡？

于是，莫斯科公国立刻向蒙古表忠心。从此以后，莫斯科公国走上了“挟蒙古以令诸侯”之路。每当莫斯科公国和周围公国起摩擦的时候，它就去报告蒙古大汗：“隔壁老王欺负我，这哪是打我的屁股，这是打您的脸啊。”蒙古大汗为了帮助小弟出头，便要派出军队打隔壁老王。所以罗斯诸国的实力永远是均衡状态，谁都不能太冒尖，谁也不能太落后，一家人永远整整齐齐。

1328年，莫斯科公国击败劲敌特维尔公国，被蒙古册封为弗拉基米尔大公，成为罗斯诸国的法定领导人，蒙古还把罗斯诸国的收税权也交给它。有了这两项特权，莫斯科公国可以理直气壮地发号施令了。

原本隔壁老王只要交100元的税就行，莫斯科公国敢狮子大开口要300元，反正蒙古只要规定的数额，剩下的基本被莫斯科吃回扣了。隔壁老王要是敢有意见，呵呵，是不是明目张胆地反抗大汗啊？来人，我要代表大汗惩罚你。

这种流氓手段谁受得了？赶紧花钱买平安吧，社会人惹不起。

这样日积月累，蒙古的金帐汗国赚到多少不知道，反正莫斯科公国赚大发了。而且莫斯科公国常年狐假虎威，动不动就搬出蒙古吓唬同胞，逐渐培养出一种特立独行的权威，不管经济或者生活，其他公国都有点怕它。

这就是一种惯性，类似于普通人做官久了，总会产生一点颐指气使的官气。那个弱小的公国，早已今非昔比。

贰

蒙古对于俄罗斯的意义，其实是一次技术升级。

在蒙古到来之前，罗斯诸国很原始，各国大公不是顺位继承的，而是按照家族辈分流动继承。可能某公子的父亲是大公，但是父亲去世之后，大公宝座就跑到二大爷家里去了，每次出现人事变动，所有人都要迁徙到固定领地去，一辈子连不动产都攒不下。乱得一塌糊涂。

蒙古来了之后，用的依然是东方集权制度，包括父死子继、统一税收、官僚制度、抽调兵员等。莫斯科公国逐渐发现这些东西是真的好，便开始到处模仿蒙古，整整用 240 年时间，终于学得差不多了。

自从伊凡一世起，每个莫斯科大公感觉自己快要死的时候，都会学习蒙古大汗写下遗诏，命令长子继承大公宝座，其他人有蒙古的先例，也不好意思说什么。而且罗斯诸国有一个贵族阶层，类似于中国春秋时代的士大夫一样，不想在某国效力了，就收拾铺盖到另一国效力，这个国家甚至可能是母国的敌人。贵族们不管。

他们哪怕去敌国效力，留在母国的田产还是世袭的，本国大公不能随意没收，毕竟世袭财产不能侵犯啊。

莫斯科公国又从蒙古学到反制的办法。既然贵族们可以来去自由，那好啊，我绕开你还不行吗？于是，历代大公在平民阶层选拔人才，逐渐建立起贵族体系之外的官僚机构，形成一股独立于旧传统的势力。此消彼长之下，贵族们开始失去权力，成为君主的附庸。

这两项技术升级完成，其他改革也是水到渠成的事情，一个东方集权国家在东欧平原冉冉升起。这也是俄罗斯喜欢集权的原因。

后来英、法都爆发各种革命了，沙俄还是君权强大的帝国。明明是金发碧眼的斯拉夫人，却完全和西欧小伙伴玩不到一起。其实都是有历史传统的。因为从本质上来说，俄罗斯是一个东方式的国家，区别无非是中国在儒家文化圈，俄罗斯信奉东正教而已。

蒙古帮莫斯科公国技术升级之后，自己的好日子也要到头了。

莫斯科公国多年来利用蒙古权威树立自己的权威，并且用收税截留的财富收买、吞并、蚕食其他公国的领土，逐渐成为罗斯诸国真正的大哥大。而且它弱小的时候抱蒙古大腿，合伙欺负底层人民，一旦强大起来马上对底层人民说："你们的生活惨，完全是蒙古人作孽啊，以后要跟着我一起打蒙古哦。"此时的蒙古买块豆腐撞死的心思都有。

当时的蒙古金帐汗国已经分裂成碎片，有西伯利亚汗国、喀山汗国、克里木汗国等，金帐大汗的一点可怜地盘，被称为大帐汗国。于是，莫斯科公国又把蒙古曾经做过的事情重新做了一遍。

比如挑动各汗国之间的矛盾，联合其中一个汗国攻击另一个汗国，直到把自己的利益最大化为止。

1480年，莫斯科公国和克里米亚汗国联盟，一起出兵灭了大帐汗国的阿合马汗，蒙古统治基本终结。

70年后，伊凡四世占领喀山汗国、克里木汗国、阿斯特拉罕汗国等蒙古领土，成为东欧平原的王者。

1547年，伊凡四世称沙皇，俄罗斯国家正式诞生。

伊凡四世的老婆有个侄孙，1613年在一连串政变后被选为沙皇，开创了罗曼诺夫王朝，直到“一战”期间被推翻。

果然，出来混都是要还的。不过，伊凡四世称沙皇之后，开启了俄罗斯史无前例的扩张，那个对领土有执念的俄罗斯终于来了。

叁

俄罗斯的开局地缘在东欧。大家可以看一下地图，整个东欧都是大平原，只要敌人的骑兵想入侵，可以一马平川地直捣首都。

刚独立的俄罗斯总有一种被害妄想症，生怕蒙古或者欧洲再冒出一个猛人，把俄罗斯按在地上摩擦。但是东欧平原方便敌人入侵，反过来说，也方便俄罗斯扩张领土。

既然如此，那就主动出击吧。当然，开疆拓土是所有国家的宏愿，却不是每个国家都能顺利扩张，又不是打游戏，点点鼠标直接推过去就行。

俄罗斯有两个有利条件：

第一，莫斯科真的是好地方。

莫斯科河穿城而过，并且通过拉马河把奥卡河、伏尔加河连接起来，这样一来，莫斯科就成为各种水路的交汇点，商人和军队在莫斯科坐船出发，只要顺流而下就能到很远的地方。

这就像中国的长安一样，到渭河边坐条船，眼睛一闭一睁就到河南了，再一闭一睁已经到山东了。

选到这么有利的地缘城市，也不知道祖宗在哪里买的外挂。

第二，从黑海到太平洋有一连串天险，比如高加索山、里海、咸海、兴都库什山、帕米尔高原、蒙古戈壁。

这些天险都在俄罗斯的南边，把东欧和亚洲平原包围起来，而平原北边是北冰洋，东边是太平洋，西边就是德国和波兰。

发现没有，这就是一个被包围起来的容器啊。只要俄罗斯不翻越天险，在这个广袤空间里完全是无敌的，而且一旦在南边的山脉里修建军事基地，普通敌人很难攻进去。

面对如此有利的条件，俄罗斯人出发了。1581 年，伊凡四世发布命令，让叶尔马克带着 840 名哥萨克骑兵，越过 2 000 英尺的乌拉尔山，征服古楚汗的首都锡比尔，俄罗斯用“锡比尔”为名字，命名了东方的整片大地。这个名字用英语翻译过来就是——西伯利亚。

此后几十年，无数冒险家和游击队向东前进，走到哪里都要建立标记，昭告天下这里是俄罗斯的国土，相当于明朝末年的时候，已经有俄罗斯人出现在黑龙江北岸。那个时候，李自成在河南造反，崇祯在皇宫打补丁，陈圆圆在江南唱歌呢。

说到这里就有个问题，西伯利亚那么大，为什么就没有人反抗呢？其实不是没有反抗，实在是打不过。

西伯利亚那种地方，几万年来都没什么存在感，生活在西伯利亚的人基本停留在氏族社会，以打猎捕鱼为生，能有什么战斗力。

俄罗斯虽然比西欧落后，但毕竟是一个地区强国，和西伯利亚的原始部落相比，简直是文明代差的碾压。很可能俄罗斯人骑马溜达好几天，都见不到活人，一不小心死在那里都没人知道。可以说，西伯利亚就是俄罗斯充话费送的。

后来，俄罗斯人走到太平洋发现没路了，于是调头南下，进入东北，他们以为东北和西伯利亚一样，都是没有国家主权的无主之地。万万没想到，东北是大清的龙兴之地。

于是，康熙皇帝带兵北上，和俄罗斯在雅克萨开战，最终签订了《尼布楚条约》划定边界，才算遏制住俄罗斯的领土野心。

此时，俄罗斯的领土基本定型了。

肆

俄罗斯人也不是天生的战斗民族，放着东欧的好日子不过，跑到西伯利亚顶风冒雪做野人，难道是有毛病？其实，主要是有利可图啊。

西伯利亚不是人口不多嘛，以至于森林长得特别茂盛，而森林又是动物的天堂，俄罗斯人就是冲着这些动物去的。对，吸引俄罗斯的就是皮毛。

那时候西欧发起大航海已经快200年，西班牙、葡萄牙、荷兰、英国、法国等老派资本主义国家在全世界赚钱赚疯了。

而人一旦有钱，冒出来的念头基本是享受生活，什么包包、项链、大衣、香水通通弄到身上，要不然怎么证明已经发财了呢。所以做包包和大衣的皮毛，成为西欧紧缺的奢侈品。

俄罗斯就是赶上这个风口，才有开拓西伯利亚的原始动力，果然，世界上没有无缘无故的爱与恨。

仅仅在叶尔马克开拓西伯利亚的6年后，俄罗斯每年就可以得到20万张黑貂皮、1万张黑狐皮、50万张松鼠皮，卖到西欧狠狠发了一笔横财。为了保证利益最大化，俄罗斯政府垄断了西伯利亚的皮毛贸易，不允许私人和西欧交易，而是必须先卖给政府，再由政府统一出口国外。

据统计，俄罗斯每年的国库收入，皮毛贸易占到7%～30%。如此庞大的利益，哪个国家遇到都不可能放弃。

为了赚取商业利润，无数俄罗斯人涌入西伯利亚，扛着猎枪到处捕杀动物，为国家出口创汇做点微小的贡献。而且俄罗斯在东欧实行的是农奴制，很多农奴受不了压迫，也跑到西伯利亚混饭吃，不管种地还是打猎，起码不是奴隶了。

到1900年的时候，西伯利亚已经有了100万人口，虽然人口不多，但起码把这块地方占住了。西伯利亚，也就成了俄罗斯自古以来的领土。

伍

俄罗斯在东线的扩张势头很猛烈，西线却一直受阻。为啥？欧洲牛啊。

俄罗斯的西线周围是波兰、瑞典、奥斯曼土耳其帝国，别看这些国家现在没什么存在感，当时可都是强国。再向西是奥地利、德国、法国和英国……看看这些国家，哪个都不是好惹的角色。

俄罗斯原本就没有海洋贸易线，也没有贸易产生的技术升级，想提升国力只能向西欧学习。西欧又紧接着爆发了工业革命，更是和俄罗斯产生技术代差，虽然限制于国土面积不能碾压，但是遏制俄罗斯完全没问题。

这样的局面，让俄罗斯向西扩张实在是强人所难。而且欧洲一直有“均势”的传统，任何国家有一家独大的意思，其他国家马上联合起来干掉它。神圣罗马帝国，拿破仑、希特勒，都是这么被干掉的。

当初伊凡四世想和英国建立军事同盟，隔壁的波兰吓坏了，东西两个国家结盟，是不是要瓜分波兰？

于是波兰国王赶紧给伊丽莎白写信：“千万别听伊凡胡扯，我们现在能战胜他，就是因为他们落后。”

除此之外，德意志诸侯也不向俄罗斯出口火炮和弹药，生怕把俄罗斯武装起来，转头就成了德意志的敌人。

欧洲，不允许有霸主存在。总之呢，俄罗斯的技术没有优势、国力不能碾压、外交还要遇到围追堵截，不衰落就不错了，还谈什么开疆拓土。所以叶卡捷琳娜大帝夺走立陶宛、拉脱维亚、白俄罗斯、乌克兰的 40 万平方公里土地，又在“一战”之后基本都送出去了。

后来苏联强势崛起向东欧扩张一波，然而……苏联解体之后又纷纷独立，国土面积由苏联的 2 240 万平方公里，跌落到现在的 1 707 万平方公里。这么一来一去，500 万平方公里没了。

现在的俄罗斯虽然有里海、黑海、波罗的海等 3 个西欧海岸，却没有一个是真正的出海口。

而在东线，由于面积太大，人口跟不上，已经占领的阿拉斯加也守不住，只能以 720 万美元卖给美国，平均每亩土地 2 美分。原本苏联想在“二战”后占领日本北海道的，也被美国坑了一把，毛都没摸到。

经过几百年的东征西讨，俄罗斯的面积基本没什么变化，依然是在那个四面包围的容器里。换句话说，俄罗斯的扩张已经到达边界了。

陆

我们之前说过，俄罗斯能有如此庞大的国土面积，完全是吃了地缘红利和皮毛贸易红利。毕竟重赏之下必有勇夫，没人和钱过不去。但是，俄罗斯能吃尽这两项红利，还是利用靠近西欧技术发源地的优势，欺负一下西伯利亚、中亚、大清这种老弱病残，在欧洲，基本没占到什么便宜。

任何红利都是有保质期的。当太平洋东岸的美国、东亚的日本和中国相继崛起，俄罗斯的红利就结束了。到20世纪后期，苏联的主要进攻方向是阿富汗一带，现在俄罗斯刷存在感的地方，主要是中西亚。所以大家不要对“战斗民族”过分崇拜，没必要，中国从河南出发，一直把庄稼种到960万平方公里的土地上，骄傲了吗？

但我们也不能掉以轻心。我们在老弱病残的时候，俄罗斯陆续侵占150万平方公里土地。现在中俄实力此消彼长，才能坐在一起谈合作。一旦我们再次沦为老弱病残，俄罗斯或许不介意再来咬一口。自强不息才是王道啊。

第三部分

亚洲篇

日本的进化史

壹

公元 717 年 3 月，日本第 8 次遣唐使在大阪起航，一路向大唐而去，求取富国强兵的真经。

海上波涛怒吼，人人都在接受命运的裁判。第 8 次遣唐使比前辈都幸运，当年 9 月，他们成为唯一安全抵达长安的团队。可即便葬身海底，也挡不住日本对于天朝上国的向往。

阿倍仲麻吕、吉备真备都在此次遣唐使中。抵达长安之后，阿倍仲麻吕改名晁衡，并且进入太学，和各藩属国的公族子弟一起学习大唐的诗书文化。

当时的国子监下设 6 个学馆：国子学、太学、四门学、律学、书学、算学。其中前三个学馆是通才教育，后三个学馆并不受重视。凡是官员士人的子弟，不论年龄大小，都可以随时进入学馆读书，只要能通两经，可以随时出去做官。当然也可以参加科举考试。

进入太学后，晁衡同学迅速克服了语言障碍，一路过关斩将超越无数同学，几年后高中进士。此后 54 年，他从正九品下的校书起步，侍奉玄宗、肃宗、代宗 3 代皇帝，以外国人的身份做到大唐的安南节度使。这是很了不起的成就。

晁衡和李白、王维都是朋友。他在 56 岁时曾经思乡回国，王维专门写下《送秘书晁监还日本国》的送别诗。

可返乡的旅程遭遇风浪，很多同伴溺亡，其余 170 多人也漂流到越南，大部分被当地土著杀害，只有晁衡等寥寥数人重返长安。李白听说晁衡遭遇海难后，哭得一塌糊涂，连悼诗都写好了：

日本晁卿辞帝都，征帆一片绕蓬壶。

明月不归沉碧海，白云愁色满苍梧。

谁都没有想到，晁衡经历生死劫后，还能活着回到长安。当他看到李白写的悼诗后，也感动得一把鼻涕一把泪：

卅年长安住，归不到蓬壶。一片望乡情，尽付水天处。魂兮归来了，感君痛苦吾。我更为君哭，不得长安住。

嘿，哥们儿……谢谢你想我，真的好感动。我想离开长安而不能，你想住在长安却没办法，我们都是落难的苦命兄弟啊。这既是真情流露，也是命运感叹。

当年的大唐雄踞东亚霸主之位，有足够的实力敞开胸襟，和天下人交朋友。唐人也不在乎对方出身何处。

周围的国家无不以模仿大唐为荣，他们的制度、文化中都可以找到大唐的影子。

在外国眼中，大唐的一切都是指路明灯。

而日本更是对大唐顶礼膜拜，遣唐使来到中原后，疯狂复制，然后回到日本粘贴重建。

当年的日本，几乎是缩小版的大唐。

晁衡只是日本赴唐留学大军中的一员，在他身后，是一个极度落后、迫切希望进步的原始国家。

贰

日本的前身是大和国，在诸侯混战的年代，大和国只是其中较大的国家而已。

天皇为了犒赏功臣，于是在不断征战的过程中，把征服的土地和人口赏赐给功臣和贵族。甚至很多部落也保留建制，打包转让。

这种事情对于中国来说很熟悉，夏商周时代的征服过程就是这样，把土地和人口分封给诸侯，让他们自建国家。但是中国的出生地很好，周围有无数的土地可供征服，只有雪原、沙漠、大海和雨林能挡住中国人的脚步。

所以夏商周时代一直处于增量市场。只要有增量，就可以缓和内部矛盾，直到战国时代才把增量红利耗尽，只剩下岭南、东北等硬骨头，需要慢慢啃。于是，战国末期的博弈空前惨烈。

可日本是小国，在大和国征战的过程中是增量市场，一旦日本统一之后，马上转变为存量市场。那些拥有土地和人口的贵族，纷纷争夺朝廷控制权。这是必然的过程，就像养蛊一样，只有最大的能活下来。当时的日本十分混乱。大贵族为了争权夺利而征兵征税，小民纷纷破产，生活在水深火热之中……不仅没有行之有效的制度，更没有统一人心的思想。

和中国的春秋战国一样。公元 593 年，圣德太子出任摄政，和苏我马子一起辅佐推古天皇。第二年，他聘请高句丽僧人为师，可僧人老师对圣德太子说："西土大隋的官制完备，更适合做日本的老师。"从此以后，日本走上了西行取经之路。

公元 604 年，圣德太子颁布以和为贵、崇君、公正、尊三宝为核心的《宪法十七条》，其中的"和为贵"直接出自《论语》。《宪法十七条》是日本走向正常国家的先声。

和为贵的意思是，不要再内部争斗了，大家要和气生财，关起门来好好过日子。崇君要求树立君主的权威。至于尊三宝就更简单了，圣德太子希望用佛教来统一日本的思想，让国民有统一的信仰，才能构建共同对话的平台。

3 年后，圣德太子派出遣隋使，并给隋炀帝写信："日出处天子致书日没处天子。"

口气傲娇得很，显然没有把天朝上国当偶像。估计当时日本的想法很简单：我向你学习就可以，不必当作偶像来崇拜，我们之间是正常交往的国家。

但是随后建立的大唐，让日本人再也不敢轻视。当时的朝鲜半岛分裂为高句丽、百济、新罗，其中新罗经常被另外两国欺负，于是大唐就支持新罗。而日本也想在外交上分一杯羹，经常和高句丽互相致以问候。公元 660 年，苏定方率领大军灭百济，8 年后唐军又攻破高句丽，半岛统一后，日本不得不派遣使者奔赴长安，祝贺大唐的军事成功。

这就是第六次遣唐使。

明明是自己的外交失利，却不得不挤出笑脸，祝贺大唐在外交上打败自己……想想也蛮心酸的哦。

大唐给日本的第二次教训，也和此事有关。

公元 663 年，唐、新罗联军和日本、百济联军在白江口相遇，日百联军一顿操作猛如虎，结果被刘仁轨打得全军覆没。日本醒悟过来，这个庞然大物根本不是自己可以挑战的，不论外交或者军事都没有占到便宜，那就好好向它学习吧。

此后的日本迅速摆正心态，连续派出遣唐使，以谦逊的姿态踏上西行之路。不得不说，日本很有意思。

它的两次跨越式发展，都是全盘仿照外国而来。第一次模仿大唐，由原始奴隶社会直接跨入封建社会。第二次全盘照搬欧美，又成为发达国家。而在模仿之前，日本都经历过军事失败。

叁

日本遣唐使是肩负使命的。

随行的留学生、留学僧可以长久居住在大唐，往往需要等到下一次遣唐使，才可以一起回国。

漫长的十几年时间，留学生的唯一任务是学习，力求成为饱读诗书的学者，让璀璨的文化在日本开花结果。留学僧的任务也是学习，不过是学习佛法。他们走遍名山大川，拜访高僧大德，求取无上妙法，最终目的也是带回日本。毕竟日本已经尊三宝很多年了。电影《妖猫传》里的空海，就是光荣的留学僧。

而正式使者的使命则是买书……其他各国的使者都没有买书的需求，唯有日本，买书是要列入考核的。《日本书纪》记载："褒美西海使等奉对唐国天子，多得文书宝物……赐封200户，赐姓吴氏。"

只要多买书，就能加官晋爵做人上人。一旦某件事达到国家意志，有巨大利益的驱使，很快就会形成大规模的潮流。留学僧玄昉携带5 000卷佛经归国，其余"入唐八大家"带回日本的经卷书籍，总数在2 000卷以上。开元初年的遣唐使甚至变卖随身物品，把所有的钱财全部换成书籍，然后跨海东渡。

最受欢迎的是白居易的诗。遣唐使曾经手抄《白氏文集》带回日本，在国内引起巨大的轰动，日本人对白居易的诗文如痴如醉。醍醐天皇说："平生所爱，《白氏文集》七十卷是也。"嵯峨天皇也要把白居易的诗集放在枕头下。这种痴迷程度，可以和张籍吃诗一较高下。上有所好，下必甚焉……日本甚至修建"白乐天神社"，把白居易奉上神坛，当作菩萨顶礼膜拜。

在遣唐使疯狂购书的背后，则是日本的快速进化。公元 710 年，天明天皇迁都至平成京，也就是现在的奈良。这座城市完全仿照大唐长安城而建，只是面积缩小至 1/4。同样犹如棋盘，同样有东西二市，同样红柱白墙，同样有宽 74 米的朱雀大街。

马伯庸的小说《长安十二时辰》中的日本老头，私自建了一座长安沙盘，希望将来可复制到日本。结果被张小敬嘲笑："你们有那么大的地方吗？"日本老头怒了："建个小的总可以吧。"

但在历史上，天皇早已在奈良生活 30 年了。

与有形的书籍和城市一起传入日本的，是无形的国家形态。

公元 645 年，改革派发动政变，执掌大权的苏我入鹿被杀，其父苏我虾夷在第二天自杀。多年的权力斗争，终于落下帷幕。

日本的两次跨越式发展，无一例外是由改革派取得政治斗争的胜利，组建强力政府，才能凝聚全部力量于国家转型。而不至于让内斗消耗太多精力。

新即位的孝德天皇迁都大阪，第二年就颁布《改新之诏》，开足马力向封建社会的彼岸前进。

日本效仿唐朝把土地和人口收归国有，不再允许诸侯贵族拥有私人势力，按照封爵的办法，赐予他们对应的食邑。然后重新划分行政区域，郡县制也到位了。最后是赋税制度，日本直接照搬大唐的租庸调制。这就是日本的"大化革新"。

当然，我说得比较简略，具体就不重复了，反正是好不容易摸索出来的国家形态，被日本在短短几十年内全盘照搬。世界上从未有过进化如此迅速的国家。

再多说几句吧。中国周围的民族以唐朝为标杆，基本可以分为两个阶段。唐朝之前，他们是原始的部落制民族，就算建立国家也很粗糙，大概和夏商周差不多，但是没有周朝的礼乐。经过唐朝的 300 年输血，让周围的落后民族几乎都跨越大台阶，进化为制度完备的封建国家。实力已经不同寻常喽。

所以汉唐时代的对外战争总是摧枯拉朽，往往派几万骑兵出塞，就可以一战灭国，导致汉朝有一汉当五胡的说法。而宋朝开始，中原的对外战争转变为国家交锋，不再是高等文明对低等文明的降维打击。不论中原王朝能调动多少资源，对方都可以应对。这也是宋朝不能灭辽、西夏的重要外部环境，时代已经变了，不能用老套路看待问题。

但是大唐最好的学生,依然是日本。

肆

公元 894 年,宇多天皇任命菅原道真为遣唐使,时隔 56 年后,日本再次准备奔赴大唐取经。

但是菅原道真拒绝了:"每次赴唐的花销很大,已经去过那么多次,该学的也学得差不多了,再去的话恐怕意义不大,要不就算了吧。"

"嗯,那好吧。"

日本确实已经没有必要再去留学。一方面花销很大,每次都要准备大船、盘缠、购物经费、遇难人员的抚恤……以当时穷困的日本来说,很吃力。另一方面是学有所成。大到文化、制度,小到建筑、茶道、围棋、美食,甚至日料中的"刺身"都来自大唐。

日本遣唐使

(图片来自百度百科。)

即便再去留学,也几乎学无可学。

最后一次遣唐使就此夭折,从此以后,遣唐使成为史籍中的名词,中日再次举办国家级留学,已经是 1 000 年后。

日本留学大唐结束于894年，大清留学日本开始于1896年。斗转星移。吊打列国的大唐早已烟消云散，那时的风韵也离中国远去，而曾经的学生却崛起于东海之上。彼时的日本，刚刚经历过明治维新。他们犹如学习大唐一样，积极向欧洲派遣留学生，学习到更先进的工业技术和国家组织形态，30年之后转身击败大清。

同样都是帝制国家，怎么差距这么大呢？

为了探寻这个秘密，清朝政府向日本官派留学生。毕竟双方的文化渊源深厚，地理位置也不远，交流起来比较方便。最重要的是便宜，如果去欧美留学的话，朝廷给的预算是每人1 200两，相当于现在的36万元。而去日本留学的话，费用只有17两。费用相差70倍，不论朝廷或者个人，纷纷优先选择赴日留学，何况学的内容差不多，回国也不影响前程。

19世纪的“80后”“90后”纷纷跨海东渡，寻求富国强兵的密码。

蔡锷、蒋百里、何应钦、阎锡山、杨宇霆等，在日本陆军士官学校读书，回国后执军界之牛耳，叱咤中原。汪精卫、杨度在日本学习政法专业。还有鲁迅、郭沫若……凡是民国初年活跃在中国舞台上的，很多都有留学日本的经历。

但是，中国并没有像日本一样，迅速崛起成为强大国家。归根结底，当时的中国没有强有力的政府。如果没有以革新为己任的强大政治势力，就不能形成自上而下的导向，那些学有所成的留学生只能分散在各界，做未来的种子。戊戌变法因此而失败，民国各路诸侯也因此而消亡，他们纷纷登上舞台，却不免黯然离场。

而中国最缺的东西，50年后都有了。

伍

落后的弱国想要崛起，向大国学习是势在必行的道路，但是怎么学习，却是一门技术活儿。

我们一定要承认，各国都有自己的土壤。这片土壤是五彩斑斓的综合体，民族起源、王朝兴衰、耳熟能详的故事……都是这片土壤的重要组成部分。

而什么样的土壤，便能结出什么样的果实。我们不能强求水田中长出玉米，西北高原种出水稻，这都是不现实的，能做的只是因地制宜。就算日本学习唐朝，也不是完全照搬的。

他们学习唐朝的诗文、制度，却保留自己的传说和故事。明治维新也只是学习欧美的硬件，软件依然是日本的驱动。如何做到进口和国货的平衡，极其考验当政者的微操水平。世界上很多国家都栽了，成功者只有寥寥几国。其中的折冲樽俎，不可不考虑。

而每一个弱国进化的过程中，留学生都是开路的先锋大将，如果没有庞大的留学生奔赴异国，进化革新只能是一句空话。

公元717年3月，20岁的阿倍仲麻吕站在大阪码头，挥手向日本告别。他不会想到，此生再也没有机会踏足日本。他的同伴来来回回，他的祖国在迅速进化，唯有改名为晁衡的阿倍仲麻吕，终生侍奉大唐。

大唐也永远铭记自己的老朋友。

最后聊聊什么是大唐风韵，其中很重要的一点就是恩怨分明：朋友来了有美酒，敌人来了有猎枪。

日本的门阀世家

壹

如今的日本门阀，都要从“二战”后说起。

1945 年 8 月，日本宣布无条件投降，麦克阿瑟带领美军登陆日本，东条英机等人成为甲级战犯，被送入东京巢鸭监狱。曾经做过文部大臣、政友会总裁的鸠山一郎，由于和东条英机不和，已经下台隐居 5 年时间，暂时逃过一劫，没有被列入战犯名单。

此时政敌倒霉，鸠山一郎感觉机会来了。他走出家门召集旧部，3 个月后创立日本自由党，准备向日本最高权力的宝座冲去，带领鸠山家族更上一层楼。事实证明，鸠山一郎很成功。

之前统治日本的军部势力已经消失，明治维新以来的皇族和贵族，基本被压得抬不起头来，那么有能力填补权力真空的，只有以前的官僚势力。更何况鸠山家族原本就是官僚势力的扛把子。鸠山一郎的父亲是鸠山和夫，在明治初年留学美国哥伦比亚大学，成为最懂洋务的日本人，学成归国后做到外务省翻译局长，专门处理对外事务，跟清朝北洋大臣似的。

1885 年，北洋水师访问长崎，与日本居民发生严重冲突，双方都死了不少人，北洋水师总教官琅威理，甚至想让北洋水师炮轰长崎。日本负责和北洋水师沟通谈判的，正是“洋务通”鸠山和夫。

“甲午战争”不久后，鸠山和夫做到日本众议院长，成为日本高级官僚，也是吃到明治维新第一波红利的人，属于学而优则仕的典型。鸠山和夫有了政治地位，便可以让下一代和其他家族联姻，实现家族资源共享。

鸠山和夫挑中的儿媳妇，是玄洋社大佬寺田荣的女儿熏子。玄洋社是日本体制外的政治集团，在近代很有名，不论是黑帮火并或者搜集情报，都有玄洋社的身影。我们看的抗战电影中经常会出现这个组织。所以呢，鸠山一郎其实是脚踩黑白两道的官二代。这样的身份，想收拢一批小弟真的不难。

1946年4月，日本进行战后第一次大选，鸠山一郎的自由党得到141席，成为议会第一大党。按照日本的规矩，只要政党在议会取得多数席位，党首自然是政府首相。

大家纷纷祝贺鸠山一郎，祝他早日上任、马到成功，方便的话顺便拉兄弟一把，鸠山一郎也志得意满，把组阁的事情都想好了。

但是，万事就怕但是啊。就在一群日本人眉开眼笑的时候，麦克阿瑟发怒了，他发现鸠山一郎居然吹捧过希特勒，这还得了，没抓起来判死刑就不错了。于是，鸠山一郎被开除公职，再次回家休息。可是大选已经结束了，首相宝座总要有人啊，鸠山一郎回家休息，什么人才能做接班人呢?

鸠山一郎想想，还是让好友吉田茂来吧。吉田茂做过内阁外相，也是官僚势力的大佬，替代鸠山一郎做首相完全没问题。两人私下约定，鸠山一郎再次出山的时候，吉田茂必须主动辞职，把首相和党总裁让给鸠山一郎。

吉田茂满口答应:“鸠山君放心吧，我只是暂时保管，这个位置永远是你的。”鸠山一郎很放心，回家了。

他再次出山已经是5年后，心想吉田君做了5年首相也过瘾了，该把宝座还回来了，便去找吉田茂，让他物归原主。结果，吉田茂不答应。日本首相可是一人之下万人之上，而且稍微做点事情就能青史留名，谁坐上去都会飘。所以吉田茂告诉鸠山一郎:“首相和党总裁是国家公器，怎么能私下相赠呢，那不是开玩笑吗?”

鸠山一郎怒了，当初说好的事情，你居然反悔? 要是我没有组建自由党竞选，哪有你做首相的份?

俩人怎么都谈不拢，吉田茂甚至骂他是混账王八蛋。鸠山一郎绝对不能忍，带着忠于自己的一票人马离开自由党，重新组建民主党，准备从哪里跌倒就从哪里爬起来。那么就有个问题，吉田茂哪来的自信，敢和官二代鸠山一郎掰腕子?

其实吉田茂的出身并不高，只是一个横滨富商的养子，原本是没什么政治资源的，但是吉田茂 22 岁时养父去世，留下 50 万日元遗产。他用这笔遗产做资本，再加上好好学习，步入仕途，终于挤进日本权贵圈的边缘，后来又被贵族小姐和子看上，结婚成家，最终抱得美人归。而和子的父亲叫牧野伸显，是大正昭和两朝重臣，亲爷爷是大久保利通，做过萨摩藩的带头大哥，号称明治维新第一政治家。于是，吉田茂通过婚姻，成为日本权贵圈的核心人物，论政治资源，不比鸠山一郎差多少。

当时的日本经济惨淡，给朝鲜战场供应后勤的"朝鲜特需"才刚起步，还没有发家致富奔小康，国内又有社会党等左翼势力逼迫，吉田茂的日子其实不好过。在这种环境下，鸠山一郎的民主党又收拢了一批小弟，每天的主要任务就是给吉田茂找茬，不把他拉下马不算完。

就这样日拱一卒，1954 年 12 月，吉田茂被逼下台，71 岁的鸠山一郎终于登上首相宝座。他为这一天已经等了 8 年。不得不说，大爷还是大爷，只要实力在手，永远有逆风翻盘的机会。

此时美国看不下去了："中国借朝鲜战争强势崛起，日本国内的社会党势力也在增长，你们再这样下去，日本真的要赤化了。"

既然美国发话，日本的保守政治势力也想团结，那就让自由党和民主党合并吧，反正已经完成复仇，没什么过不去的坎。1955 年 11 月，自由党和民主党合并为自由民主党，简称自民党，在日本一路执政至今，虽然有过两次短暂下野，不过很快又能追回来。可以说，日本就是自民党的天下。

作为自民党的创始大佬，鸠山一郎和吉田茂，也把自己的政治资源传给了下一代，逐渐培养起数十年不倒的门阀世家。

鸠山一郎的接班人是鸠山威一郎，迎娶了普利司通创始人石桥正二郎的千金，生下鸠山邦夫，以及日本第 93 任首相鸠山由纪夫。而如今的普利司通是世界五百强企业之一，2019 年排名 374 位，销售额 292.5 亿美元。

吉田茂和"煤炭大王"麻生太吉联姻，把唯一的女儿嫁给麻生多贺吉，生下日本第 92 任首相麻生太郎，而麻生太郎的夫人千贺子，又是第 70 任首相铃木善幸的千金。可惜吉田茂没有儿子，明治维新以来积累的政经资源，都便宜了暴发户麻生家族。

鸠山家族和麻生家族，就是政商结合的经典案例。

日本就是这么个诡异的地方。任凭风吹浪打，都拦不住门阀世家的代际传承，没有儿子传给女婿，无儿无女也得收个养子。不过吉田茂和鸠山一郎的故事，也到此为止了，此后几十年，麻生家族和鸠山家族一直在默默耕耘。真正影响日本政界数十年的是安倍家族。

贰

鸠山一郎和吉田茂对抗的时候，从自由党带走的一批亲信里，其中有个人叫岸信介。

岸信介是山口县人。父亲佐藤秀助原名岸秀助，由于入赘到佐藤家族继承家业，便改名为佐藤秀助，生下三个儿子，又把二子过继回本家，恢复姓氏，取名为岸信介，三子留在佐藤家族，取名为佐藤荣作。

岸信介生于1896年，年轻时勤奋好学，以优异的成绩考入东京帝国大学法学部，毕业后进入农商省做官，从此步入仕途。

1936年，40岁的岸信介到伪满洲国任职，与关东军参谋长东条英机（甲级战犯）、总务厅长星野直树（甲级战犯）、满铁总裁松冈洋右（甲级战犯）、满洲重工业开发株式会社会长鲶川义介一起并称为满洲五巨头。因为生活放荡，却足智多谋能言善辩，江湖人称“昭和之妖。”

这么个工作履历，说岸信介是战犯没问题吧。可“二战”结束后，岸信介先作为甲级战犯，被关押在东京巢鸭监狱，3年后又被放出来了，活蹦乱跳地走到政府办公大楼，找佐藤荣作要了一身西装，然后告诉佐藤荣作：“我们现在是民主人士，要注意形象。”

据前些年披露出来的一份档案显示，岸信介答应和美国合作，要反共就反共，要听话就跪下，反正一切都听美国的指示。这份档案真假难辨，大家自己考虑吧。

岸信介出狱没多久，赶上鸠山一郎组建民主党，他本来不想跟着鸠山一郎混，但是弟弟佐藤荣作说：“你还是去占个位置吧，以防万一呢。”而佐藤荣作一直在自由党，跟着吉田茂混，与池田勇人一起号称吉田茂的左膀右臂。

典型的多头下注，不管哪方赢了，都能给家族留一条后路。

岸信介想想有道理，跑去跟了鸠山一郎，凭借多年积累的地位和工作经验，很快出任民主党干事长,1955 年两党合并,又出任自民党干事长。在日本政党做到干事长,基本就是当作接班人培养了,方便他拉拢人手组织势力,下次大选拿到最多票数,然后出任党总裁和首相。

吉田茂退位后,鸠山一郎出任首相,满打满算做了 2 年,便于 1956 年 12 月辞职退位。岸信介准备向首相宝座发起冲锋,结果石桥湛山联合石井次郎,联手把岸信介轰了下去,成为新一任首相。

可是世事无常啊。石桥湛山刚上台不到两个月,突然病得无法理事,岸信介兴奋地跑到主席台上发表一通演讲,当选为自民党总裁和日本第 56 任首相。估计他心里在想:石桥君病得真是时候啊。

岸信介在首相宝座上一直干了 3 年半,在其他国家看来不算什么,但是在日本已经超出平均水平了。直到 60 年后,岸信介的外孙安倍晋三,一直在首相宝座上干了 8 年,达成“在位时间最长首相”的成就。

岸信介有一子一女,儿子叫岸信和,女儿叫岸洋子。刚出狱的时候,洋子已经长大了,岸信介便委托《每日新闻》的记者,帮女儿找对象,千叮咛万嘱咐,一定要才貌兼优啊。这个记者也是岸信介的老相识,知道他要的是什么,把同事安倍晋太郎推荐给岸洋子:“安倍家族世代土豪,他母亲又是明治大将大岛义昌的外孙女,家世不错,和洋子小姐是绝配。”

岸信介挺满意,专门给他们办了盛大的婚礼。夫妻俩在 1952 年生下长子安倍宽信,1954 年生下次子安倍晋三。

结婚之后,安倍晋太郎走上前辈女婿的旧路,成为妻子家族的继承人。岸信介做外相,他就是外相秘书,岸信介做首相,他就是首相秘书。成天跟在岳父屁股后边到处溜达,除了培养政治能力,还可以接手家族人脉资源。不过此时的安倍晋太郎太稚嫩,还是历练阶段,暂时轮不到他登台表演。

1960 年 7 月,岸信介签署的《美日安保条约》激起民愤,被迫下台,池田勇人上位。

在参加池田勇人的招待会时,岸信介被“大化会”成员荒牧退助袭击,进医院住了一段时间又出来了,活到 1987 年才去世。

佐藤荣作和池田勇人是同学,又曾是吉田茂的左膀右臂,还是岸信介的亲弟弟,所以在岸信介内阁做完大藏大臣,继续在池田内阁做通产大臣、北海道开发厅长官等职务，地位持续走高，势力急剧扩大。

1964年，池田勇人病重，没有能力处理事情，87岁的吉田茂到医院劝他："不如早点让给佐藤荣作吧，不然就被别人抢走了。"

其实根本不用让，佐藤荣作已经是自民党内第二号人物了。当年11月9日，佐藤荣作接任党总裁和首相，恐怕连他自己都没有想到，能在首相位置上干8年，到1972年才退休。在侄外孙安倍晋三之前，还没有人能超过佐藤荣作的任期，而且以后数十年的日本首相，几乎都出自他们兄弟的门下。

而直接继承佐藤荣作衣钵的是两个人：福田赳夫和田中角荣。

叁

自民党是一个阵营大联盟，内部则是以领袖人物为中心的派阀。领袖人物叫什么名字，那么以他为中心的派阀就叫××派。

岸信介掌权的时候，他的嫡系势力叫作岸派，等他退位以后，由于安倍晋太郎过于年轻，便把麾下势力交给福田赳夫。福田赳夫带着岸派人马继续追随佐藤荣作，终于在1970年形成真正的福田派。

丝毫不出意外，福田赳夫也是豪门公子。1929年在东京帝国大学法学院毕业后，福田赳夫参加高等文官考试，进入大藏省工作，此后20年，福田赳夫一直在大藏省爬升，陆续出任官房长官、银行局局长、审计局局长。

1953年，福田赳夫追随鸠山一郎、岸信介加入民主党，6年后在岸信介首相任上，成为自民党干事长。

这就是嫡系啊。

佐藤荣作上位以后，理所当然地把福田赳夫当作自己人，陆续做了两任大藏大臣、一任外相，属于重点培养对象。1970年，佐藤荣作准备到期退位，把首相宝座让给兄弟俩都喜欢的福田赳夫，毕竟自己人接班，可以延续政治影响力嘛。

可就在这时候，半路杀出一个田中角荣。

此时的田中角荣和福田赳夫，都是佐藤荣作的左膀右臂，离开哪个都不行，但要是论起接班，佐藤荣作还是希望福田赳夫上位。因为田中角荣出身不高，门阀世家不喜欢他。

在日本政界，田中角荣是一朵奇葩。他出身于平民家庭，只有小学文化，唯一的土木科文凭还是从夜校拿到的。那些毕业于东大的豪门公子，很难和他谈笑风生。

田中角荣年轻时在东京做苦工，后来独立创业，开了一家小公司勉强糊口。估计是长得帅气吧，田中角荣居然被一个富豪寡妇看上了，从此吃上软饭。凭借富豪寡妇的资源，田中角荣的公司在短短一年时间内，冲到国内建筑行业前 50 名。

“二战”后，田中角荣投入吉田茂门下，成为佐藤荣作的小兄弟，要是没有这层关系，就凭田中角荣的出身，根本走不远的。毕竟在豪门世家面前，一个小小的建筑商又能算什么呢。

可能是豪门和平民的严重对立，让田中角荣的心里憋着一口气，你们不想让我上位，那我偏要上位给你们看看。

佐藤荣作准备退休的时候，田中角荣的势力并不强大，所以他很着急，要是让福田赳夫完全接班，那他就没机会了。田中角荣一边找人游说佐藤荣作，说老领导身强体健，不如再干两年，日本实在离不开您啊。佐藤荣作一听也有道理，那就接着干吧。另一边是大把撒钱。田中角荣收了海量的政治献金，通过各种渠道送给佐藤派议员，没多久就把 2/3 的佐藤派议员变成了铁杆的田中派。等到 1972 年自民党大选，佐藤派已经分裂为田中派和福田派，田中派有议员 82 人，福田派有议员 22 人。再加上大平、三木、中曾根等，自民党共有 5 大派阀。

为了彻底击败福田赳夫，田中角荣送给中曾根康弘 7 亿日元，又和大平正芳结盟，进一步拉拢三木武夫，形成 4∶1 的局面，顺利当选自民党总裁和日本首相。

当年 9 月，刚上任 2 个月的田中角荣访问新中国，实现中日关系正常化，并且留下一张和周总理握手的照片，成为中国人最熟悉的日本首相。

辉煌 20 年的岸信介和佐藤荣作，指定的太子居然不能接班，没有比这更荒谬的事情了。可这也说明，田中角荣是个狠人。这种出身的人物，只要给他相同的资源，战斗力往往超越豪门公子。

不过，福田派的势力依然强劲，麾下有继承家族资源的安倍晋太郎，还有投入门下不久的小泉纯一郎，以及日本无数门阀世家。

田中和福田。这场战争没人会认输，必将是不死不休的局面，因为这不仅是身份背景的较量，更是政治路线的争夺。比如田中角荣是农民出身，没有任何显赫的背景，完全是靠自己干起来的，而福田赳夫和小泉纯一郎、安倍晋太郎都是门阀世家。要是让田中角荣得势，那门阀世家算什么？

比如田中角荣要求积极的财政政策，政府只有增加社会资本投入，才能促进日本的经济增长。而福田赳夫和小泉等人认为，要让市场自由发展，不要做太多干预，最好把国有企业也私有化。这又是路线之争了。

双方分歧最大的是对中国的态度，田中角荣要实现中日关系正常化，福田赳夫们要和台湾保持关系。

大战的号角，已经响起。

肆

田中角荣的运气实在不算好。1973 年爆发的石油危机，导致原油价格提升两倍以上，造成“二战”后最严重的世界经济危机，繁荣多年的日本工业也开始衰退。和前任首相比起来，日本人人都会说：“田中君不行啊，赶紧换人吧。”

相比经济危机的影响，最要命的是田中角荣得罪了美国。

为了解决石油危机带来的经济下行，田中角荣和阿拉伯产油国往来频繁，这一下就激怒了美国，日本要是直接和产油国联系，美国怎么赚差价？基辛格跑到日本见田中角荣：“不要和阿拉伯国家联系了。”田中角荣反驳：“你给我石油啊。”基辛格无语。

日本首相得罪了美国，基本就不要想混下去了，1974 年 12 月，田中角荣在党内的讨伐声中下台。

田中角荣虽然下台，但依然是田中派的大哥，田中派议员经常上门请求指导工作，问下一步该怎么办。按道理说，该轮到福田赳夫上位了吧，但是田中派不允许，意思就是，我们下来了，你们也不能上去。

熟读历史的我们知道，二虎相争的时候，往往会找一个不重要的人出来，做几年过渡人物。是的，在田中角荣和福田赳夫的争斗中，小派阀三木武夫被抬出做过渡人物。

福田赳夫感觉很委屈，本来是最大派阀的太子，身后的政治经济资源特别雄厚，怎么就让田中角荣顶在前面，好几年都做不上首相呢。

他和大平正芳商量：“我们两派联手把三木君拉下来，我先做两年首相，然后再让给你做。”大平正芳同意了。

真不容易啊，福田终于做首相了。可我们都知道，这种口头约定有时候算数，有时候不算数，鸠山一郎和吉田茂的约定就不算数，巧了，福田赳夫和大平正芳的约定也没算数。

1978年，荣任两年首相的福田赳夫不愿退位，大平正芳很生气，但是他的势力很小，根本没办法拉福田赳夫下马。正在这个时候，田中角荣站出来，亲自帮助大平正芳拉票，只要能把福田赳夫弄死，田中角荣什么代价都愿意付出。结果福田赳夫大败。

森喜朗、安倍晋太郎、小泉纯一郎等人劝他：“千万不要放弃啊，打起精神来，咱们继续战斗。”福田赳夫摇摇头。从此以后，岸信介、佐藤荣作一脉的派阀元气大伤，每当福田赳夫想有什么动作，都被田中角荣压着打。

大平正芳领导自民党选举失败，福田赳夫跳出来嚷嚷：“追究责任。”田中角荣微微一笑，没关系的，我支持大平派的铃木善幸，也就是麻生太郎的岳父。

好不容易熬到1982年，铃木善幸退位，福田赳夫推出安倍晋太郎参选。然而田中角荣又来了，联合其他派系支持中曾根康弘。安倍晋太郎独木难支，当然没选上。

此战过后，福田赳夫心累得要死，感觉怎么都玩不过社会人，那就算了吧，我不玩还不行吗？他把政治资源传给安倍晋太郎，福田派也就成了安倍派。

岸信介和佐藤荣作提拔了福田赳夫，福田赳夫又传给安倍晋太郎。几年后安倍晋太郎提拔了小泉纯一郎，小泉纯一郎做首相以后，又把政治资源传给安倍晋三。表面上是选举的民主天下，背后又是间接世袭的家天下。

1985年，田中角荣中风住院，失去对派阀的控制，麾下的竹下登带着人马成立竹下派，于1987年出任首相。

安倍晋太郎和竹下登竞争失败，做了一个约定：先由竹下登做首相，任期结束再让给安倍晋太郎，并且把小泉纯一郎推荐给竹下登，成为竹下内阁的厚生大臣。

结果竹下登的任期还没结束，《朝日新闻》就报道了一桩丑闻，说是房地产公司“里库路特”向政界要人赠送股票，而且是没有上市的原始股，一旦公司上市，政要马上可以套现离场。日本人民发起声势浩大的行动要求严惩腐败，正是这桩丑闻，几乎把自民党高层一网打尽。

自民党5大派阀，其中4派都和这桩丑闻有关，其中就包括安倍晋太郎。

基本上整个20世纪90年代,除了自民党下野的3年时间外,其他几任首相不是田中派的门生,就是他们扶持起来的。

伍

2001年,小泉纯一郎夺得自民党总裁,进而出任日本首相,岸—佐藤派阀终于重振江山。

小泉纯一郎是本文最后出场的人物,但小泉家族却是日本最久远的门阀世家。早在明治维新初年,做军火生意的小泉由兵卫投奔天皇,捞到明治维新的第一桶金。而且小泉家族在横须贺,那地方之前有一个海军兵工厂,就是小泉由兵卫负责建造的。坐在天皇的战车上,小泉家族的军火生意越做越大,逐渐起了参与政治的野心。

小泉由兵卫的儿子小泉又次郎,在家族财力的支持下,1908年当选众议院议员,此后连续当选12届38年,直到"二战"后被开除公职。此外,他还做过邮政大臣等政府职位。

"二战"后,小泉又次郎的女婿小泉纯也,追随岸信介加入鸠山一郎的民主党,不久后成为鸠山内阁的法务政务次官,池田内阁和佐藤内阁的防卫厅长官。

1969年,小泉纯也病逝,小泉纯一郎继承家族势力,投入福田赳夫门下,3年后再次当选议员,然后在2001年当选为小泉家族的第一位首相。

日本议会总共办了119年,他们家就混了99年,如今小泉纯一郎退休,儿子小泉进次郎又做到自民党副干事长,日本环境大臣。用不了多少年,这哥们儿肯定是日本首相,而且他还是个80后。

啥叫拼爹啊？这就是拼爹。

大家看到这里也明白了,所谓日本五大门阀世家,其实都是历次政治斗争的胜利者,只有成功保住权力,才能让家族继续发展壮大。

安倍家族能有如今的地位,还不是因为祖上门生故旧遍天下,小泉、安倍、福田都是穿一条裤子的。要是让田中派继续得势,恐怕也没有安倍晋三的今天。而给福田和田中战争画上句号,并且彻底绞杀田中派人马的,正是小泉纯一郎。

凡是曾经和田中角荣有关系的,他都要收拾一遍。比如中曾根康弘是老同志,小泉刚上台就出了一项政策,说是让某些老同志少说话,有些活动也不要参加,针对谁很明显了。比如田中真纪子是田中角荣的女儿，自诩为小泉的政治妻子，火力全开，帮助小泉竞选首相，做了小泉内阁做外务大臣，而福田赳夫的儿子福田康夫是内阁官房长官。自上一代人起，两家就是水火不容的态势，如今在一起工作，能和睦相处才见鬼了，两人相斗的结果是田中真纪子辞职。

福田康夫的支持者是谁，当然是小泉啊。绞杀几年，江山定鼎。小泉纯一郎卸任之后，指定安倍晋三接班，紧接着是福田康夫、麻生太郎、鸠山由纪夫。日本五大门阀世家的格局，彻底成型。

门阀世家这个东西，人脉、资源和财富都是基本盘，最终能达到什么高度，要看做过多大的官。

出过首相的家族，必然是第一等门阀。出过大臣的家族，只能是二等门阀。小泉家族原本不是第一等门阀，可是小泉纯一郎做过首相以后，家族的含金量马上不一样了。

安倍晋三家族是“一门三首相”，福田康夫是父子首相，麻生太郎和鸠山由纪夫是祖孙首相。可谓是做一次有一次的欢喜。而且，日本门阀世家已经把下一代接班人都准备好了。

安倍晋三没有孩子，母亲洋子指定长子安倍宽信的儿子——安倍宽人——做安倍家族的第四代接班人。小泉家族不用说，小泉进次郎已经进入内阁，准备沿着父亲的老路前进了。由于鸠山由纪夫退出自民党，鸠山家族选择了鸠山邦夫的儿子——鸠山太郎做接班人。

除了这些高层大佬以外，日本政界基本都是世袭制的。之前有项调查显示，304名自民党议员中，有124名世袭议员，世袭率为40.8%。这种残酷的环境，平民子弟根本不敢有任何奢望，尤其是在政界，想出人头地只能赌一把。

这两天就出来个赌一把的人。平民出身的菅义伟，多年来追随安倍晋三，2006年就做了安倍内阁的总务大臣，2012年安倍晋三再次当选首相，菅义伟连续做了多年内阁官房长官，相当于秘书长。不出意外的话，菅义伟的仕途也到此为止了。

万万没想到，安倍晋三突然辞职，留下一个巨大的烫手山芋，等着下一任首相接手。

2020年8月30日，突然传出菅义伟要参选自民党总裁，而就在安倍晋三辞职以前，菅义伟还一直说不参选的。

虽然菅义伟没有参加任何派阀，但安倍晋三恐怕是支持的，而且他做了多年内阁官房长官，如果当选也会按照安倍晋三的政策走下去。这么个没有威胁又听话的人，没理由不支持。但是我估计，菅义伟的结局大概率是炮灰。替安倍晋三扛过最艰难的时刻，然后黯然下台。不过那又如何呢。如果菅义伟竞选成功的话，一介平民能做首相本身就是最大的成功。有他这一个任期打底，家族就可以逐渐向门阀进化了。

陆

现在很多人向往三国和隋唐，恨不得穿越回去，与历史人物把酒言欢、共战沙场。

其实三国到唐末，都是门阀士族的社会。凡是你能叫上名字的历史人物，和安倍晋三一样，都是出身于门阀世家的公子。如果你只是个普通人，穿越回去也不过是炮灰而已，如果实在想体验一把门阀士族的社会是什么样，那不如去日本生活一段时间。到了日本，你就能深刻地体会到，什么是三国和隋唐的阴暗面。

日本年轻人已经绝望了，选举投票都懒得去，选来选去就那么几家人，随他们玩去吧。

日本年轻人说："投票也改变不了国家，日本的政治世家太多，我觉得还是烤薄饼比较重要。"

所以，你知道日本人最喜欢的首相是谁吗？田中角荣。

2009年，日本NHK在全国做了一个调查："提起昭和，你会想起什么？"排名第一的回答是昭和天皇，排名第二的回答就是田中角荣。倒不是田中角荣做得有多好，实在是门阀世家让日本人烦透了。因为，田中角荣的政治主张和平民出身，能让日本人看到希望。

日本的地理和国运

壹

日本是太平洋西岸的岛国，地理环境和英国差不多，都是孤悬海外，与欧亚大陆保持不远不近的距离。这样的地理环境，在特定时期有非常大的优势。

面临分崩离析的欧洲大陆，英国在大航海后长期执行均势战略，也就是利用自己远离欧洲大陆的条件，联合欧洲大陆的弱国，围殴崛起的大陆强国。

不论是俄国西进，还是法德崛起，英国都能发挥“搅屎棍”的作用，拉拢一群弱国兄弟，把最强的那个陆权国家拉下王座。于是，英国便常年保持欧洲最强国的地位。

而面对统一数千年的中国，日本基本没有能力执行均势战略，只能在海岛上“猥琐发育”，明朝万历年间日本想登陆朝鲜“冲塔”，也被明朝的“抗日援朝”给揍回去了。

不过，海洋也是一座天然的屏障，让日本与中国隔海相望。元世祖忽必烈曾经两次出兵东征日本，却因为遇到海洋飓风，都惨遭失败。于是，太平洋西岸的日本便成为受中华文明影响，又能保持相对独立的国家。

既然是海权国家，必然是农商并重。到 19 世纪的时候，由于全球化贸易的影响，日本西南的萨摩藩长期和琉球保持贸易关系，积累了相当丰厚的财政储备，隔壁的长州藩也改革财政制度，府库有数额巨大的财富。

此外，再加上英、法、美等国到日本开拓势力范围，那些西南的藩地，便在和列强的贸易交流中，逐渐雄壮起来。长州藩甚至购买英国武器，组建了一支战斗力强大的奇兵队。

早年间德川幕府封藩的时候，与德川家族关系越近的领主，封地便离江户越近。如果关系远甚至反对德川家族的领主，基本被封到犄角旮旯去了。所以，西南的萨摩、长州等藩从根子上来说，与德川幕府就不亲密。

现在政治上不亲近“中央”的藩地，却在经济和文化方面崛起，身后还隐藏着欧洲列强的身影，会出现什么事呢？

根据历史规律，必然是地方和“中央”争夺国家政权。于是在19世纪60年代，发源于日本西南的倒幕运动此起彼伏，那些武士们拼得一身剐，也要把德川幕府拉下马。

在这个过程中，武士们拯救亡国危机是真的，与德川幕府争权也是真的，并不矛盾。而且救国和争权结合在一起，往往能爆发出更大的力量。

1868年初，德川幕府彻底战败，发源于西南藩地的倒幕派，取得决定性胜利，日本即将进入“明治维新”时期。

而领导倒幕的长州藩、萨摩藩、土佐藩、肥前藩的武士也成为日本新贵，即将执掌日本的军政大权。

这四大雄藩在日本的政治经济地位，相当于清末民国的广东和江浙，所谓倒幕运动，和同盟会“驱除鞑虏”差不多，本质上都是经济发达的地区要根据自己的利益来改造国家。

贰

从世界范围来看，日本维新的时机恰到好处。

19世纪初期，拿破仑在欧洲四处征战，严重影响了欧洲各国旧贵族的利益，于是各国组成反法同盟，不惜一切代价要灭了拿破仑。

在反攻拿破仑的历次战役中，1812年是转折点。库图佐夫指挥俄军烧掉莫斯科，导致拿破仑的军队得不到补给，最终在寒冬中饥寒交迫，被以逸待劳的俄军追杀，拿破仑大败回国。此后俄国沙皇亚历山大一世，出任反法同盟的盟主，并且以反法联军总司令的身份指挥俄军西征，直到攻陷巴黎，雄视欧洲。那时候的俄国跺跺脚，欧洲都要抖三抖。

虽然俄国在1853年爆发的克里米亚战争中被英、法和奥斯曼帝国围剿，导致稍微损伤一些国力，但俄国的底蕴太强了，英、法不相信仅仅在欧洲围堵，就能困住强大的俄国。于是英、法想在东亚选一个国家，作为自己的盟友，堵在俄国的东部。换句话说，英、法要在东亚搞均势战略。

而这个制衡俄国的盟友不能太强大，要不然崛起之后容易噬主，但也不能和非洲国家一样太弱小，那就起不到制衡的效果。经过反复考量，英、法选中了日本，不过法国支持的是德川幕府，英国则支持倒幕派。

要说法国也挺可悲的，在北美洲因为宗教问题错失良机，在日本又选中穷途末路的德川幕府，每次都坚定地走在错误的道路上。法国输给英国，真的不冤。

正因为有英国的幕后支持，才有了伊藤博文、井上馨、大久保利通等维新“志士”到英国留学，见识了日不落帝国的繁荣强盛。

也正因为这样，日本才有机会开始“殖产兴业”的工业化进程。

1873年，日本在“废藩置县”后，大久保利通制定新的土地税法，通过确定土地所有权的方式，让政府和土地发生直接联系，日本政府便有了稳定的财政收入。

而这部分财政收入，绝大部分作为国家资本，被用来投资各项国家工程。比如铺设铁路、修建公路、建立中央银行发行纸币、整训军队等。

最重要的是，日本政府投资了造船、煤矿、铜矿、军工、纺织和啤酒等20多家近代企业，并且聘请数千名外国专家，进行技术方面的指导工作，让这些企业直接成为日本的制造业标杆。在日本工业化初期，这些企业起了非常大的作用。

因为在世界工业革命的进程中，崛起越早的国家，本国资本家的力量越强，很容易对落后国家和资本进行降维打击。

而参与工业化越晚的国家，由于本国资本家的力量太薄弱，可调动的资本也不够，便容易出现保守的心态，心甘情愿做外国资本的“跟屁虫”。

因此，落后国家想完成工业化，国家用行政力量以及雄厚资本，主导一段时间的产业投资，便是必经之路。

不过，日本学习英国，但没有全盘接收，而是改造成了“修正资本主义”。

国家资本创办的企业，往往效率不是太高，这点我们都无须讳言，毕竟不用到市场里竞争搏杀，便不用追求生产效率，而资本的核心要求就是效率和增殖。

那么，在国家工业化有初步起色之后，国家资本就要退出某些领域，让相关产业进入市场竞争，然后淘汰落后产业和产能，达到资本效率的最大化。这样对国家非常有利。

于是进入19世纪80年代，日本政府把很多国有企业，低价卖给私人，培养起大量的民营资本家。其中资本最雄厚的称之为财阀，如三井、三菱等家族。

财阀的实力雄厚，很容易侵夺国家的权力，那日本为什么要培养财阀呢？

其实还是效率的问题。日本的国有企业效率不高，但问题是民间小型企业的效率也不高啊，于是为了兼顾市场和效率，日本便选择了财阀的路线。而只要把财阀绑定在国家的战车上，那些财阀的企业，其实就类似于民间的国企。

伊藤博文就和三井家族说："我们不会苛刻，贵公司可以用成本价取得煤炭，再用它发展你们的事业吧。"直截了当，一点都不含糊。

所以在世纪之交的时候，日本工业以每年5%的速度增长，远比世界平均3.5%的增长率要高。

到1900年，日本便修成5 500公里铁路，而与铁路相关的钢铁、煤炭、运输、机械制造、纺织等产业也受益良多，尤其是纺织产品，运到海外可以和欧洲产品竞争市场。

于是日本逐渐有了"亚洲工厂"的称号。

总而言之，在英国的荫蔽下，日本避免了被殖民的命运，还争取到改造国家的窗口时间，成为亚洲第一个工业化强国，也是截至"二战"前，最后一个赶上工业化列车的国家。

之所以要加个"二战"前，是因为在"二战"后，中国在苏联老大哥的帮助下，完成以156项工程为核心的初步工业化任务，这极有可能是人类历史上最后一个"弯道超车"的国家了。

因此，失败的理由千奇百怪，成功的道路极其相似，想得到世界霸权国家的认可和支持，你必须有可利用的价值，而且还要处在关键的地理位置上。

从这方面来看，每个崛起的国家，都是历史的幸运儿。

地理环境是日本崛起的重要原因，同样也决定了日本的最终走向。

作为太平洋西岸的岛国，日本属于地小物贫的国家，如果始终停留在国内，几乎没有任何前途。要想成为真正有影响力的国家，甚至是保障国内经济循环，日本都必须和英国一样，打造一支能打胜仗的军队，开拓海外的势力范围。

而在“二战”以前，丛林法则是世界各国的潜规则，只要国家的实力足够，就能到国外抢夺殖民地，其他强国非但不认为有什么不妥，反而要求分一杯羹，有钱大家赚。

在这样的时代背景下，日本开拓海外殖民地，其实是国内政治家的共识。

由于地理环境的限制，日本只有两条出路：

其一是向北进攻朝鲜，然后以朝鲜为跳板，吞并中国的满蒙地区，进而攻占华北和西伯利亚。

其二是南下占领我国的台湾，并且以台湾为基地，夺取中国的江南地区，以及东南亚的越南、泰国等国。

那个山县有朋就直言不讳地说：“朝鲜应该属于日本利益线的一部分，其重要性在于保护日本的主权线。”这个想法，类似于俄国一直追求的地缘缓冲范围，一旦出现国家安全危机，可以御敌于国门之外，而不必在本国的核心地区开战。

为了开拓海外殖民地，并且建立国家的地缘缓冲范围，日本在数十年的“明治维新”时期，资金不停地向军队倾斜。

1873 年，日本建立财政预算制度，同年就公布了第一个财政预算表。在这份财政预算表中，军费是 1 000 万日元出头，占财政总支出的 17.1%，比例相当高。而到了 1883 年，军费增加到 1 900 万日元，占财政总支出的 23.5%。

再过十年，也就是甲午战争的前一年，日本军费是 2 280 万日元，占财政总支出的 27%。短短 20 年时间军费翻倍，这速度相当恐怖了。

军费虽然暴增，但日本的财政收入却没有翻倍，1873 年的财政收入是 7 000 万日元左右，1893 年也就增长到 8 900 万日元出头一些，其中 70%以上是地税。

也就是说，日本政府把本该用到民生领域的资金，转移到了军事上，用来发展军工产业、招募士兵、培养军官等。

即便是建造通讯、运输、铁路等产业，日本的最初目的，也是用来为军事服务，比如电话电报能传递军情，铁路和公路可以运送兵员装备。

甲午战争以后，日本得到清朝 2.3 亿两白银的赔款，按照当时的汇率，相当于 3.6

亿日元,其中的3亿日元用在了军事上。而资金向军队倾斜,必然导致发展不均衡。

我们在前文说,1873年日本的军费是1 000万日元,而那年日本文部省申请200万日元来推行学区制,结果大藏省只批了100万日元,司法卿申请90万日元经费,到手只有45万日元。军费比其他部门经费的总和都要多几倍,这样的国家发展怎么可能健康?

当然了,日本搞工业化增强国力,初衷就不是改善人民生活,而是要打仗的。

那除了地理环境的制约,日本想发动战争,还有什么原因呢?当然有。

明治元勋们认为,日本屈服于欧美列强,实在太不甘心了,必须“失之于西洋,取之于东洋”,用满蒙和朝鲜的利益,作为自己屈服于列强的补偿。怯者愤怒抽刀向更弱者,说的就是日本。

不过,日本牺牲国家整体进步,起码打造出战斗力不错的陆海军,但军队成型之后,问题随之出现了——军队只听天皇的命令。

早年间山县有朋规划日军指挥系统时,刻意让军队脱离政府和国会的监督,并且设立参谋本部,直接对天皇负责。

于是日本军队成为相当独立的单位,除了天皇以外,再没有人能直接指挥军队。

这样做的好处是,军队可以避开其他干扰,保证军令畅通无阻,尤其是战争时期,军令畅通能极大提高战胜率。

但问题是,军队也需要制衡啊。当军队作为独立单位,不受政府和国会制衡的时候,日本便出现天皇一人面对整体军人的局面。如果日本天皇是战争狂人,那么天皇和军队的合体,直接就是一部战争机器。

而反过来看,明治维新时期制定的宪法,赋予日本天皇神一样的地位,拥有世俗世界的绝对权力,如果天皇不喜欢战争,军队通过巨额军费培养的实力,也足以裹挟天皇,进而裹挟整个国家发动战争。所以日本天皇和军队的关系,类似于崇祯皇帝和朝堂文官的关系。

失去政府制衡的日本军队与失去魏忠贤制衡的朝堂文官一样,对于皇帝的命令,其实处于可听可不听之间。至于什么时候听、什么时候不听,要看命令是不是符合自己的利益。

“二战”前后,日本军队独走,绝对不是偶然事件,而是地理决定的日本出路、弱肉强食的时代背景、“明治维新”时期的政权结构,共同在日本种下了荒诞基因。

肆

1914年,“一战”爆发,欧洲各国在战场上生死相搏,资金和生产力向战争倾斜,导致市场上流通的商品减少。但世界各国人民的需求是稳定的,于是便给亚洲国家送来机会。

中国在“一战”期间轻工业涨势喜人,面粉和纺织品大量出口,日本的出口额更是从14亿日元增长到68亿日元,结果国内冒出一堆暴发户土老板,即便是公司的普通白领,平均收入也比战前增长4倍。

可谓是欧洲的大炮一响,给日本送来黄金万两。

但是为满足战争期间的订单,日本大量招收工人搞生产,导致人力成本提高,进而引起出口产品的价格居高不下。

战争时期产品稀缺,市场还能容忍,等战争结束,欧美国家缓过来,直接把物美价廉的商品铺满市场,谁还要死贵的日本货啊。

于是在1920年,很多公司的市场份额减少,不得已大量裁员,紧接着便是股票跌落和银行倒闭。日本短暂的黄金岁月结束了。

经过两年时间的经济调整,日本稍微能喘口气了,又在1923年遇到“关东大地震”,东京死亡10万~20万人,城市变成一片废墟。

1927年,日本刚爬出经济困顿的大坑,还没站稳呢,由于金融系统的贷款坏账问题,台湾银行出现挤兑危机,无奈之下关门休业。

台湾银行休业了,但挤兑危机蔓延到其他银行,引起全民性金融恐慌,日本政府被迫宣布“三星期内停止所有账户往来”,准备想办法救市。

这次金融危机尚未结束,1929年的世界大萧条来了……整个20世纪20年代,日本始终处于水深火热之中,与“一战”时期的美好生活,仿佛是两个世界。

经济危机的后果非常严重。有些女工离开纺织工厂之后,为了谋生而去出卖肉体,男性白领没有出卖肉体的条件,便想回到农村生活,然而农村的经济也不景气,农民早已被高额田租折腾得苦不堪言。整个日本民怨沸腾。

日本人希望救世主降临,拯救这个黑暗的世界,顺便对自己的苦难做出补偿。

由于长久以来的舆论宣传,军队便成为日本人最佳的精神寄托,可问题是,大部分军人也来自农村，农村经济不景气，让军人也一肚子怨气。他们想来想去，觉得日本变成现在的样子，都是财阀资本家的问题。

事实上，财阀确实有问题。日本最大的八家财阀，原本就占私人资本的20%，1927年的金融危机中，这些财阀又利用雄厚的资本，低价兼并大量企业，并且逐步控制日本金融。

这么来看，日本军队的感觉并没有错。独立的政治地位、凋敝的国民经济，以及长期养成的国家主人翁意识，让日本军队产生独立的意志。

面对国家的危机，他们自愿为国家做出牺牲，如果有需要的话，也愿意做自认为能拯救国家的事。

于是日本军队接受北一辉的法西斯主义，要求日本以天皇为中心，依靠军队改革国内政治，在国外进行军事扩张，最终成为"太阳旗给全人类阳光的革命帝国。"

认定自己是正确的，他们便去实际操作了。

1928年6月，驻扎在中国的关东军暗杀张作霖，想挑起中日战争。

1931年9月，关东军的作战主任参谋石原莞尔，策划九一八事变，随后关东军鲸吞中国东北。

1937年7月，卢沟桥事变爆发，日本侵华战争进入新的历史阶段。

至此，被军队裹挟的日本，彻底走上了邪路。直到中国人民的持久战和美国的原子弹，才打破日本被军队裹挟的历史惯性，也摧毁了日本自明治维新以来的强国幻想。

伍

最后总结一下吧。

日本的地理环境，让日本成为英国的理想盟友，而数千年来深受中华文明影响却保持独立的特点，塑造了日本自卑且自傲的国民心理。

不论历史上有多少偶然和巧合，这个大方向是不会变的。

前事不忘，后事之师。我们要警惕这个隔海相望的邻国，防止未来的日本再起野心。

最重要的是，哪怕内忧外患，也不能放弃民生经济。保住了饭碗，就是保住了国运。

日本战后50年:能“买下”美国,却为何输掉国运?

壹

1945年8月15日,日本天皇发布《终战诏书》,宣布无条件投降,美国总统杜鲁门任命麦克阿瑟为驻日盟军最高司令,负责占领日本和重建工作。

既然是重建,必然有方案。按照美国的计划,要把日本彻底拆分,回到极低的工业化水平,满足衣食住行就可以了,不能有更高要求,至于大国、霸业、战争什么的想都不要想。要是真做成,日本起码倒退50年,也就没有以后的事了。

但是,半年后冷战开始,美国不想让苏联太舒服,便想把日本培养成小伙伴,放松了拆分日本的力道。紧接着蒋介石千里“转战”台湾,美国失去中国大陆的地盘,猛然发现,社会主义阵营的势力太大,必须在旁边放一条“恶犬”才行。

那么谁能做“恶犬”呢?其实也没得选,当时的东亚国家都是农业国,只有日本是工业国家,虽然技术水平不太行,但是起码能用。得嘞,就你了。于是,日本非但没有为战争付出代价,还保留了绝大部分工业实力,东芝、松下等企业到现在都好好的。而且美国为了改造日本,不仅清理了军部、贵族等旧势力,还把日本旧贵族的土地分给了佃农。

经过美国的数年改造,日本残留的封建势力逐渐消散,只留下现代化需要的工商势力。换句话说,日本可以轻装上阵了。

对比一下隔壁的中国,自强不息努力奋斗多年,依然是一穷二白的农业国,日本作为战争元凶,反而赚大发了。这到哪里说理去。

1950 年 6 月，朝鲜战争爆发，韩国李承晚的军队一溃千里，美国为了保住地盘，准备出兵打仗，但是朝鲜半岛离美国太远，后勤是一个大问题。

美国想起新收入门下的日本，整个东亚只有日本是工业国，离朝鲜半岛特别近，不如让日本来生产后勤物资吧。日本乐开花了。

随后 3 年时间，美国订单雪片一样飞向日本。沉寂多年的工厂重新运转，煤炭、卡车、钢材、毛毯等军用物资不断供应向朝鲜，每家日本工厂都赚得盆满钵满，得到继续扩大生产的能力。尤其是佳能公司的照相机镜头，得到美国记者的五星级好评，竟然以此为契机，在国际市场上击败德国莱卡相机。

在朝鲜战争期间，日本的 1 130 万失业人口大部分都重新找到工作，有了稳定收入，可以促进国内消费。于是，一个“生产消费”的经济闭环建立起来，日本经济彻底复苏。可以说，朝鲜特需是战后日本的第一桶金。

这有点像美国。

“二战”前的美国陷入大萧条不能自拔，正是欧洲国家的订单，让美国成为同盟国的兵工厂，完成地区大国向世界帝国的转型。

战后的日本经济是一潭死水，毕竟大家都穷得要死，工厂生产出来的东西卖给谁嘛。正是美国订单给日本注入资本，让日本走出战败国的阴影。

果然不是一家人不进一家门呢。经过朝鲜战争的合作，美国发现日本挺给力，对这个新收的小弟越来越满意，便开始真正扶持日本崛起。

1951 年 9 月，日本和 48 个国家在旧金山签订合约，日本承诺放弃战争年代占领的领土，48 个国家承认日本是主权国家，结束盟军占领状态。

随后美国和日本单独签订《日美安全条约》，规定日本是美国的从属国，美国可以在日本驻军和建立军事基地，而且日本的安全由美国负责。从此以后，日本投入资本主义阵营的大家庭。

这一步很关键。日本以牺牲部分国家主权为代价，完成国际身份的转型，不仅得到资本主义国家的认同，还打开巨大的商业市场。对于一个战败国来说，怎么算都是赚的。

国际问题解决了，那么日本国内的问题怎么办呢？

其实，战后的日本已经有革命的苗头了，日本社会党和共产党的声望很高，旧日本留下的资本家、财阀、政客愁得头秃，成天琢磨怎么稳定局面。

当然,美国也很发愁。重新扶持日本,就是为了遏制社会主义阵营,日本要是爆发革命,那不是白折腾吗?

于是,美国和日本保守派联合起来,然后在1955年把自由党和民主党合并起来,组成无人可以取代的日本第一大党——自民党。

自民党从1955年开始执政,直到1993年败选为止,一路执政38年。所以日本战后的几十年内,政治特别稳定。

也正是从这时起,日本用10年时间摆脱战败国的阴影,成为政治稳定、经济复苏、国际认同的国家。而这些才是一个国家崛起的根本。

贰

美国军事占领日本的时候,铲除了日本的军国旧势力,却把技术官僚原封不动地保存下来。比如“二战”时的军需省,主要负责给战争筹集军费。

救兵如救火,哪里还管什么道德和规矩,能弄到钱粮才是真的,所以军需省的权力特别大,基本可以规定企业的生产、销售和物价。

比如大藏省,明治维新以后就是日本的财政部门,专门管理财政、金融和税收的。这两个部门才是日本的经济核心。但是在美军清算战犯期间,日本有20多万人被开除公职,唯独商工省和大藏省完好无损,把之前的一套班子保留下来。

是的,军需省已经改名为商工省了,后来又改名为通产省,不过马甲可以经常换,但工作依然是对民间企业发号施令。

所以在讨论战后经济恢复的时候,日本很容易采用“倾斜生产方式”,也就是用政府的强制命令,把资源集中起来,投入煤炭和钢铁产业。煤炭和钢铁是工业的爹娘,只要煤和钢恢复起来,便能提供原材料,让重工业和轻工业逐步恢复。

日本还设立“复兴金融金库”,专门给企业提供设备和资金,没过几年,日本经济就逐渐好转。

没有战后几年的资源倾斜恢复生产,日本不可能接住“朝鲜特需”的大礼包。

朝鲜战争结束以后,日本人开始向往洗衣机、冰箱、电视等“三大神器”,类似于中国20世纪70年代的自行车、手表、缝纫机,属于结婚必备产品。人民的需求就是经济的驱动力。为了满足人民对三大神器的向往,工厂开始玩命生产家电,进一步带动钢铁、电力、机械制造等产业。而且要把家电送到消费者手中，一定要有配套的交通，于是公路、铁路、港口等基础设施也开始建设。就这样，一条产业链带动日本的工业化进程。

那么，有一个问题，“二战”前的日本工业并不发达，和欧美国家差几十年呢，怎么“二战”后的发展就这么快呢？其实也很简单。

日本做了美国的小弟，便有了资本主义阵营做靠山，那可都是几百年的老牌发达国家，要技术有技术，要市场有市场，日本只要舍得花钱，什么都能买来。所以日本的办法就是引进技术。而资本主义国家为了让日本放心看门，也愿意把成熟的技术卖给日本，毕竟是生意嘛，不寒碜。

据统计，日本在 1954—1975 年引进技术 16 000 多项，其中一半来自美国。日本用这些引进来的技术，投资了家电、钢铁、电力、石化、电子等一大批含金量很高的产业，逐渐完成工业技术的更新换代。比如 1953 年的最大钢铁高炉容量只有 1 000 立方米，1973 年已经扩大到 4 600 立方米，世界容积最大的 10 座高炉里，日本占了 7 座。

说到这里，我都有点眼红了。日本用强制计划的方法，引进西方国家的先进技术，然后在国内开办工厂，生产商品，再卖给日本和欧美人民，简直是一条龙服务。而且日本的安全由美国负责，基本不用把财政投入国防和军队，可以集中精力搞建设，也就是“轻军备、重经济”的吉田路线。这要是还不发达就见鬼了。

战后 30 年间，日本国民生产总值增长 11 倍，平均每年增长 10%，甚至在 1968 年的时候，日本就超过联邦德国，成为资本主义世界第二经济强国。

其实话说回来，日本的 30 年高速发展阶段，也是有原因的。日本是一个后发工业国，和美国等发达国家有很大差距，只要把国内的各种问题理顺，再花钱引进技术，日本就会有极大的成长空间。毕竟 80 分到 90 分很难，但是 10 分到 80 分相对容易很多。进步快源于起点低。

中国也是一样的。改革开放的时候，中国虽然有工业基础，但基本是农业国家，通过各种招商引资和技术引进，中国走了近 40 年的高速发展进程。最近几年的 GDP 增长慢下来，本质上是技术红利吃完以后，成长空间缩小导致的。现在中国已经做到 80 多分，再想往上走就要啃硬骨头，想和前些年一样高速增长，不现实嘛。

而且“二战”让世界经济退步很大，不论日本还是欧洲，都是在废墟上重新建国，这又是一种从10分到80分的过程,做什么事情都能赚到钱。

类似于中国古代的农民起义一样,通过乱世争雄,把贵族和农民拉到同一条起跑线上,只要有枭雄扫平天下,王朝的前一百年都是“充话费”送的。

日本赶上历史的进程,把技术差距和国内红利玩到极致,才成为“二战”后发展最快的国家。但是巅峰之后就是悬崖。美国不允许日本这么牛。

叁

1973年10月,第四次中东战争爆发,阿拉伯产油国家宣布,对支持以色列的国家实施石油禁运,并且提升石油价格。

战争爆发10天,每桶石油从3.02美元提升为5.12美元,2个月后又涨到11.65美元。短短2个月涨价4倍,这还怎么玩啊。

美国汽车的油耗很大,美国做了几十年世界大哥,没心没肺的日子习惯了,可是石油涨价太厉害,搞得美国人也不敢乱开车。

日本的石油完全依赖进口,阿拉伯产油国家一涨价,日本就抓瞎,每天晚上灯都不敢开,电梯也不敢用,日子过得很苦。

为了缓解能源危机,日本鼓励科技人员改进汽车技术,争取用最少的汽油,跑最长的里程。没想到,还真搞成了。

日本科技人员利用微电子技术,控制发动机燃料喷射,并且开发出新型发动机,让汽油的燃烧状态达到最佳,不仅节能,还减少有毒物质排放。从此以后,日本车成为节能减排的标杆。

消息传到大洋彼岸,美国人都疯了,汽油都快加不起了,还开什么大排量的车啊,肯定是什么车省油开什么。

很快,日本车成功占领美国市场,行驶在美国的大街小巷,那年头美国人要是没有一辆日本车,都不好意思和人打招呼。

1980年,日本汽车产量超过美国,成为世界第一。

随着日本汽车的崛起,半导体、机电等产业也超越美国,在全世界的眼中,日本才是明日之星,美国已经没有未来了。

日本人也是这么想的。他们再也不是低眉顺眼的战败国了,而是发达的工业国家，不论走到哪里，都能看到日本制造的工业品。

海量外汇从美国和欧洲流向日本，繁荣着日本经济，也给日本人编织起一个大国的梦想。“我们有钱，应该是世界的主人。”

日本人手里握着钞票，出国旅行都像战神归来一样。

而且经济发达可以产生文化自信，不仅日本人感觉本国制度和文化是最优秀的，欧美人也觉得，日本的制度真好啊，文化贼先进。要是日本的制度和文化不好的话，为什么经济这么发达？你倒是给我说出个理由来啊。说不出来吧，那就承认好了。于是，日本不甘心只做经济发达的国家，它想以经济实力为根基，追求世界大国的地位。

那时候的日本报纸经常报道“美国霸权地位崩溃”“21 世纪是太平洋的时代”“21 世纪是日本的时代”等新闻，要么就是美国坐不住了，日本要雄起。

1982 年，中曾根康弘出任日本首相，明确表示，要从经济大国走向政治大国。

1990 年，外务省事务次官栗山尚一提出，要建立欧美日的三级体制，共同领导世界。

日本甚至想成为联合国安理会常任理事国。也就是说，日本想和美国平起平坐。

美国怒了，扶持日本是用来看门的，现在居然想“翻身农奴把歌唱”？再说世界市场是有限的，日本对美国的贸易常年顺差，1980 年甚至扩大到 69.59 亿美元，这还得了，美国企业喝西北风去啊。如果日本不能认清自己的地位，那么美国来教日本“做人”。

于是，美国到处给日本挑毛病，不是这里的标准不合格，就是那里的技术有问题，实在不行就威胁美国安全了。

从钢铁到家电、录像机、汽车、半导体等，日本在每个领域都被美国搞，要么罚款，要么退出市场，日本头都大了。

不过，这些只是开胃菜，美国真正的杀招在后面。大战一触即发。

肆

1944 年 7 月，44 个联合国成员国在布雷顿森林开会，决定各国按照固定汇率和美元兑换，上下浮动不得超过 1%。而美元和黄金挂钩，一盎司黄金兑换 35 美元，1 美元兑换 360 日元。

这个体系玩了很多年,大家都挺习惯的,但是随着“二战”后美国黄金外流,美元越来越不能保证兑换到黄金,大家对美元的信心越来越差。终于在1971年8月,尼克松宣布停止美元和黄金兑换,固定汇率制瓦解,此后几年,世界各国逐渐采用浮动汇率制。

对于日本来说就是日元迅速升值,原本1美元兑换360日元,现在成了1美元兑换250日元。换句话说,以前的日元价值是被压低的。

当初美国为了扶持日本,便把日元价值定得很低,导致日本出口的产品成本不高,特别有竞争力,所以日本才能在短短20年内成为出口大国。

使用浮动汇率以后,日元升值,其实是回到与经济地位匹配的正常水平。

一般来说,日元升值必然对出口有影响。但我们之前说了,当时正好处于石油危机,日本研究出了节能汽车,让产业竞争力增强,反而化解了日元升值的影响。于是日本玩命生产,一股脑地卖到美国,日本数钱数到做梦都笑醒。

偏偏美国的经济又不景气,甚至有一些衰落的迹象,和日本的贸易常年逆差,便想让美元贬值,增加产品出口的竞争力。

时间进入1985年,美国和日本、联邦德国、英国、法国在纽约广场饭店签署协议,决定5国联手干预外汇市场,大量抛售美元,造成美元贬值,也就是让其他国家的货币升值。

但是,美元贬值并没有挽救美国,该赚不到钱还是赚不到钱,贸易赤字一如既往。而日元升值,带给日本的影响却大了去。广场协议签订3个月以后,日元升值到200日元兑换1美元,1987年更是升值到120日元兑换1美元。日元升值的最大影响,是造成制造业产品的成本增加,出口到外国,再也没什么竞争力了。

举个例子。日本生产一个苹果的成本是1日元,那么以前1美元可以买到250个苹果,日元升值以后,1美元只能买到120个苹果了。

对于美国人来说,就是日本苹果涨价了,而且是翻倍地涨,美国人很快就失去苹果自由,再也不买日本苹果了,所以日本苹果卖不出去只能烂在地里。

我们用苹果举例,其实说的是工业品。日本制造业就是苹果树,如果产品不能出口到国外,国内市场又消化不掉,最终结果就是企业赚不到钱,工人没有收入。

换句话说,日元升值造成制造业萧条。

日本政府发现问题,准备力挽狂澜。从1986年开始,日本在两年内连续5次下调基准利率,最低时候只有2.5%,放出大量货币涌入市场,希望用“大水漫灌”的方式,刺激日本经济。

可是,日本政府的放水没什么用。日元升值已经让制造业赚不到钱了,稍微有脑子的人,都不用政府放出来的钱投资制造业,他们只会投资保证赚钱的产业。所以政府放出来的钱都流入股市和房地产。

因为日本几十年来快速发展,给人们一种“明天会更好”的错觉,他们感觉日本会永远繁荣下去,甚至会成为世界第一大国,现在买什么都是捡漏,将来肯定能大赚一笔。比如东京的房地产,虽然现在涨得很厉害,但以后的价格更高,反正制造业已经黄了,赶紧买房子吧,买到就是赚到。

比如股票,日本人认为哪家企业有前途,便去买那家企业的股票,希望企业壮大以后发一笔横财。

结果就是房地产和股市的价格飙升。

1987年1月,东京土地价格比一年前上涨23%,一年后土地价格又上涨65%,土地价格上涨带动房价上涨,人们用10年工资才能买一套房子。

1983年,日经平均股价是8 000日元,到1989年底已经涨到38 915日元,短短6年翻了近5倍,这些股价拼凑起来的日本企业市值,占世界的45%。

日本企业的市值占世界一半,这不是“扯淡”吗?但日本人就信了。甚至连日本政府也说,土地价格上涨只是正常升值而已。说到底,这就是一种国家和民间的共识。

大家都相信日本国运昌隆,投入房产和股市的钱就越来越多,而且人和人之间也有共识:其他人都相信国运昌隆,我买的房子、股票一定能找到接盘侠。

所以日本的泡沫越吹越大,大到卖掉东京土地,就可以“买下”美国。但是共识如水,这东西太虚幻了,一旦有风吹草动就破灭了。到那个时候,泡沫也就到了崩裂的时刻。

伍

1989年12月,三重野康出任日本银行总裁。

此人对日本泡沫非常不满意,认为人一辈子买不起房子是不正常的,所以必须抑制土地价格,让普通人也能买得起房子。他的理想很丰满,手段很激烈。

第二年开始,三重野康上调银行基准利率,达到6%,要把房产和股市里的钱收回来,不让日本人炒房、炒股了。

三重野康很成功,日元迅速流回银行,但结果就是贷款买房的人资金链断裂,挖下的大坑怎么都填不上,为了减少损失,大家都在抛售房子。

这就又回到之前说的共识问题。大家相信房子会涨价,其实是相信国运昌隆,土地会升值,而自己买房之后也能找到接盘侠,只有大家都这么想,房子才会涨价。现在有人在低价抛售房子,说明已经不这么想了,也就是说,房子只涨不跌的共识破灭了。

一个人抛售带动一百个人抛售,紧接着大家都在抛售房子,原价卖不出去就打8折,8折还卖不出去就3折……日本房产市场彻底崩塌。

既然房产崩塌,那么泡沫也就戳破了,股市崩塌是很自然的事情。1995年,大藏省公开承认,日本的银行不良资产余额高达40万亿日元。

说到底,房子和股市没有人接盘的话,永远是纸面财富。只有兑现了,才是自己的。

泡沫崩塌以后,辉煌了50年的日本一夜回到解放前,那个“三极之一”的大国梦想,只能在午夜的梦里重温。日本回想起曾经的光辉岁月,不禁暗含泪水。

现在有种说法,意思是“广场协议”是美国的阴谋,核心目的是要搞垮日本,不让日本有机会成长为大国。其实这是以结论推导原因了。

“广场协定”对日本有很大的影响,但肯定不是日本衰落的最终原因,真正让日本吹起泡沫然后崩塌的,是日本放水的骚操作。

联邦德国也签署了“广场协议”,可是联邦德国严格控制货币供应量,并且不用通货膨胀来刺激就业和经济增长,于是就没有和日本一样,造成多余的货币没地方去,只能涌向房产和股市。而且联邦德国的出口特别分散,所有西欧国家都是联邦德国的贸易对象,电器、汽车、机电等产品都可以做生意。

日本不一样,它的出口大头依赖于美国市场,还是以机电产品为主。

鸡蛋放在一个篮子里,相当于把命门送到美国手里,不过日本也没有办法,它的命运在1945年的时候已经注定了。

日本的荣华富贵只是过眼云烟。而联邦德国硬扛下来了,两德统一后主导了新德国的进程,到现在都是欧洲的经济担当。所以啊,打铁必需自身硬。只要自己做得好,什么大风大浪都不怕。

贸易和国运

壹

公元747年，大唐安西副都护高仙芝奉命西征。

他带领步骑兵一万从安西出发，三月后抵达葱岭西北的连云堡，连云堡地势险要、易守难攻，一旦攻破前路便是一马平川。

先锋大将李嗣业提刀上阵，一刀下去人马俱碎，唐军用半天时间攻克连云堡，大唐步骑继续向西进军，直到活捉小勃律王返回安西才罢休。

3年后，高仙芝再次亲率唐军攻破车师国、石国和突骑施，并且把石国国王带回长安斩首，至此大唐军威、声望远播西陲。

然而石国王子跑了。他思来想去，发现大唐在西域基本没有对手，连豪横的吐蕃都被大唐追着打，能帮他报灭国之仇的，只有西方的阿拉伯帝国。

于是石国王子玩命向西跑，对阿拉伯人说："不是想要地盘吗，跟我走，我带路。"

正好阿拉伯人(阿拔斯王朝，也称黑衣大食)处于开疆拓土的巅峰，在他们眼中，帝国边疆是永无止境的，走到哪里算哪里。

公元751年，高仙芝听说石国王子请来救兵，决定主动进攻先发制人，而石国王子和阿拉伯军队也在向东进军，双方最终在军事重镇怛罗斯(今哈萨克斯坦南部塔拉兹附近)相遇。

高仙芝以为，胜利永远是属于他的。可惜这次是意外。高仙芝和阿拉伯军队苦战五天，打得不分胜负，就在此时，大唐的小弟葛逻禄部突然反叛，与阿拉伯军队一起围攻唐军，唐军大败。

高仙芝带来3万军队，能回到安西的只有数千人，其他2万唐军一部分战死沙场，一部分被阿拉伯帝国俘虏。

这些西行的俘虏中，有一个人叫杜环。杜环出生于京兆杜氏，与诗人杜甫、杜牧都是同族亲戚，属于大唐顶级的世家子弟，本来只是想到西域混军功的，谁知道被俘虏到阿拉伯去了。人生啊，就是这么大起大落。

当时的阿拉伯帝国比较开明，根本没有处决异教徒的说法，阿拉伯军队把大唐俘虏送到巴格达之后，有一技之长的工匠被安排了任务，杜环这种文人便可以自由活动。

此后12年间，杜环游遍阿拉伯帝国全境，还跟随使团从耶路撒冷出发，到达非洲的埃及、埃塞俄比亚、苏丹和摩洛哥，与西班牙隔海相望。

正是12年的漫长游历，杜环见到一个不同于大唐的阿拉伯帝国。

杜环漫游12年，大开眼界。他把在异乡的见闻详细记录下来，并且整理成一部书，取名为《经行记》[①]。公元762年，杜环在埃塞俄比亚坐船，回到阿拉伯帝国的中心波斯湾，然后乘坐商船向东行驶，经过马六甲海峡，当年夏天回到广州。

贰

为什么杜环能坐船回到广州呢？因为贸易。

自从中国开拓丝绸之路以来，中国和罗马算是接上头了。欧亚大陆两边的国家做生意做得飞起，但是中国和罗马离得太远，那时候又没有快递，不可能直接转账交易，于是就需要一个中介。

对，那个中介就是阿拉伯和波斯国家。

中国作为制造业大国，把丝绸、漆器、茶叶等物品卖给他们，他们再把中国产品倒腾到欧洲，利润往往能达到几十倍。说白了，那就是些二道贩子。

到了唐朝以后，大家感觉丝绸之路不够用，估计是单车道容易堵车吧，正好航海技术发展起来，又在南海到波斯湾之间，开辟了一条海上贸易线。

① 原书已失传，部分内容被杜佑在《通典》中引用而得以保留至今。

海上贸易线的中国起点是广州，经过马六甲海峡、苏门答腊岛之后进入波斯湾，最后从陆上运输到巴格达。除了一部分用于阿拉伯帝国的消费，其他商品都被重新打包卖到了欧洲。

“安史之乱”以后，大唐逐渐失去西域的控制权，宋朝和明朝又没能力收回来，除了元朝的90年里，其他时间陆上丝绸之路是断的。所以欧亚大陆后期的贸易线集中在海上，贸易线经过的城市和国家，几乎都富得流油。

比如广州的关税是30%，阿拉伯帝国的关税长时间维持在35%左右，哪怕关税这么高，阿拉伯商人的利润也不会低于50%。

于是，欧亚大陆就被贸易分成三块：中国、阿拉伯、欧洲。

阿拉伯帝国作为贸易中介，可以买家和卖家通吃，几百年来赚得盆满钵满。

国际贸易的繁荣，反过来又促进了阿拉伯国内的繁荣。巴格达修建了庞大的建筑群，帝国农村有完善的灌溉系统，撒马尔罕生产纸和玻璃、朱尔生产玫瑰水……不论农业或者商业，阿拉伯帝国都有资格骄傲。还有，此时巴格达已有100万人口，而大航海之前的伦敦只有4万人。

而且人有钱就容易开明。伊斯兰教是阿拉伯帝国的国教，但伊斯兰教不仅不处决异教徒，还允许基督教和犹太教自由生存。

为什么会有这么强烈的变化？经济基础决定上层建筑嘛。只要经济基础雄厚，人会变得特别自信，哪怕有人冒犯也可以一笑而过：“呵呵，不必计较。”

公元830年，哈里发麦蒙在巴格达建了一座天文台，然后在附近建了一座智慧馆，这个智慧馆是专门翻译外国学术的。学者们在智慧馆夜以继日，把希腊文、波斯文、梵文的经典著作，全部翻译成阿拉伯文，极大丰富了阿拉伯帝国的学术领域。

欧亚国家用几百年时间才积累的学术知识，阿拉伯帝国的学者们，仅仅用几十年时间就完全消化了。

后来希腊文化在欧洲绝迹，欧洲人都不知道有希腊这回事，直到把阿拉伯的经典书籍翻译成拉丁文，才知道欧洲的历史多么牛。

再加上阿拉伯人控制着海上贸易，他们的航海术、造船术、天文学等方面都很先进，甚至有详细的海图和地图。

换句话说，只有阿拉伯人才能在欧亚大陆自由行走。这不是人生巅峰是什么？

但巅峰之后往往就是抛物线的拐点。

叁

公元1258年,蒙古军队攻破巴格达,阿拉伯帝国灭亡。

经过一段时间的休养生息,相当于中国明朝的时候,几个伊斯兰国家相继崛起。比如莫卧儿帝国征服印度、波斯人的萨菲王朝统治伊朗、奥斯曼帝国攻入君士坦丁堡以后,渡过多瑙河,兵临维也纳城下。

欧洲人吓坏了。奥斯曼帝国偏又封锁黑海地区,不允许欧洲商人进入亚洲做生意。

陆上丝绸之路不仅中国这边断了,欧洲那边也断了。也就是说,中国和欧洲困在两边,谁都联系不上谁。

中国倒是没什么,反正地大物博,土地里种什么长什么,不做生意也能活下去,大不了就是穷点而已。所以中国人对于少卖钱,意见也不是那么大。欧洲就不一样了。欧洲多山,农业也不发达,美洲土豆传入欧洲以前,欧洲本地的农业很难养活欧洲人。于是,现实环境逼着欧洲人出海贸易,只有用本地的特产外出交易,才能换回必要的生活品。

早在希腊和罗马时代,欧洲商船就在地中海溜达,把东边的货物运到西边去,把西边的东西运到东边来。

出海远航是欧洲人的传统。

现在陆上贸易被封锁,欧洲人被奥斯曼帝国困在大陆的最西边,喊破嗓子都没人搭理,怎么办?

欧洲人只能想办法出海,打破垄断,和东亚国家直接碰头。

哼,挤掉中间商,不就是可以了吗?

1415年,葡萄牙的亨利王子俘虏了一些穆斯林,发现了一个秘密,原来穆斯林一直在非洲进行象牙和黄金贸易。亨利王子眼红了,尝试派船队出海寻找盛产黄金的地方,经过艰苦尝试,葡萄牙人打通了非洲西部的航路。

1492 年，伊莎贝拉女王统一西班牙，然后叫来哥伦布："去发现和获取汪洋大海中的岛屿和大陆，去吧。"

伊莎贝拉女王

（图片来自百度百科。）

地理大发现的历史进程开始了。很多年后，欧洲人向西开拓了美洲大陆，获得数不清的资源，极大增加了生存空间。向南打通非洲航线，然后绕过好望角进入印度洋，直接和生产香料的东南亚、生产丝绸、茶叶和瓷器的中国接头。

既然生产商和消费者直接沟通了，那么中间商，也就没有存在的必要了。

“下南洋”

壹

在蒸汽轮船出现以前，人类要出海贸易，必须利用季风和洋流。

人类能去哪里，要看季风和洋流去哪里。

大西洋的季风和洋流能贯通欧美非洲，所以欧洲在一千多年前，就有人漂到北美洲捕捞鳕鱼，到哥伦布发现“新大陆”以后，更是发展出欧美非三角贸易，开启了殖民世界的时代。

而东亚的季风和洋流分两路，一路是横渡太平洋到美洲，另一路是到东南亚。

但是在人类认知不发达的年代，想横渡太平洋到完全陌生的美洲，显然是天方夜谭，基本不可能做到。于是中国商人出海贸易，最佳选择便是利用季风和洋流到东南亚，然后作为中间商，要么收购货物运回中国贩卖，要么转卖给阿拉伯商人，让这些阿拉伯商人做二手中间商，把商品卖到欧洲。

在这样的大背景下，中国商人在唐宋年间，便开始在东南亚地区活动。宋朝学者朱彧在《萍洲可谈》里说：“北人过海外是岁不还者，是谓住番，并有十年不归者。”

所谓住番和十年不归，其实就是中国人移民东南亚了，不过那时候中国的人口较少，移民数量不大，这些移民基本与当地女性结婚生子，融合到东南亚本地人口中了。

到了明朝中后期，随着大航海贸易的进程，华人移民东南亚的速度开始加快。1596 年，荷兰人到爪哇时就发现：中国人村庄有很精美的住宅，村落用结实的栅栏围起来。中国人多是商人,但也有中国人是种植胡椒和水稻的农民。农商结合,华人移民在东南亚生活得很滋润。

19 世纪,全世界人口大爆发,中国人口也飙升到 4 亿。

人口数量暴增,土地数量的增长却有限,不可避免地出现“人多地少”的矛盾,于是中国人开始自己找出路。

北方人靠山吃山,有的拖家带口去东北“闯关东”,有的去“走西口”做生意,福建和广东人则靠水吃水,离开故土“下南洋”去了。

由于福建和广东的移民人口数量庞大,他们到了东南亚以后,不必再和先辈们一样改名换姓,而是根据祖籍地域聚居在一起,分成潮汕人、广府人、闽南人、客家人等,建立起大量华人村庄。

于是呢,东南亚的华人移民开始家族化和乡土化,繁衍出近代东南亚华人这个庞大的群体。

贰

华人移民东南亚以后,经过多年的苦心经营,逐渐形成稳定的人际关系和贸易网络。欧洲殖民者也发现了这一点,开始利用华人移民。

因为欧洲殖民者是带着枪炮而来的,能征服东南亚国家的土地和民族,但由于人口太少,治理起来就比较困难,想作为殖民地进行经济剥削更是难上加难。

要达到目的,欧洲殖民者必须寻找盟友,一起发财的同时,顺便做他们的白手套。

华人移民稳定的人际关系和贸易网络,正好契合了欧洲殖民者的需求。

欧洲殖民者尤其满意的是,相比东南亚本地人来说,华人移民也是人口稀少的群体,只有社会关系却没有社会基础,与华人移民结盟根本不用担心华人移民背叛。

而华人移民是求财的,也需要强硬势力的保护,并且提供安全的经商环境。于是双方一拍即合。

有枪炮的欧洲殖民者,成为东南亚地区的最高层,有社会关系的华人,移民成了东南亚地区承上启下的中层,那些原生的本地人则阶层掉落,成了东南亚地区的最低层。至此,东南亚地区基本形成泾渭分明的社会结构。

既然是结盟，肯定有具体的分工，总体来说，欧洲殖民者向华人移民分配了贸易中介权和包税权。

以印度尼西亚为例。华人移民利用人际关系和贸易网络，一方面低价向本地人收购农产品，然后转卖给荷兰殖民者，供其运回欧洲销售，另一方面购买荷兰和其他欧洲殖民者的工业品，然后转卖给本地居民。这样在两头买卖，价差便是华人移民的利润。

包税权是荷兰殖民者对各种税收和专卖采取招标承包的办法，给出价最高的商家承包，但在实际招标的过程中，华人移民基本是唯一的投标人。

于是印度尼西亚各地的农业税、商业税、进出口税、赌场税、鸦片税等，都由华人移民承包下来，按照中标的数额上交荷兰殖民者，剩下的便归自己所有。

理论上，承包税收是正经生意，但在实际操作的时候，包税人想赚到丰厚的利润，必须用一切手段压榨，才能在纳税人身上榨到足够的油水，满足上层殖民者的指标，也满足自己的利益。

于是在印度尼西亚，实际上形成了荷兰殖民者和华人移民越来越富、当地居民越来越穷困的局面。

东南亚的其他国家也差不多。所以在 1804 年的时候，马来西亚的华人移民有 5 000～6 000 人，其中一半人有房产、土地等产业，即便是从事捕鱼、农业、木匠等职业的华人，也能在市场上得到丰厚的收入，远超同层次的本地人。

到了 1900 年左右，越南的华人移民几乎垄断了大米和日用消费品的流通，资本总和相当于越南零售业的 2/3，而印度尼西亚的华人移民垄断了制糖业，他们开办的糖厂占印尼所有糖厂的 95%以上。

殖民者之所以愿意让渡利益，主要原因是转嫁矛盾。因为向华人移民让渡了利益，殖民者便不用脏自己的手而稳固统治赚取利润的同时，还可以向本地人表达一种意思：你们过得这么惨，和我们没关系。

在这样的分配模式下，有些本地人对华人移民并不友好。

不过，欧洲殖民者才是东南亚地区的唯一统治者，华人移民和本地人都属于被统治阶层，属于同病相怜，所以在整体族群的概念上，本地人和华人移民的关系也不差。

也可以说，在欧洲殖民者统治时期，本地人和华人移民的阶级问题，掩盖了经济问题。

叁

“二战”结束以后，东南亚各国的局势发生了大变化。

随着反法西斯战争的胜利，第三世界的国家和人民受到鼓舞，出现强烈的反殖民浪潮，于是英、法、荷等欧洲殖民者的殖民地被拆分，传统的殖民势力表面上退出东南亚，东南亚各国获得表面上的独立。

国家独立了，但取代欧洲殖民者做统治者的，自然不是人口占少数的华人移民，只能是人口占多数的本地民族。

那些东南亚的国家，原本是三角型社会结构，欧洲殖民者是统治者，华人移民和本地人是被统治者，现在随着欧洲殖民者的退出，三角型社会结构变成了华人移民和本地人的二元型社会结构。

这种社会巨大变化的后果，便是华人移民和本地人的阶级友谊破裂，转化成统治者和被统治者的关系。而华人移民作为被统治者，偏偏还掌握了大量的社会财富，其规模远比20世纪初期更庞大。

在菲律宾，华人移民控制了零售业的40％、米业的80％、烟草业的70％、金融业的80％，资本占菲律宾资本总额的20％。

在马来西亚，华人移民垄断了银行、百货公司、旅馆、剧场……拥有1/4的橡胶产业，此外华人移民的外贸额占马来西亚外贸总额的80％。

在泰国，从对外贸易到农村零售，几乎都掌握在华人移民手中，七大银行有五家是华人移民的。

在印度尼西亚，华人移民经营的商业机构有19万家，遍布钢铁、水泥、金融、农业、纺织、餐饮等领域，是极其重要的一支商业资本力量。

掌握了这么雄厚的资本，华人移民的人口是多少呢？很少，普遍不到各国人口的5％，更有甚者只有1％的人口规模。

华人移民这么少的人口，这么雄厚的资本，还是被本地民族统治的群体，简直就是“小儿怀金行于闹事”，招人恨啊。

于是东南亚各国为了重塑国家的民族性，也为了重新分配社会财富，便不约而同地推出限制华人商业、扶持本地资本的政策。

某些东南亚国家的政策，基本都是针对华人移民的。而且由于华人移民以中文为纽带，组建起非常多的社团和帮派，东南亚国家在限制华人经济规模的同时，也出台限制华文学校的政策，不允许华人移民说祖先传下来的母语，准备一举拆分华人移民的人际关系。

所以“二战”结束后的20年间，除了极少数上层富豪以外，东南亚的大部分华人移民只能惨淡经营。

肆

就这样到了20世纪60年代，那些东南亚国家也折腾得差不多了。正好美国卷入越南战争的漩涡，为了方便就近获取战争物资，也为了转移国内的落后产业，便开始向越南周围的菲律宾、印度尼西亚、马来西亚、泰国等国家进行产业转移。

这些东南亚国家，顺利坐上了经济直通车。

但美国进行产业转移是一回事，东南亚的国家能不能接住是另一回事。这些国家的领导人看了一圈发现，华人移民的经济基础不错，人又勤劳肯干，想接住美国的产业，还得依靠华人移民啊。

此外，以美国为首的外资进入东南亚国家，首选也是和懂经营的华人资本合作，合资开办工厂或者跨国公司的子公司。

于是被打压拆分了二十多年的东南亚华人移民，在20世纪60年代后期又重整旗鼓，成为“二战”后新政权的辅助阶层，以及国际资本和东南亚国家的中介人。

在这样的背景下，郭鹤年[①]等华人富豪，在原有的经济基础上逐渐崛起，进入世界富豪的第一梯队。

当然了，既然是与新政权合作，那么出现商人和政客勾结的事，也是在所难免的，因为不是这篇文章的主题，我们就不多说了。

不过，凡事都有两面性。

一方面是华人移民重新占据了相当份额的经济产业，那么作为东南亚国家的少数人口，显然是一件很危险的事，历史已经给过教训了。

---

① 马来西亚华人企业家，1923年出生于马来西亚柔佛州新山市，有“酒店大王”和“亚洲糖王”之称，2021福布斯富豪榜以126亿美元位列全球富豪第171名。

于是那些在历史的进程中经商成功的富豪，不再和前辈们一样，把鸡蛋放在一个篮子里，而是借助经济全球化的东风，在世界各国布局产业，遍地开花。

比如郭鹤年的产业就不都在马来西亚，新加坡、泰国、中国、印度尼西亚、澳大利亚等国家，都有他的产业。

至于中下层华人移民，基本都是三四代移民了。他们对大陆祖籍的记忆已经模糊，为了避免可能到来的危险，便加入居住国的国籍、改信伊斯兰教和天主教、学习英文和方言等，主动开始民族融合。

另一方面，没有彻底同化却又被认为富可敌国的华人移民，在某些国家遇到社会危机和经济危机的时候，便又成了政府转移矛盾的工具，而受害者几乎都是经济实力不强的中下层华人。

华人原来是欧洲殖民者转移矛盾的工具，后来成了东南亚某些国家转移矛盾的工具，真是应了那句话：民变在即，便掠之于商。

从这个意义上讲，东南亚华人的命运，和犹太人是一样的。

伍

历史上犹太人的命运悲惨，除了放高利贷遭人恨以外，最大的问题是，犹太人的背后没有一个强大的祖国。

东南亚的华人移民总是被针对，本质上也是因为当时背后没有强大的祖国支持。

1740年的时候，荷兰殖民者在巴达维亚城制造了（即印度尼西亚雅加达）屠杀万名华人移民的“红溪惨案”，荷兰殖民者担心影响东印度公司和中国的贸易，便在第二年派遣使者和中国修好。

乾隆皇帝却说：“莠民不惜背弃祖宗庐墓，出洋谋利，朝廷概不闻问。”

东南亚华人移民做依附于欧洲殖民者的中介商，实在是逼不得已，没办法，但凡清朝给力一些，东南亚就是华人移民的天下了。所以后来东南亚的华人移民也清楚，祖国强大，自己才有地位。

近代中国沦落，东南亚华人移民很有危机感，纷纷出人出钱支援祖国。比如抗战刚爆发，陈嘉庚便成立“马来西亚新加坡华侨筹赈祖国伤病难民大会委员会”，亲自出任主席，筹款 1 000 万新加坡币，送回祖国支援抗战。到了改革开放的时候，东南亚的华人移民富商纷纷回国投资，带来大量外汇和产业，这里面有分散风险的意思，但回报祖国的情怀，肯定也是其中的重要因素。

陈嘉庚

（图片来源：百度百科。）

老一辈东南亚华人其实是热爱祖国的。现在中国的国力起来了，对东南亚那些依然热爱祖国的华人移民，肯定也是有力的支持。

犹太民族颠簸史

壹

我们上学的时候，都学过《威尼斯商人》。

莎士比亚在这部戏剧里，写了富商安东尼奥和巴萨尼奥的友情、巴萨尼奥和鲍西娅的爱情，以及安东尼奥和犹太商人夏洛克的金钱纠葛。最后所有人的结果都是喜剧，只有犹太商人夏洛克是悲剧，落得凄凄惨惨戚戚。

文学演绎的背后，是深刻的社会问题。

莎士比亚写《威尼斯商人》是1596年前后，可见那时的犹太人已经非常遭人恨了，要不然，莎士比亚也不会用犹太商人做反面人物。

我上学时读完课文也不理解，犹太人为什么遭人恨？如果是极个别犹太人行为不端，那也就算了，但是从古至今犹太人都是反面形象。而且每次遇到社会问题，都要爆发排犹、屠犹的事。犹太人被全世界嫌弃，肯定有犹太人自己有问题，背后也有深刻的历史根源。

现在各种文艺作品都把犹太人描绘成苦情的白莲花，好像犹太人无缘无故受了数千年的折磨，但这种宣传手法经不起推敲。我们把犹太人的历史变迁，和中国的历史对照起来看，基本就明白了。

数千年前，摩西带领族人出埃及，回到巴勒斯坦定居生活，摆脱了做奴隶的日子。随后便是大卫王崛起，击败周边部落，建立起以色列王国，定都在耶路撒冷。

这个时间和“周武推翻商纣”差不多，但周武王建立起绵延八百年的周朝，以色列王国要说有多强大，其实也谈不上，充其量是小种族建立的小国家。类似的国家，亚欧大陆有成百上千。

大卫王死后，犹太人最崇拜的所罗门王继位，建造了圣殿，带领以色列王国进入全盛时期。但这个所罗门王和商纣王似的，个人能力非常强，晚年却挥霍无度、奢靡成风。

结果所罗门王死后，以色列王国便分裂了，北部的十个部族成立以色列王国，南部两个部族，由所罗门王的儿子继续统治，称为犹大王国。

从此以后，犹太人的悲惨历史就开始了。

公元前 722 年，亚述帝国击败以色列王国，大量犹太人被流放。

公元前 586 年，犹大王国被灭，所谓的“第一圣殿时期”结束，犹太人被俘虏到巴比伦，成为巴比伦之囚。

随后波斯帝国崛起，解放了犹太人，并且赠送他们钱财物资，让他们回到故乡生活，潜台词就是，受了波斯的恩惠，要效忠波斯啊。犹太人便回到故地，开创了所谓的“第二圣殿时期。”

等亚历山大灭了波斯，犹太人做了希腊文明的臣民。罗马帝国崛起，犹太人就成了罗马的部属。

总而言之，周围有大国崛起，犹太人便要寄人篱下，一旦大国衰落，犹太人便朝秦暮楚，想办法在夹缝里求生存。

犹太人觉得，他们的祖先太悲惨了，总是被人欺负。但问题是，在数千年前的蛮荒时代，这就是弱小种族的宿命，和犹太人同时期的种族大部分被灭了，他们也没机会诉苦啊。

如果把犹太人和以色列放到中国，其实就是春秋战国时期的宋、蔡、徐、薛等小国家、小部族。

只不过这些国家部族在中原地区，很快被强国兼并，然后迎来了秦汉大一统。

而以色列在亚欧非交界地区，属于兵家必争之地，周围又是波斯、埃及、罗马等地区性强国，不管哪国占了以色列，都只能作为边疆地区。

那么国家爆发战争或者衰落的时候，以色列和犹太人便有了骑墙的机会。

骑墙的次数多了，总免不了被灭几次族。

公元 66 年，也就是中国的东汉年间，犹太人起义反抗罗马。经过数年战争，犹太人起义被罗马血腥镇压，并且摧毁耶路撒冷，在罗马修建了纪念胜利的凯旋门。

公元132年，犹太人再次起义，结果又被罗马镇压，近60万犹太人被杀。罗马皇帝也怒了，给你们生存的机会，可惜你们把握不住啊，那就不要在耶路撒冷生活了，迁徙到欧洲来吧。

这种迁徙种族的做法，与秦国迁12万富户到咸阳、赵国迁中山国人到陕北类似，基本没什么区别，属于大国对小国的常用做法。

至此，犹太人成为没有国家的种族。

贰

迁徙到欧洲以后，犹太人的身份是罗马帝国臣民，而不是公民，属于罗马帝国的二等人，类似迁居到东汉境内的匈奴鲜卑。

虽然是二等人，但犹太人的日子还可以，远远没有传说中那么惨烈。犹太人可以和其他种族一样种田，也可以经营手工业和商业，除了政治地位差一些，日子其实过得不错。

但是在正常生活之外，犹太人信仰犹太教，自称是“上帝唯一选民”，认为其他种族都不如他们，不能和犹太人平起平坐。

而在种族人口方面，犹太人也留下缝隙，凡是信仰犹太教的人都可以做犹太人，除了父系血统以外，犹太母亲生下的孩子也属于犹太人。于是，散居欧洲的犹太人，非但没有被其他种族同化，反而可以用宗教和生育持续壮大种族人口，甚至让所有犹太人有了“高贵”的道德光环。

犹太人也不愿意融入其他种族，坚信自己是上帝选民，总有一天要回到祖先生活的“应许之地”，重建以色列。

如果说犹太人离开以色列的命运是被历史改变的，那么以后的颠簸命运，其实是被自己改变的。

不融入就不融入吧，犹太人开心就行。但历史的车轮滚滚向前，不会因为犹太人的倔强而停止。

公元3世纪，罗马和东汉几乎同时分裂，军阀混战连绵不休，随后又因为全球气温降低，草原游牧民族纷纷南下，中国进入“五胡乱华”时期，罗马等来了“蛮族入侵”。

北欧蛮族原本有“主民客民”的说法，也就是来自异乡的客民，必须有自己的保护人，那些没有保护人的客民，则是任何人都可以攻击的对象。

他们攻陷罗马城池以后，原来的罗马人民，便成了北欧蛮族的客民，要向蛮族主民交纳高额赋税，以及随时听候调遣，敢不听话随时大刀伺候。这种习俗，后来称之为“日耳曼约法”。

作为迁居罗马的臣民，犹太人自然是蛮族统治下的客民，和其他罗马人民一起给蛮族提供服务。但是随着时间推移，时代又变了。

北欧蛮族没什么文化，想治国又必须有文化，他们开始翻检罗马帝国留下的文化传承，找来找去，发现基督教蛮好，北欧蛮族便皈依了基督教。

而长达数百年的乱世，也让底层人民没有安全感，为了寻求心理慰藉，底层人民也信奉了基督教。

基督教逐渐笼罩欧洲大地。于是，以基督教为媒介，北欧蛮族和罗马人民逐渐融合起来，成为不分彼此、相亲相爱的一家人。那么原来的罗马人民，也就成了蛮族国家的主民。

中国也是同样的历史进程。游牧民族进入中原以后，不可避免地受到儒家文化熏陶，那些骑马执刀的部落领袖，甚至比某些汉人士大夫都懂孔孟之道。以儒家文化为媒介，中国开始民族大融合。到了南北朝后期，江南士大夫到北方出差，都被震惊了，本以为洛阳是胡虏腥膻之地，没想到文教繁盛尤过江南。

然而欧洲的民族大融合，最尴尬的就是犹太人。

原本犹太人和罗马人民都是客民，现在放眼欧洲各国，其他人都成了主民，只有固守犹太教的犹太人是客民。于是欧洲各国的种族问题，从蛮族与大多数人对立，变成大多数人与犹太人对立。作为极少数顽固分子，大家不欺负犹太人，还能欺负谁？更何况，犹太教和基督教有着不可调和的矛盾。

犹太人说自己是上帝唯一选民，那基督教徒就要说了，如果犹太人是上帝唯一选民，我们算什么？

要让自己更有合法性，与上帝更亲近一些，那就必须消除犹太人的合法性。于是欧洲各国降低犹太人的政治地位，舆论上把犹太人描绘成魔鬼，经济上不允许犹太人种田。就这样，种族问题和宗教问题成为犹太人在中世纪的第一道枷锁。

想挣脱枷锁也可以，放弃犹太人的身份，融入欧洲大家庭就行。但是对“应许之地”的执念，以及犹太教道德光环的加持，让犹太人不愿意放弃自己的身份，反而为了在夹缝里求生存，更愿意以犹太人的身份抱团取暖。

叁

既然和主流社会格格不入，犹太人便不能从事正常职业，尤其是做官参军更是对犹太人关闭大门。犹太人能做的，也只有经商了。

他们以犹太教为精神纽带，以散落欧洲各地的犹太社区为支点，做一些倒卖贩运的生意，常年奔波在四条贸易线上：

其一是中亚的地毯、宝石等奢侈品，经犹太人之手，绕过里海和黑海，运到欧洲各国销售。

其二是埃及等非洲国家的特产，被犹太人用大船装载，横穿地中海运到欧洲，然后销往各国。

其三是通过水陆两条贸易线，把穆斯林收购的东南亚香料，转运到欧洲，有的犹太人甚至亲自驾船到东南亚收购香料。

其四就是欧洲各国的短线贸易。

由于犹太人有宗教和种族的加持，比其他商人更加团结，很快便掌控了数条贸易线的主导权，成为商业社会的主流，每做一次中转贸易都能赚到丰厚的利润。而且在做生意的过程中，犹太人依赖宗教和社区，形成一张遍布欧亚非大陆的贸易网络，不管走到哪里，都能找到贸易伙伴。于是中世纪的犹太人，成了富人的代名词。

现在都说犹太人聪明睿智，天生就会做生意，其实哪有什么“天生的”，不过是犹太人被逼上绝路只能做生意。

只有会做生意的犹太人才能活下来，那些不会做生意的犹太人，都被历史淘汰了。

有了钱就能改善生活，保证经商成功的犹太人更健康。

有了钱就能投资教育，让子孙后代对世界有起码的认知，虽然不能保证超越大多数人，却能提高后代成才的下限。有了钱就能培植人脉关系，让自己和子孙后代的道路更加顺畅。

这样来看，那个时代的欧洲各国人民，几乎不可能与犹太人在商业上争锋，所以中世纪的犹太人，更像是有精神信仰、有贸易网络、有技术经验的商帮。

自古以来，权力和财富是一体两面的。权力是高高在上的红花，需要财富做绿叶点缀。财富是世俗生活的基础，也需要权力来保证安全。

权力和财富的最佳搭配，最顶尖的肯定是权财都有，既能发号施令，又能享受生活，例如中国古代的皇帝和权臣，如今欧美各国的资本家。

次一级是有权无财，例如欧美国家的事务官，实现理想也好领取工资也罢，反正能做事尽量多做事。

再次一级的是权财都无，即平民百姓，起码能保证安全，平平淡淡过一生。

最悲催的搭配是有财无权，在这种搭配模式里，财富没有权力做保护伞，等同于待宰的肥羊，只要位高权重者愿意，随时能抽出刀来割肉。半生辛苦，到头来给他人做了嫁衣裳。中世纪的犹太人，就是这种有财无权的。

他们通过庞大的贸易网络赚到巨额财富，却因为政治地位低下、游离于主流社会之外，导致犹太人的财富没有保护伞，成为欧洲权贵随时可以切割的肥羊。既然如此，不宰你宰谁？再加上宗教问题和种族问题，排犹、屠犹简直是势在必行。

以英国为例。1188 年，金雀花王朝的亨利二世征萨拉丁税，英国人是按照财产的 1/10 缴纳，共计 7 万英镑。而占人口极少数的犹太人，按照财产的 1/4 缴纳，共计 6 万英镑。可见英国犹太人的赋税多么重，积累的财富多么丰厚。

随后继位的约翰一世，经常找各种借口欺负犹太人，要么没收犹太人的社区土地，要么随便烧犹太人的房子，要么把犹太人抓起来要赎罪金。至于是什么罪名，约翰一世不知道，犹太人更不知道，反正就是找你要钱而已。

到了 1253 年的时候，亨利三世颁布《反犹法令》，规定犹太人必须为国王服务，如果不愿意的话，那就离开英格兰。

所谓的为国王服务，其实就是做国王予取予求的储钱罐。

那除了政治正确以外，犹太人被排斥屠杀，有没有底层人民同情呢？要知道近代以来与犹太人没有任何关系的人，都会因为“排犹屠犹”而怨恨希特勒。

其实没有，英国人根本不同情犹太人。因为犹太人赚钱之后，逐渐做起高利贷生意，也就是脱实入虚，不愿意费心费力地给底层人民提供商品了，而是用钱生钱，赚快钱。

据一份留下来的资料记载，1159—1163年间，有个英国人缺钱，便向犹太人借款91英镑6先令8便士，但利息就高达51英镑8先令5便士，超过一半以上。

这么高的利息，大部分借款人是还不上的。

那么借条到期之后，犹太人就以欠款为由，等价收走借款人的土地、房产、牲畜等生产资料。越放高利贷，犹太人越富，底层人民越穷。

现在国王"排犹屠犹"，英国人高兴都来不及，哪有工夫心疼犹太人，那不是"咸吃萝卜淡操心"吗。

英国如此，欧洲其他国家也差不多。经济不景气的时候，国家便拉拢犹太人做生意，繁荣市场；财政缺口较大的时候，国家高层和底层便联手反犹，一来收缴财富补充国库，二来发泄底层民众的不满情绪。

1182—1321年，法王就4次驱逐犹太人，又4次颁发特许状请回犹太人，有时候还把特许状有效期设置得很短，这样就能收一笔延长特许状的特别费用。

从这个层面来看，犹太人其实是中国古代地主豪商的角色，欧洲权贵"排犹屠犹"类似于嘉靖帝逼死沈一石，底层人民"排犹屠犹"类似于农民起义。

犹太人的生意经，让他们成了和平时期的权贵"取款机"，危机时期的国家"减压阀"。

肆

中世纪的犹太人，本质上是依附型种族。因为没有祖国，他们可以四处迁徙流动，因为固守犹太教，他们又可以建立起超越国界的经济、人脉网络。

正是有了以上两个条件，犹太人才能经过一次次屠杀，又一次次站起来，生命力强如"打不死的小强"。

但是，时间进入近代，犹太人开始反客为主了。因为大航海开始以后，资本主义在欧洲崛起。既然是资本主义，那就是资本为王的时代，被欧洲各国逼着经商的犹太人，终于赶上了时代的风口。

随着东亚的丝绸、瓷器、茶叶等商品进入欧洲，犹太人依赖遍布欧亚大陆的贸易网络，不论是亲自出海贸易，还是在欧洲做中转，都能赚得飞起。

最典型的就是沙逊家族。19世纪初期，沙逊家族已经是巴格达富商，为了躲避屠杀，他们家一路迁移到印度孟买，成立了专门做国际贸易的沙逊洋行。

此时英国为了挽救贸易逆差，开始向中国输出鸦片，而英国的重要鸦片产地就是印度。于是沙逊家族参与到英国对华的鸦片贸易中，赚到数不尽的财富。

沙逊家族的触角一度伸到中国来，在上海、广州和香港设立分行，向中国输出鸦片和棉纺织品等。1929 年落成的上海沙逊大厦，曾经号称是“远东第一楼”，著名的上海和平饭店就在那里。犹太人和中国的距离其实并不远。

而犹太人的放高利贷传统，自然最适合开银行，于是近代犹太人的银行分布世界各地，普通人存钱和商人贷款融资，都要与犹太人的银行发生关系。中国人最熟悉的犹太银行家，就是因《货币战争》出名的罗斯柴尔德家族。

贸易和金融两手抓，站在风口上的犹太人，已经拥有左右政府决策的能力了。

而犹太人的重要据点是德国。

1871—1910 年间，德国犹太人口达到 61.5 万，占德国总人口的 0.95%，大部分居住在法兰克福、汉堡和慕尼黑等大城市。

犹太人口虽然不多，但是最富裕的 100 个德国人里，就有 30 个是犹太人，其中最富裕的犹太人就是罗斯柴尔德家族，其次是门德尔松、奥本海默、西蒙等家族。

即便没有进入富豪榜的犹太人，经济实力也很强。阿尔伯特・巴林经营着 172 艘远洋轮船，总吨位超过百万吨，航线能到美国、拉美和东亚。埃米尔・拉特瑙则创办了德国通用电气公司（AEG），这公司现在还在呢。

而在整个社会层面，犹太人学生占大学法律和医学专业的 25%，哲学专业的 34%，职业教师的 27%，高级司法人员的 30%，职业律师的 10%。

可以说经过贸易、金融和工业革命的催化，犹太人在德国的阶层普遍跃升，一般情况下，可以主导各个领域的发展方向。这样强大的犹太阶层，在关键时刻爆发的能量，足以改变德国的命运。

伍

19 世纪末期，犹太复国主义运动兴起，世界各地的犹太人觉得：历史上“排犹屠犹”屡次发生，主要原因是犹太人没有自己的国家，依附于其他国家生存，现在犹太人有了主导各国走向的经济实力，是不是能重回以色列建国了？

于是逐渐有犹太人回到巴勒斯坦定居，到1914年，巴勒斯坦就有8.5万犹太人，占总人口的12%。

犹太人的回归，让统治巴勒斯坦的奥斯曼帝国很不爽。

1914年"一战"已经爆发，参加同盟国的奥斯曼帝国，也担心犹太人勾结英、法、俄等协约国，从内部颠覆国家。那年12月，奥斯曼帝国便开始驱逐犹太人，关闭他们的学校，查封他们的报纸，禁止一切犹太复国主义的活动。但犹太人的复国希望，恰恰是奥斯曼帝国的盟友——德国。

因为在欧洲大国里，德国的实力属于第一梯队，如果复国能得到德国的帮助，那就成功一半了。而且犹太人在德国势力强大，他们希望游说德国，帮助他们完成复国的心愿。

可能是为了表现自己的诚意，也可能是希望在德国有更强的话语权，近10万犹太青年参加了德国军队，帮助德国开疆拓土。犹太人的企业也积极生产，给德国军队提供后勤保障。

既然犹太人给德国出力了，那德国胜利之后，是不是要回报犹太人？

而德国也确实需要犹太人。一方面是俄国境内有数百万犹太人，德国认为释放善待犹太人的诚意之后，可以争取到俄国境内的犹太人，增加战胜俄国的筹码。另一方面是美国境内的犹太人，非常同情德国的处境，德国想争取美国的犹太人，进而游说美国政府，让美国政府改变战争立场，最好能和德国站在一边。

所以驱逐犹太人的事情发生之后，德国也顾不上盟友奥斯曼帝国的心思，动用最强硬的外交渠道，反对奥斯曼帝国驱逐犹太人。奥斯曼不敢得罪强大盟友，便取消了驱逐令。

对于德国的立场，全世界的犹太人都非常高兴。犹太复国主义的官方刊物表态说，德国必将解放被压迫者，犹太复国主义的出版物全力支持德国，大多数犹太领袖相信德国必胜。

德国的犹太学者弗朗兹·奥本海默更直接，说德国的战争是神圣的自卫战争，为了真理、法律、自由和世界文明，同反动、黑暗的沙皇俄国及其帮凶英、法进行斗争。

看看这些话，说得多么热情。

但犹太人注定要失望了。因为德国要帮助犹太人的话，便要得罪重要盟友奥斯曼帝国，而如果和奥斯曼帝国站在一起的话，就要辜负犹太人。

这是骑虎难下的局面。德国想来想去，还是觉得战争最重要，犹太人可以先冷落一下，便没有正式支持犹太人的复国运动。

既然德国不支持犹太复国，那犹太人为什么要支持德国呢？于是在“一战”末期，犹太人对战争的热情消退，大量犹太人和政府反对派走在一起，发起数百次罢工运动，犹太人的工厂则不生产军用物资，作为对德国政府的回应。

德国靠不住，犹太人怎么办呢？其实疏离德国之后，犹太复国组织立刻和英国联手，定下“依靠英国复国”的战略目标，并且开动宣传机器，在舆论上支持英国攻击德国。

犹太人先支持德国，没有满足诉求又“黑”德国，反正好话坏话都被他们说尽了。

英国要拉拢犹太人，也和犹太复国组织合作，宣传“支持犹太人重返巴勒斯坦”的外交战略。犹太复国运动的中心，从柏林转移到伦敦，犹太人便和英美站在一起，再也没有分开过。

德国在内外交困之下，自然是输了战争，沦为“一战”的战败国。从此以后，德国人对犹太人就有了心理阴影，说犹太人背叛了德国，在战争的关键时期上演“刀刺在背”，德国战败都赖犹太人。

这是“一战”后德国反犹的起因之一，也是“二战”时纳粹德国屠犹的源头之一。不了解这些弯弯绕，就不明白德国为什么恨犹太人。

而抱上英美的大腿，犹太人自然一路顺风。“一战”结束以后，奥斯曼帝国逐渐走向瓦解，巴勒斯坦地区则被国际联盟委托英国管理，随后英国便支持了犹太人的回归浪潮。

1931 年，犹太人口已经占巴勒斯坦的 17%，到了 1947 年末，巴勒斯坦地区有 60 万犹太人，占人口总数的 1/3，但是只占有 6%的土地。

1948 年 5 月 14 日，犹太人宣布建立以色列国，在联合国的决议下，直接占了巴勒斯坦地区 56%的土地，正式完成复国的愿望。

没有英国的支持，犹太人不可能顺利回到巴勒斯坦地区；没有美国的支持，以色列建国的决议不可能在联合国通过。

陆

20 世纪初期，复国运动是犹太人的一条主线，移民美国则是另一条支线。

早在南北战争的时候，美国就有15万犹太人，经过欧洲移民不断登陆美国，以及“二战”“反犹屠犹”的推动，“二战”结束以后，美国犹太人便有近500万。

与以前一样，美国犹太人的数量虽少，但“含金量”很高，在各行各业都有很高的话语权。所以“一战”时期的德国，想用支持犹太人的方式，改变美国的战争立场。

所以“二战”后美国迅速承认以色列，杜鲁门都说了，我必须对成千上万个迫切希望犹太复国主义胜利的人负责，在我的支持者中，并没有成千上万个阿拉伯人。

换句话说，犹太人在重建以色列之外，继续依附寄生于美国，通过影响美国来支援以色列，通过以色列和犹太人的悲情故事，来要挟美国政府。

这两条线交汇在一起，便是“二战”后犹太人的生意经。犹太人当然是成功的。

他们有内部协助的商业传统，也有传承多年的商业网络和人脉，经过在美国的百年发展，到20世纪80年代，犹太人已经控制了皮毛、娱乐、电子、石油、钢铁等重要经济领域。

金融方面更不用说，美联储主席格林斯潘和量子基金的创始人，都是犹太人。已经破产的雷曼兄弟公司、并入花旗银行的所罗门兄弟公司，其创始人也是犹太人。如此强劲的实力，以至于美国有“犹太人控制华尔街”的说法。

而以脸书创始人扎克伯格、谷歌创始人拉里·佩奇、谢尔盖·布林为代表的犹太人，则控制了美国的媒体，引导着国家的舆论走向。

罗斯福总统的财政部长亨利·摩根索、尼克松总统的小伙伴亨利·基辛格，则是以犹太人的身份进入政界，直接制定政策引导国家走向。

犹太人对美国的渗透和依附，比以前在任何国家都要成功。

那么美国犹太人，便要动员美国支持以色列。那些竞选美国总统的候选人，如果不表态支持以色列，几乎都选不上。即便当选总统，如果违反了犹太人的意志，大概率不能连任。

先是杜鲁门为了犹太选票承认以色列，后有尼克松当选总统之后，把对以色列的援助从3亿美元提高到6.4亿美元。

而福特要求以色列和阿拉伯国家合作，解决常年冲突的问题，最终被美国犹太人放弃，把选票和资金送给吉米·卡特。

美国犹太人一次次的运作，无不是宣示自己在美国的力量，给自己塑造了一种“战无不胜”的形象：不要惹犹太人，更不要惹以色列。

而动员美国支持以色列的同时，犹太人又在电影、杂志和媒体上，不断讲以色列和犹太人的悲情故事，强化了美国支持以色列的合理性。就以好莱坞电影来说，那些反“二战”、同情犹太人的电影，往往能获得较高的票房以及电影节的大奖。

经过数十年的宣传灌输，同情犹太人成为美国的政治正确，甚至在世界上都是不能碰的铁律。这种软文化的反作用力，又固化了美国犹太人和以色列的政治地位。

犹太人以自己做媒介，把美国和以色列捆绑在一起。所以除了地缘政治以外，美国和以色列在法理上，也是牢不可破的亲密战友。

现在的犹太人，通过渗透依附于美国，终于从寄人篱下的弱小种族，走到世界食物链的最顶端。但我觉得，犹太人的故事还没有结束。

讲个小故事吧。魏晋到隋唐的时候，中国处于门阀士族时代，门阀成员进可以入朝做官，退可以回乡割据自治，家族的数十万亩良田是地方的经济基础，耕种田地的佃农是随时可以动员起来的兵员。

可以说，国家政治、经济、军事的主导权，都在各地门阀士族的手里。

因为分散在各地，门阀士族才能趋利避害，即便打烂一“坨”还有另外一“坨”。因为掌握地方实权，门阀士族才能争取朝廷地位，真正控制国家的上层建筑。但是到了唐朝，随着乱世结束国家统一，幸存下来的门阀士族陆续放弃祖业，迁徙到长安和洛阳附近，一来能享受一流的教育资源，二来能和朝廷亲近，随时打听到高层动向。于是，门阀士族和朝廷深度绑定在一起。分散在地方的时候，虽然和朝廷的捆绑不深，但能疏导危机、长久生存。集中在朝廷和河洛地区，倒是近水楼台先得月了，但是朝廷出现危机的时候，门阀士族也要承受大厦倾倒的负担。所以魏晋以来数百年不倒的门阀士族，经过安史之乱、黄巢起义对长安和洛阳的洗劫，再也没有翻盘的能力，只能随着唐朝的衰落而衰落。公元 905 年，黄河畔的白马驿，军阀朱温杀了三十余名门阀士族大臣，把他们的尸体扔到黄河里，让清流永为浊流。站在食物链顶端的门阀士族，基本退出历史舞台。

……

阿富汗为什么是“帝国坟场”

壹

在自然地理条件下，总会出现一些兵家必争之地。

例如，东北和华北之间的山海关，陕西和河南之间的函谷关，连通太原和长安的河东地区等，都在千年历史上爆发过惊天动地的大战，见证了历代王朝的兴亡。而在整个欧亚大陆的版图上，这个兵家必争之地便是阿富汗。

数千年来，欧亚大陆上每个富强起来的国家，想要挣脱地理对国家的制约，进入更宽广的世界，都要出兵阿富汗，和其他大国在阿富汗搏杀。

为什么阿富汗如此特殊呢？

从地理上来看，阿富汗处在欧亚大陆的正中间，属于四极的正中心位置，与河南在中国的位置差不多。

这样的地理条件，让阿富汗成为欧亚大陆的政经中转站，在没有飞机的古代世界，不论是各国的外交使节，还是在丝绸之路上贸易的商队，阿富汗都是必经之路。

1978 年的时候，阿富汗和苏联考古队在席巴尔甘就发现了 6 座古墓。经过科学考证，考古队员们发现，这 6 座古墓是公元前 1 世纪左右的，距今两千年。里面的 2 万件陪葬品，包括罗马的金币、伊朗的金银币、印度的象牙梳子、汉朝的连弧文铜镜。

公元前 1 世纪，距离张骞出使西域不过百年，丝绸之路便昌盛起来，阿富汗也成为欧亚大陆两大帝国的贸易中转站。

而在阿富汗内部，连绵的兴都库什山脉横贯东西，占据了阿富汗的大部分国土面积。那些山脉之间的沟壑和关口,在军事上属于易守难攻的地方。于是阿富汗便有了军事要塞的属性。

哪个国家占领阿富汗,就可以阿富汗为跳板,在东南西北方向扩张势力范围,要是哪个国家占领不了阿富汗,那就被其他国家堵在家门口了。有了这么重要的政经和军事地位,阿富汗自然也就成了兵家必争之地,国际局势的风向标。

关于这一点,现代学者们看得很明白。英国地理学家麦金德说:“谁控制了欧亚大陆的心脏地带,谁就控制了世界岛。谁控制了世界岛,谁就控制了世界。”

所谓欧亚大陆的心脏地带,便是伊朗、阿拉伯、哈萨克斯坦等国组成的中西亚地区,而其中最有战略价值的,便是位于欧亚大陆正中间、政治经济军事意义极大的阿富汗。

贰

这样的地理环境,导致数千年的阿富汗历史就是一部被侵略的历史。

公元前6世纪,波斯帝国的居鲁士大帝便征服阿富汗,作为帝国的东部边疆要塞。

200年后,亚历山大大帝东征,灭了波斯帝国之后兵临阿富汗,并以阿富汗为支点,北上攻取乌兹别克斯坦境内的撒马尔罕,南下越过开伯尔山口,攻掠印度,建立起横跨亚欧非的亚历山大帝国。

再后来,匈奴被汉朝连续扫荡,在草原上活不下去,被迫经阿富汗西迁。唐朝设立波斯都护府,和阿拉伯帝国争锋。蒙古灭了花剌子模,随后占领阿富汗,得到继续西征的战略支点。

到了近代,阿富汗由欧亚大陆东西大国博弈的交汇点,变成陆权国家和海权国家夺取世界霸权的交汇点。俄国要得到印度洋的不冻港,建立印度洋的海陆霸权,阿富汗便是必经之路。而英国要保护印度奶牛,就要遏制俄国南下的脚步,那么桥头堡也是阿富汗。阿富汗就在英俄的争夺中艰难求生。

“二战”以后,美国取代英国的地位,成为世界海权国家的代表,苏联取代俄国的地位,成为世界陆权国家的带头大哥。

于是苏联数十年如一日地经营阿富汗,为了彻底掌控阿富汗,不惜出兵打了一场侵略战争。

到苏联解体以后，美国以“9·11”事件为借口，在阿富汗打了20年仗，其目的无非是以阿富汗为战略支点，威慑中俄和五个斯坦国。

既然阿富汗是兵家必争之地，那么各大国的竞争必然非常激烈，其土地上的政权更替，远比稳定的地区要快得多。简单说就是，阿富汗就不可能被某个国家或势力长期占领。所以各国势力你方唱罢我登场，阿富汗城头变幻大王旗，阿富汗，也就有了帝国坟场的名号。

叁

对于阿富汗来说，众多强权势力来来往往，也摧毁了这个国家的根基。

那些随着各国势力进入阿富汗的人口，有的把阿富汗当成驿站，稍微停留便迁走了，有的则定居在阿富汗。人来人往、停停走走，造成现代阿富汗的人口结构特别复杂。

这里面有属于地中海人种的普什图人、有突厥和蒙古混血的哈扎拉人、有来自伊朗的俾路支人，他们在语言方面使用印欧语系。此外还有乌兹别克人、土库曼人，他们用的是突厥语系。

人口结构这么复杂的国家，治理起来就非常有难度。而且兴都库什山的沟壑纵横，又把这些复杂的人口，切割成分散的小型部族。这些部族的独立性很强，谁都不服谁管，要是有强敌入侵，可以暂时团结起来抵御强敌，如果是在暂时的和平年代，这些独立分散的部族便要争夺利益。

在这样的社会环境下，人民对于国家的概念是很模糊的，他们天然的效忠对象就是部族，以及部族的头领。

60 年前,印度有一次逆天改命的机会

壹

1889 年,尼赫鲁生于印度的婆罗门家庭。

尼赫鲁的祖上是克什米尔著名学者,有次受到莫卧儿帝国皇帝接见,便把他带到德里,进入莫卧儿帝国的权力圈子。此后 200 年,虽然家族随着印度国运跌宕起伏,但尼赫鲁的祖父依然是德里市长,父亲是印度最杰出的律师之一。

尼赫鲁生在这种家庭,基本是在蜜罐里长大的。其他印度小朋友在贫困线挣扎的时候,尼赫鲁早已不用为生计发愁,甚至不用去学校读书,因为有家庭教师专门教他。全班就一个学生,第一名和最后一名都是他。

1905 年,尼赫鲁到英国留学。他先到哈罗公学读书,仅仅用 2 年就完成学业,紧接着进入剑桥大学三一学院,3 年后又得到学位证书。别人需要 10 年读完的课程,尼赫鲁只用 5 年就完成了。从这个速度来说,他简直是天才。

正是在英国,尼赫鲁学到一种理论叫"费边主义",这种理论特别讨厌各种激进的社会革命,讲究用经济和宪政方式,温和地实现社会公平,并且要把资本主义和社会主义结合起来,共同为国家和人民服务。

不过此时的尼赫鲁年轻气盛,不愿意和老头子一样安稳度日,没有完全接受"费边主义",他还在寻找更激进、更彻底的理论方法。

而最激进的方法只存在于苏联。1927 年,已经出任国大党总书记的尼赫鲁访问苏联,和几年前的蒋介石一样,他立刻被苏联的红海洋震惊了,有个声音对他说:

“向苏联学习吧，只有社会主义才能救印度。”

“好。”

尼赫鲁回到印度之后，转型成为国大党的左翼领袖，在国大党会议上提出一系列激进主张，要把印度改造成社会主义国家。

从历史地位来说，印度国大党类似于中国国民党，尼赫鲁类似于蒋介石，这样的党想搞社会主义，怕不是开玩笑吧。

尼赫鲁执意改造国家，谁劝都听不进去，甘地甚至准备损失尼赫鲁同志了。国大党的幕后大佬们也在《印度时报》发文：“尼赫鲁想毁灭现存社会和经济结构的思想很危险，群众有可能被引入歧途，国家也会因此分裂，最终阻碍实现自治政府。”

印度的地主、买办等既得利益集团太庞大，国大党的战斗力又不行，要是没有既得利益集团的帮助，国大党恐怕一天都活不下去。这种局面还想打土豪分田地，别开玩笑了。

经过国大党幕后大佬的车轮战，多年后的尼赫鲁被彻底改造过来，不得不放弃原汁原味的苏联模式，向现实低头。

那么印度该怎么办呢？尼赫鲁回想起“费边主义”，突然灵光一闪，这不就是折中的方法吗？

把社会主义和资本主义结合起来，既不得罪国内的实力派，又能增强国家实力，实在是太优秀了。换句话说，尼赫鲁把外国理论和印度实际相结合，找到了一条适合印度走的路。

1947年，印度独立，尼赫鲁出任总理，开始带着印度向“有声有色的大国”出发，方法就是“资本主义的政治＋社会主义的经济。”

贰

尼赫鲁绝对是印度最伟大的人物之一。

如果按照尼赫鲁的路子走下去，印度肯定不是现在的样子，不管经济发展到什么程度，起码能成为一个正常国家。

如果没有尼赫鲁，按照甘地那种砸碎机器、回到小农经济的做法，印度恐怕要退回农业社会了。

尼赫鲁的成败，其实就是印度的国运。凭良心说话，刚独立的印度其实还可以。

英国殖民印度的时候，一直奉行“分而治之”的策略，设立了 20 多个直属印度总督的省，其余 565 个邦由世袭王公统治。

这样一来，英国有实力驾驭印度王公，印度王公为了保持地位，必须向英国俯首称臣，而且为了让印度王公都乖乖听话，英国还到处挑拨离间。最终，所有印度人都拜倒在英国的皮鞋之下。

印度独立以后，尼赫鲁的第一步就是合并省和土邦，毕竟有点脑子的人都知道，分裂的国家是没有前途的。

尼赫鲁明确告诉土邦王公：“要么单独加入，要么集体加入，印度联邦就在这里，谁不来找我，我就去找他。”

短短一年时间，印度建立起甲、乙、丙、丁等 29 个省(邦)，其中 8 个乙等邦的邦长，就是原先的世袭王公。

有些不愿意加入印度联邦的土邦，基本被军队铲平了，血腥得一塌糊涂，说起来都是泪。

1956 年，尼赫鲁又把 29 个省(邦)合并为 14 个省、7 个直辖区，并且取消王公任邦长的制度。

这个时候，印度才正式成为统一的国家，而不是自古以来的地理概念。

真正统一之后，尼赫鲁在印度搞土改。

早年间的英国为了收税方便，把大片土地分给包税地主(柴明达尔)，让他们把 90％的土地税交给英国，剩下 10％算是劳务费。

从 1950 年起，尼赫鲁政府就敦促各邦立法，要求废除包税地主制度，作为补偿，可以给他们留点土地，安心做个没有理想的小地主就行。

经过几年操作，印度政府支出 67 亿卢比，在 38％的土地上废除包税地主制度，收回 1.73 亿英亩土地，直接管理 2 000 万农民。

1961 年起，印度又颁布土地持有最高限额的法令，规定地主只能持有限额数量的土地，多出来的部分要由政府赎买，差不多就是台湾土改的翻版。

最后印度各邦得到 567.8 万英亩，支付了 223 亿卢比。

不过，印度土改也到此为止了。那些通过市场购买土地的地主，尼赫鲁基本动不了。

但是尼赫鲁比蒋介石强的地方，是建立起“一杆子捅到底”的基层组织。

不管中国或者外国，由于生产力的限制，农业时代都是皇权不下县，导致政府的动员能力很差，只有工业革命提升生产力之后，政府才有能力在基层建立组织，实现收税和征兵两开花。

可以说，政府的触角能否到达基层，代表这个国家的实力强弱。

尼赫鲁动手了。他命令县以下的农村成立评议会，负责农村的行政事务，和中国的村委会差不多。

到20世纪60年代中期，全国56万个村已经有52万成立评议会，占农村人口的85%，每100个村为区，成立5 200个区评议会，这些区评议会又组成400多个县。

这么整合起来，印度再也不是散装的印度，已经有非常可观的发展潜力了。

除此之外，尼赫鲁收拢军队让文官治军、改革印度的官员制度、废除种姓制度以及政教分离，铁了心把“独立自主的民主共和国”写入宪法，并且实行议会民主制度，文盲占人口75%的印度人民，终于有了投票权。

经过尼赫鲁的改造，印度起码有了现代国家的骨架。

那什么是肌肉？经济啊。

英国不是殖民印度200年嘛，退出以后留下大量邮电、港口、军火等企业，还有5.47万公里铁路、134.7万吨/年的钢产量、600万产业工人。

这可比中国的“一穷二白”强太多了，尤其是铁路，1985年中国的铁路才达到5.5万公里，超过印度建国时的水平。

尼赫鲁政府把这些产业接收过来，改造成印度的第一批国营企业，然后在壮大国营企业的同时，扶持民营企业，实行国营和民营并行的“混合经济”。

虽然是混合，但也有主次之分。由于基础工业、军工企业、重工业、交通运输等项目投资大、收益少，而且处于国家经济的上游，私人资本没有实力参与，尼赫鲁也不愿意国家命脉握于私人之手，就把这些领域划到国营范围。经济下游和不重要的领域，可以交给私人资本经营。

于是，政府既有能力控制宏观经济的发展，又能保证社会财富的公平分配，还不影响国家经济的活力。

其实，尼赫鲁时代建立的企业，大部分都是国营的。还是不忘社会主义的初心啊。

原本印度的工业基础就很好，再加上美国、苏联、英国的资金技术援助，尼赫鲁在1951—1966年间，雄心勃勃地制定了3个五年计划，要把印度的肌肉丰满起来。

放眼世界，凡是使用社会主义计划经济的国家，初期发展势头都很猛烈。印度也一样。

3个五年计划期间，印度经济年平均增长速度为4%，人均收入增加了9%，甚至除日本以外，一般工业生产水平比亚洲、非洲、南美洲的国家都要高。印度已成为工业比较发达的国家。

而中国工业化还在起步阶段。

此时的尼赫鲁有开国领袖的威望、改造国家的能力、发展经济的加持，可谓握着一手好牌，不禁想起“大印度联邦”蓝图。

在“大印度联邦”的蓝图里，包括中国西藏、印度、缅甸、锡兰、阿富汗和其他周围国家，这些地方围成一圈，把印度包围在最中间。

想要威胁印度，先要越过包围圈。这个策略是英国提出来的，印度自诩英国的继承人，自然要继承“大印度联邦”的国家安全战略，尼赫鲁还写在自传里，一点都不谦虚。

那时的尼赫鲁拔剑四顾，目光所及之处都是软弱不堪的小国，什么缅甸、尼泊尔、锡金、不丹等，没有一个能打的，唯有喜马拉雅山以北的中国堪称对手。

对，就是中国。只有把中国的气焰打下去，印度才是真正的东亚和南亚霸主，进而成为美、苏之外的世界第三大国。

大家千万别笑，几十年前的尼赫鲁和印度，确实是自封为第三世界领袖的。有实力与印度争夺世界第三的只有中国，而中国和印度的问题又在西藏。

叁

西藏自古以来就是中国的领土，但晚清以来，中国政府都火烧眉毛了，根本没有能力管西藏的事情。于是英国暗戳戳地在西藏搞事情，甚至还派兵攻入拉萨，不仅得到在西藏的特权，还培养出一批亲英派。

印度独立前派代表到西藏传话：“印度继承英国在西藏的一切权益。”然后在拉萨升起印度国旗。尼赫鲁的意思是，西藏能占就占，实在不行可以把宗主权让给中国，而印度保留对西藏"内政外交"的决定权。

当时的中国正在进行解放战争，暂时管不了西藏的事情，为了减少解放中国的难度，我党提出和平解放西藏的办法。

但是西藏离印度太近，军事政治压力太大，英国人又一手导演了"驱汉事件"，毛主席这才决定派军队进藏。

1950年1月，西南军区的第18军开进西藏，12个月后西藏和平解放，到1954年清除西藏旧贵族和印度的特权，彻底收复西藏。

尼赫鲁曾经提供武器支持西藏自治，此时才明白，中国人惹不起，不如大方承认了吧。

但尼赫鲁承认中国西藏主权是有前提的，那就是印度承认西藏是中国的，作为回报，中国也要承认麦克马洪线。也就是东段的藏南、西段的阿克赛钦，全部划给印度。

这就很搞笑了。不管你承认不承认，中国都要收复自己的领土，这是没有商量余地的。尼赫鲁偏偏以为，印度承认中国西藏主权是恩赐。

他是真的把自己当成大英帝国了，而中国想和印度平等交往。双方压根儿不在一个频道嘛。

尼赫鲁又理解错了，他以为中国默认了。

双方不仅谈不拢，尼赫鲁还派兵到藏南和阿克赛钦修碉堡，想造成已经占领的事实。可现在已经是20世纪了，土地不是你占了就是你的啊。

尼赫鲁不管，噎死也要。于是，围绕"麦克马洪线"的领土争议，中国和印度迎头相撞。两国都是刚成立不久，都有大国雄心，都有适合本国的政治经济制度，只要发展下去都有不错的前途，"龙象之争"在那个时候不是一句空话。但西藏的边界问题让两个国家都不能坐视不理。

印度觉得，西藏给中国就算了，藏南和阿克赛钦再拿不住，面子实在挂不住。

站在两国的角度来看，这就是原则性问题，迟早要影响两国邦交，甚至爆发战争。

而印度在世界上，却是占尽天时地利。这种感觉让尼赫鲁觉得：中国不可能出兵打仗，来了印度也不会输。

肆

英国退出印度之后，整个南亚地区成为一片无主之地。这里说的“无主之地”不是没有国家存在，而是没有世界霸权进入，印度等国家处于野蛮生长的状态。

但是美国和苏联都看中南亚了，尤其是印度，作为一个面积近 300 万平方公里的大国，怎么可能让它自由生长。而印度的小算盘是——独立自主。

1949 年，尼赫鲁访问美国，想利用英国的关系，求美国给资金和技术援助，结果两国好几天都谈不拢，几乎在所有问题上都不能达成一致，最后连 100 万吨小麦都没要到。

直到第二年中国出兵抗美援朝，美国和中国的关系迅速降温，为了遏制围堵中国，美国和印度的关系才好起来。

1950 年，杜鲁门政府给印度 1.9 亿美元的小麦贷款，第二年又给了 200 万吨小麦的贷款，并且组建“印美技术合作基金”，向印度进行技术扩散。

而社会主义阵营的苏联，也喜欢印度。毕竟是那么大一头“无主奶牛”，谁能不喜欢，不管以前的主人是谁，总要试着抢一抢，万一成功了呢。

1955 年，苏联帮印度建了一家钢铁厂，并且提供经济援助，大把撒钱，尼赫鲁和赫鲁晓夫互相访问，逐渐擦出感情的小火花。

美国看到苏联出钱多，生怕印度变心，又掏出更多的钱援助印度。1956 年，艾森豪威尔给印度提供 3.6 亿美元贷款，1959 年又正式宣布：“以前 12 年里，美国向印度提供了 17 亿美元的援助，在以后的 4 年里，美国对印度的援助总额要达到 40 亿美元。”

美国大力援助印度以后，苏联为了让印度保持好感，也抛出大笔援助维持关系。

于是，美国和苏联为了争取印度加入阵营，然后把本阵营的势力扩张到南亚，都在通过资金和技术援助拉拢印度。这在世界上也是独一份。

这也是尼赫鲁不结盟的本质。只要不结盟就不用加入任何阵营，便可以和双方同时打交道，美、苏必须不断表示爱意，印度才会在某些问题上，选择性地站队。

印度左手接美元，右手收卢布，吃得满嘴流油。但这种事情只有印度能做，因为印度的地缘环境太偏僻，正好夹在美国和苏联的势力范围中间，有资格“两头吃”。

而中国在抗美援朝和金门炮战之后,与美国划清了界限,时刻被美国在西太平洋的包围圈封锁。

由于坚持独立自主,不让苏联搞长波电台和联合舰队,导致中苏关系破裂,苏联撤走所有援华专家,还逼着中国还贷款。

蒋介石在台湾积极备战,时刻准备反攻大陆,东南沿海笼罩着一片战争阴云。而当时中国内部刚完成社会主义改造,苏联援助的工业和技术还没有吸收完毕,整个工业化的进程才刚刚起步。内外交困,不是说说而已。

为了遏制中国,美国和苏联把宝压在印度身上。苏联向印度提供15亿卢布贷款以及15个师的苏式装备,美国向印度提供18个旅的美式装备。

美国和苏联都不打算直接出手,而是利用印度,打一场代理人战争。这样恰好符合印度心意,利用战争解决西藏问题,并且得到南亚和东亚的霸权。

那是印度最强的时候,也是中国最弱的时候。任谁说,中国翻盘的机会都很渺茫,印度才是明日之星。尼赫鲁作为印度总理,想不飘都难。

正是因为印度国力蒸蒸日上,国际环境一片大好,尼赫鲁才敢在西藏边境咄咄逼人,王八吃秤砣一样要和中国死磕。

而中国要是不能维护领土完整,甚至在西藏问题上输给印度,面临的局面是在世界各国面前抬不起头来,甚至打断国内建设的全盘计划。

事情发展到此时,已经不是藏南和阿克赛钦的问题了,而是由此引起的,中国和印度的国运之争。赢家未来可期,输家国运腰斩。

中国到底如何才能破局?

伍

1962年,中国的机会来了。

10年前朝鲜战争的时候,志愿军出兵,把美国的兵力和资源牵制在朝鲜,让美国无力顾及欧洲。苏联瞅准机会,在欧洲大踏步扩张,彻底巩固东欧的社会主义阵营,时刻威胁西欧。看着苏联的钢铁洪流,西欧国家瑟瑟发抖。等到朝鲜战争结束,美国转身回到欧洲,发现苏联已经是庞然大物,再不遏制就来不及了。

1959年,美国在意大利和土耳其部署中程弹道导弹,意思就是:西欧是美国的,苏联不能再往前走了，再走就炸你。

苏联不服，美国导弹部署到家门口，这也太没安全感了。不行，苏联也要在美国门口部署导弹。

也就是在那年，卡斯特罗领导的古巴革命胜利，美国担心失去拉美的控制力，于是对古巴实施经济制裁，甚至武装旧政权的流亡分子，准备重新夺取古巴政权。这种套路就是扶持蒋介石的翻版。

卡斯特罗没办法，只能向美国的对手苏联求援，赫鲁晓夫高兴坏了，正好借此机会把苏联势力扩张到拉美，而且是美国的家门口。

于是赫鲁晓夫和卡斯特罗签订了一系列秘密协议，不仅向古巴提供武器和资金援助，1962 年，还在古巴部署了数十枚弹道导弹。这些导弹的射程为 1 000～2 000 公里不等，还可以避开美国的预警系统，而且每一枚导弹都携带着核弹头。只要苏联愿意，随时可以把美国炸得稀巴烂。

卡斯特罗

（图片来自百度百科。）

肯尼迪蒙了，还能这么玩？

赫鲁晓夫说，谁让你们在土耳其部署导弹的，彼此彼此喽。

数十枚核弹头就在眼皮底下，不知道什么时候就飞过来，美国必须抓紧时间处理古巴导弹。

古巴导弹危机爆发。此时美国和苏联的精力，都被牵扯到古巴，暂时顾不上其他地方的事情。

于是，多年笼罩中国的压力暂时消失了，长久对印度的扶持也消失了，中国和印度的不对等条件，被古巴危机意外地抹平了。

这是解决印度问题的最佳时机。古巴危机对印度来说也是机会。

美国和苏联扶持印度，是想让印度乖乖待在南亚，做一条围堵中国的恶犬，关键时刻搞点事情，分散一下中国的注意力。

美国和苏联，从来没想过印度和中国开战。抗美援朝已经证明中国的战斗力，他们知道印度不是对手，平时拿着援助装模作样没问题，真要和解放军开战，印度马上就露馅了。

不打好处多多，一打泡沫就破。尼赫鲁不甘心啊，国际和国内的环境这么优越，不争取一下实在难受。

古巴危机成为中国和印度的机会，两个大国终于迎头相撞。

古巴危机于 1962 年 10 月 15 日正式爆发，印度 10 月 20 日发动大规模进攻，同时，中国人民解放军实施自卫反击战。

10 月 23 日，解放军歼灭印军第 7 旅之后，进驻达旺，然后迅速收复“麦克马洪线”以南、达旺河以北的中国的领土。

10 月 28 日，解放军全歼加勒万河谷等地的守敌，清除印军在中国境内的 37 个据点。

战争到了这个阶段，中国觉得战场教训得差不多了，后续可以谈判解决，再打下去不知道要到什么时候结束。

印度说不行，我还要。

11 月 14 日，印度增兵 3 万，在边境线上发起全面进攻，解放军只好奉陪到底，随后用几天时间击溃印军精锐，大获全胜。

11 月 11 日，赫鲁晓夫撤走已经部署的 42 枚导弹，11 月 20 日肯尼迪取消对古巴的海上封锁，为期一个月的古巴导弹危机结束。

而中国政府也在 11 月 21 日发表声明，宣布中国人民解放军全线停火后撤，为期一个月的对印自卫反击战结束。

看到时间了吧，古巴危机和对印反击完全是同步的。断断续续的一个月作战，解放军基本收复藏南和阿克赛钦，清除印度十多年来设立的全部据点。

印度除了牺牲数字，什么都没有得到。不过中国大人有大量，取得决定性胜利之后，又回到 1959 年的实际控制线以北 20 公里内，释放了 3 900 名印军俘虏。

当然还留下一句名言：“敌人非但不投降，还胆敢向我还击。”

陆

向中国挑战失败，尼赫鲁伤心得一塌糊涂。

当时的印度已经进入改革深水区，很多难啃的骨头都啃不下去，而尼赫鲁 15 年来的改革和执政，又养出无数反对派。

如果想继续对内改革、对外争霸，最好的办法是挑起一场战争，用军功堵住反对派的嘴，用胜利稳固自己的地位，带着印度一路走下去。

可惜，尼赫鲁失算了。他以为中国的内外环境不好，不敢出兵，即便出兵也未必能打赢。可中国不仅出兵了，还赢得干净利落。

战争结束以后，尼赫鲁在印度威望大跌，再也不是那个无可争议的领袖了。而且印度国内的舆论，还在质疑尼赫鲁的能力："呵呵，你不是牛吗，为啥连中国都打不过，就这还继续做总理，脸怎么那么大呢?"仅仅一个月时间，如日中天的尼赫鲁，变成丧家之犬尼赫鲁。

对于他们这种牛人来说，政治生命代表理想和事业，一旦政治生命终结，人也就成为行尸走肉。

1964 年，尼赫鲁去世。尼赫鲁死了，所谓的"大印度联邦"就不要想了，尼赫鲁规划的"民主社会主义"也没人能推下去，其他内部改革更是镜花水月。

而战争失败，让印度奉行的"独立自主"走不下去，虽然口头上仍坚持不结盟，但其许多行为实质上已经逐渐背离了这一政策。

1962 年的战争彻底断掉印度国运。

1962 年的最大赢家是中国。

中国干净利落的军事胜利，一举震慑周围的邻居们，让他们以后有什么想法，也要掂量一下够不够格。

而军事胜利＋战后有理有节的态度，让第三世界的小伙伴重新认识中国，感受到一股扑面而来的大国风范。

等中国熬过苏联威胁，迎来改革开放的时候，前 30 年打下的雄厚家底开始发力，中国向世界工厂一路狂奔，成为当今世界经济体量第二的大国。

每次当到此处，不禁感叹国运昌隆。

菲律宾:畸形产业的受害者

壹

1898年,中国正在搞“戊戌变法”的时候,菲律宾成了美国的殖民地。

那年,美国军舰在古巴哈瓦那附近的海域爆炸,造成266人死亡,美国认为是西班牙干的,便以此为借口,要求西班牙停止在古巴的军事行动,承认古巴独立。

美国的表态,名义上是为古巴着想,其实是想驱逐西班牙,自己做古巴的宗主国。这种隐藏在正义之下的小心思,西班牙怎么可能看不明白,“都是千年的狐狸,你玩什么聊斋”,于是西班牙坚决不同意美国的要求。

屡次商量无果,4月24日,西班牙向美国宣战,第二天美国向西班牙宣战。

“美西战争”爆发以后,美国以“帮助古巴独立”的旗号,从关塔那摩湾登陆,到7月中旬便攻破圣地亚哥,西班牙军队一败涂地。

由于是和西班牙的全面战争,那么西班牙在亚洲的殖民地菲律宾,也在美国的打击范围之内。

菲律宾有个起义领袖叫阿奎纳多,之前反抗西班牙失败,被迫流亡香港。

“美西战争”爆发以后,美国远东舰队司令杜威劝阿奎纳多回国,重新起兵反抗西班牙,并且保证美国对菲律宾不感兴趣,给予的支援都是为了保护菲律宾人民。

阿奎纳多相信了,便回到菲律宾召集部众重举义旗,于1898年6月发表独立宣言,成立菲律宾的革命政府。阿奎纳多等菲律宾起义人士,对美国充满幻想,以为抱着美国的大腿,就能让菲律宾真正独立腾飞。

但现实是残酷的,美国很快给了阿奎纳多一个大嘴巴子,让他知道什么叫弱国没有人权。

8月,1.5万名美国远征军赶到菲律宾,先是向起义军承诺菲律宾可以独立,然后和西班牙总督秘密会面,商量将马尼拉转让给美国,不允许菲律宾起义军进城。

为了照顾西班牙的面子,美军假装进攻马尼拉,西班牙军队稍微抵抗,便向美军缴械投降,一场攻城战,双方死亡人数加起来都不足500人。

美军进入马尼拉,美国远征军总司令梅里特,立即命令美军在马尼拉布防,并且以菲律宾军事总督的身份成立军政府,禁止菲律宾起义军进城。

阿奎纳多没办法,只能服从美军的命令,把起义军部署在马尼拉周围,等待命运的审判。数月前的承诺,好像是一个笑话。

到底要不要殖民菲律宾,美国内部其实是有争议的。

一家美国报纸做了抽样调查发现,43%的美国人同意吞并菲律宾,24.6%的美国人反对,32.4%的人持中立态度。

反对者认为,美国吞并菲律宾违背门罗主义的精神,参与到列强纷争的国际大环境中,对美国不利。而同意者认为,没有殖民地的美国已经落后于时代,如果不参与帝国主义冒险,能不能保住利益和市场还是两说,把太平洋变成美国的内湖,必须成为美国的战略目标。

曾做过美国驻中国公使的查尔斯·邓比说得更直接:“我们有权作为占领者取得菲律宾,菲律宾是我们在远东的立足点,占领菲律宾能给予我们地位和影响,也能带给我们富有价值的进出口贸易。”

好处多多,坏处几乎没有,所以两派没争论多久便有了结果。1898年12月,美国和西班牙在巴黎签署合约,规定西班牙完全放弃古巴,割让波多黎各、关岛等殖民地给美国,菲律宾倒是没有无条件放弃,而是以2 000万美元的价格卖给美国。

至此,西班牙失去美洲和太平洋的殖民地,美国则接过西班牙的衣钵,正式走上世界的舞台。

古巴和菲律宾当然反抗过,但在巨大的实力差距面前,落后国家的反抗能力无限接近于零,几年时间便被陆续平定。

美国在古巴和菲律宾,开始数十年的殖民统治。

贰

美国殖民菲律宾，最初是给菲律宾带来“好处”的，例如美国在菲律宾建立起文官政府，给菲律宾人民选举权和被选举权，改进司法体系等。

这些政治层面的调整，确实让菲律宾的文明进步了一些。在社会基建方面，美国也做了很多事情。美国殖民当局为了维修交通设施，规定菲律宾每人每年交1美元的人头税，然后用这部分资金陆续修建1.4万公里的公路、6 000座桥梁、1 000公里的铁路，还拨款37万美元修建农业灌溉工程，耕地面积从126万公顷扩大到400多万公顷。

此外，菲律宾有了美国的支持，各大城市有了无线电、广播、机场等先进的现代设备。

就连教育，菲律宾也在快速进步，到了1939年，菲律宾十岁以上人口的识字率，从最初的20%上升到49%，其中一半的人口可以用英语交流。

看起来，一切都在蒸蒸日上。菲律宾学者评价说，在美国治理下，菲律宾的进步是惊人的。美国自己的评价是，美国已经把菲律宾建设成“东亚的民主橱窗”。

但进步也好、橱窗也罢，都不能掩盖美国殖民菲律宾、掠夺菲律宾资源的本质。

原本在西班牙统治时期，菲律宾就是国际贸易中心之一，中国的丝绸和瓷器、印度的纺织品、东南亚的香料等商品，都在菲律宾集中转运，给菲律宾带来海量的资金流动。

菲律宾本土也能出口糖、麻、燕窝、大米、棉花等经济作物，虽然赚不到什么大钱，但商品经济起码是多样的、正常的。

美国殖民菲律宾以后，经过数次政策调整，到1913颁布了“安德伍德·西蒙斯法”，允许菲律宾商品无限制进入美国市场，并且免除关税，美国商品也可以免除关税，无限制进入菲律宾市场。这就是美国标榜的自由贸易。

但问题在于，完全以市场为导向的自由贸易，弱势国家的企业和商品失去国家保护，在控制成本和市场规则方面，根本没办法和发达国家竞争。

而发达国家可以得到价格低廉的原材料，大机器生产控制成本，然后用先进技术生产出物美价廉的商品，再以国家实力做后盾，制定符合自己利益的市场规则，最后达到倾销商品,进而垄断市场的效果。

这也是为什么欧美列强在没有发达的时候,都不约而同地制定了贸易保护政策,等本国工业发展起来以后,又不约而同地要求自由贸易。

自由贸易,本质上是一种赢家通吃的模式,想和发达国家进行自由贸易,你得先看看自己是不是赢家。

这个道理,菲律宾的有识之士也看出来了,但菲律宾是美国的殖民地,他们看出来也没办法改变。于是在美国市场需求以及出口免关税的利润驱使下,菲律宾的商品多样化一去不复返。

商人们为了丰厚的利润,逐渐减少其他商品的生产,不断扩大糖、麻、烟草的产量,然后一股脑地出口到美国。

经过几十年的市场驯化,菲律宾从多样性经济体,退化成单一性经济体,贸易伙伴也从英美西日等国,演变成美国的初级原材料供应国。

我们用数据来说话。1900 年,美国在菲律宾进出口贸易总值中占 11%,属于众多贸易伙伴中的一个,并不重要。到了 1935 年,这个数值便飙升到 72%,可以说,菲律宾经济完全依赖于美国市场。菲律宾进口的自然是美国工业制成品,而出口商品中,糖、麻、烟草、椰子占比 90%以上。

即便以单个产品来算,出口美国的糖,占菲律宾糖业出口量的 99.9%,出口美国的椰子占菲律宾椰业出口量的 66%,出口美国的烟草占菲律宾烟草出口量的 46%,出口美国的麻也占菲律宾麻业出口量的一半以上。

这就是自由贸易的威力。张口仁义道德,闭口民主自由,不用暴力征服,却能彻底改变一个国家的经济结构,让这个国家紧紧依附于美国的周围。

不满意?没用的。我们是自由贸易嘛,这一切都是你菲律宾自己造成的,能怪得了谁?

叁

菲律宾的经济结构完全依附于美国,后果是严重的。

第一个严重的后果是,菲律宾的经济命脉完全捏在美国的手里,没有任何辗转腾挪的空间。

菲律宾的唯一出口对象是美国，那么商人挣钱或者赔钱、人民的生活是富裕还是贫穷，全在美国的一念之间，即是不是继续进口菲律宾的商品。一旦菲律宾忤逆美国，美国完全可以说，我们明年不进口菲律宾的糖、麻、椰子和烟草了，你们菲律宾喜欢卖到哪里，就卖到哪里去吧。那么等待菲律宾的只有百业萧条，人民困苦揭竿而起。毕竟菲律宾的唯一大宗出口对象是美国，美国的大宗进口对象可不止菲律宾，糖、麻、烟草、椰子等商品，美国完全可以从古巴、夏威夷、东南亚其他国家进口嘛。

也就是说，当一个国家的经济结构完全依附于另一个国家，这个国家便相当于把命门交了出去，失去在经济方面制衡的筹码，宗主国想怎么捏就怎么捏。经济结构完全依附于宗主国，紧随其后的便是国家彻底失去独立性，哪怕是名义上独立了，实际上还是仰人鼻息的殖民地。

第二个严重的后果是，菲律宾失去商品的定价权，价格和利润的涨跌，完全跟着美国市场的波动而波动。

菲律宾的商品大部分要出口美国，那么美国市场的价格高，菲律宾商人就能多赚钱，美国市场的价格低，菲律宾商人就少赚钱甚至赔本。例如，1929 年，美国出现大萧条，对于进口商品给不出太高的价格，直接导致菲律宾的椰油从每吨 149.8 美元，暴跌到每吨 42.56 美元。椰业产值也从 8 900 万比索，暴跌到 2 700 万比索，1938 年，随着美国市场升温，椰业产值恢复到 9 200 万比索，次年又跌到 2 800 万比索。大起大落，搞得菲律宾人民心惊胆战。就算这样，菲律宾还不能不卖。卖了或多或少能挣点钱，保证采集加工椰子的农民饿不死，如果菲律宾不卖的话，那些农民一分钱都挣不到，只能喝西北风了。

第三个严重的后果是，菲律宾没有机会进行产业升级，国家命运被锁死在非常低的水平。

由于商品出口美国的利益刺激，糖、麻、椰子、烟草这些低端产业链，吸纳了菲律宾将近 80%的人口，以至于原本可以出口粮食的菲律宾，沦落为粮食不能自给的国家。这样的经济结构，就形成了极强的路径依赖，谁要是在菲律宾搞产业升级，不仅是动了大地主和大商人的利益，也可能断了底层农民的活路，难度非常大。而且在这些低端产业中，因为出口路径稳定，菲律宾商人便形成事实上的垄断经营，那么也就没有动力升级技术、改造设备、提高农民收入，扩大国内市场。结果就是世界上很多国家都有蔗糖产业，但菲律宾的甘蔗亩产量只相当于古巴的50％、夏威夷的15％，是全世界亩产量最低的。

于是菲律宾的经济结构出现恶性循环，越依附于美国，低端产业越繁荣，出口美国的量越大，技术装备越落后。菲律宾的命运被锁死在非常低的水平，几十年都翻不了身。

肆

菲律宾的命运，其实是所有殖民地的命运，是所有第三世界国家的命运。

美国在菲律宾进行了大量现代工业建设，那不是因为美国是慈善家，而是现代工业建设有利于美国统治菲律宾。

美国在菲律宾办教育，不是因为美国有教无类，而是因为美国要同化菲律宾，以及传播美国的文化和政治制度，要不怎么做东亚的“民主橱窗”呢。

而以上两点的根本目的，是为了掠夺菲律宾的利益，并且以菲律宾为跳板，掠夺东亚其他国家的利益。什么都是虚的，到手的真金白银才是真的。

美国修建的桥梁铁路再结实，城市建设得再漂亮，和菲律宾人民又有什么关系呢，他们还是得在种植园里挥汗如雨，却只能得到美国同类工种的一半薪水，乃至更低。这点和印度特别类似。

现在说起印度，都知道英国给印度留下几万公里的铁路、大量的钢铁厂、兵工厂、纺织厂，但是英国在修建铁路和工厂的时候，原材料是从英国进口的、工程师是从英国聘请的、资金是从英国贷款的。

所有的商业行为，都是给英国的商品和资本找出路，带动了英国的产业链蓬勃发展，根本没有带动印度的产业链。

等这些铁路和工厂完工以后，英国赚得盆满钵满，印度除了国土上出现一堆“工业怪兽”以外，国家经济生态基本没有任何变化。

以前不会炼钢，现在还是不会炼钢。

以前不会造火车，现在还是不会造火车。

以前不会造武器，现在还是不会造武器。

一个国家的命运，要看有没有完整的产业链，有没有庞大的产业工人群体，有没有为维护产业链而改进的制度，有没有改造国家的社会经济生态。而不是出口了多少原材料，赚了多少钱，土地上有多少工厂和铁路。

有些人回顾历史发现，凡是跟着列强走的国家都发达了，做过列强殖民地的国家都进步了，但这些发达和进步都是虚假的、脆弱的。

一旦列强不想让你发达进步了，随时可以抛弃，然后换一个国家进行殖民，让这个国家感受一下什么叫发达进步。

把国家的命运寄托在列强的恩赐上，何其愚蠢！更可悲的是，“二战”前的菲律宾和印度等第三世界国家，根本没有选择的机会，只能等待列强的恩赐，得之我幸，失之我命。

我们现在回顾历史，不必羡慕这些国家没有付出努力，就能得到列强赠送的现代城市和工厂铁路，不是自己亲手挣来的，终究不是自己的。

我们更应该明白一个道理：数百年来，在这个列国纷争的世界上，能走到最后的只有真正独立自主的国家，拥有完整产业链的国家，在贸易保护和自由贸易之间随时切换的国家。

第四部分

非洲篇

曼德拉与南非

壹

1486年，葡萄牙航海家迪亚士带领船队从里斯本出发，沿着西非海岸线一路南下，到了大西洋和印度洋交界的地方时，狂风卷起惊涛骇浪，迪亚士的船队几乎都葬身大海。

11年后，达·伽马的船队运气较好，成功通过两大洋的交界处，从东方采购香料和丝绸回到葡萄牙，发了一笔横财。

葡萄牙国王约翰二世非常高兴，便把两大洋的交界处，改名为好望角。从此以后，好望角成为欧洲船队到东亚的必经之路。既然是必经之路，那就是各国必争之地。

到了17世纪，荷兰崛起，成为海上马车夫，荷属东印度公司的船队遍布世界。

为了方便贸易，荷属东印度公司便于1652年，在好望角以北50公里处建立了补给营地，让公司雇员定居在这里，根据公司的命令来种植农作物、饲养牲畜，然后再以规定的价格卖给公司。

随后，一批又一批的荷兰人、法国新教徒移民到这里，建立起大片的殖民地，其后裔也逐渐形成非洲的白人种族——布尔人，但他们自称为阿非利卡人。这些白人原本都是破产农民，基本没什么文化和技能，到了南非以后，当然也不可能搞出新花样，只能是借助欧洲带来的火枪，暴力驱赶南非原住民，抢占他们的土地建立农场。

黑人原住民要么被杀死，要么给白人做奴隶，生存环境和美洲的印第安人一模一样。但布尔人的暴力经营模式，被更强大的英国殖民者打破了。

拿破仑战争以后，英国付给荷兰600万英镑，买下荷兰的南非殖民地，然后开始更大规模的移民，英国移民的数量很快便超过布尔人，而且英国宣布殖民地的土地都是皇家土地，不允许布尔人随意占领。

于是，布尔人也沦为次等种族，只是因为皮肤是白色的，地位比黑人稍微高一点而已。

再加上两次布尔战争的打击，大部分布尔人彻底失去祖先的实力地位，从南非的殖民者变成“穷白人”，而且因为以前的身份地位，导致这些“穷白人”要求的工资水平比黑人高10倍左右。

对于英国殖民者来说，反正都是低层次劳动力，那当然是越廉价越好，于是“穷白人”在找工作方面，都不如黑人有竞争力。但不管英国人和布尔人怎么闹，总归是白人的内部斗争，在镇压黑人时，他们是有可能团结的。

1910年，南非联邦成立，与加拿大、澳大利亚一样成为英国的自治领，设立了各级议会和参众两院。

于是就出现一个问题，黑人是南非的多数人口，英国人和布尔人加起来，也不到黑人数量的一半。如果给黑人选举权，那南非到底是英国的南非，还是黑人的南非？经过协商讨论，英国人想出一个折中方案：英国人和布尔人团结起来，联手镇压南非的多数黑人。

这个方案刻意剥夺了黑人的社会资源，也迅速提高了穷白人的政治地位，丰厚的政经资源开始向他们倾斜。

根据白人政府的法令，种族隔离制度逐渐建立起来，到1948年基本固定。占人口多数的黑人，被赶到专门划出来的黑人家园，不能随意迁徙居住，不能随意进城，不能从事待遇较好的工作，而且在法律上也不是劳动从业者。

总而言之，黑人只有劳动的义务，没有享受国家发展的权利，尤其是“不是劳动从业者”这条，更是把黑人排除在人的范围之外，国家的GDP不统计黑人，人均可支配收入不统计黑人，贫困人口也不统计黑人。

把从事底层劳动的黑人排除在外，政府只关注金字塔最顶端的小部分白人，结果就是从20世纪40年代开始，南非经济数十年高速增长，约翰内斯堡等城市建设得美轮美奂，大街上的店铺车水马龙。

如果只看大城市里的白人，南非确实和发达国家没区别了。但如果离开大城市就能发现，工程师、官员、医生、商人等高收入群体基本都是白人，城镇黑人的收入只是白人的 1/5，农村黑人的收入是白人的 1/20。

贫富严重分化、种族严重不平等，这就是所谓的南非经济奇迹。

而且南非的经济飙升，也是有水分的。南非有非常丰富的矿产，每年的矿产出口量能占到全国出口量的 70%以上，尤其是金矿，常年占世界开采量的一半以上，出口量占全国总出口量的 40%，1970 年更是生产了世界供应量的 79%。

总结起来就是，南非出口物主要是矿产，而黄金又是矿产里的大头，也可以说，黄金出口支撑起南非经济的半壁江山。最重要的是，从 1972 年开始，国际金价暴涨，从 46 美元/盎司，涨到 1980 年的 850 美元/盎司。

所以出口黄金等矿产，才是南非经济奇迹的根本原因，至于南非的制造业，基本就是个低端的代加工厂，也就比穷得叮当响的非洲其他国家强些，远远不符合发达国家的名号。

这样的南非只是白人的南非，而不是黑人的南非，经济数据再发达，也与黑人没有半毛钱的关系。于是在南非经济奇迹的表象下，黑人的反抗运动一浪更比一浪高，也正是南非的黑人反抗运动，把曼德拉推到风口浪尖上。

贰

曼德拉出生于南非的部落酋长家族。

9 岁的时候，曼德拉的父亲死于肺结核，他被送给泰姆布族的摄政王抚养，摄政王每天给他讲南非的历史故事、家族的传奇人物以及传统的宗教，导致曼德拉回忆童年时光，印象最深的就是“习俗、宗教仪式和禁忌”。

1938 年，曼德拉考入黑尔堡大学读文学专业。

文学是思辨性质的学科，很容易在学习的时候想入非非，于是曼德拉便在读书思考的时候，捋顺了南非的历史，想明白了黑人和白人的矛盾，很自然地参与了学校的政治活动。

大三的时候，已经成为学生领袖的曼德拉，又参与了一场抵制校方选举学生代表的活动，惹得校方大怒，曼德拉被迫停止学业。

曼德拉的摄政王监护人到黑尔堡大学劝他，要不和校方认个错，继续读书吧。

曼德拉："打死也不认错。"

摄政王说，不读书也行，那你就回家娶妻生子，准备继承酋长地位吧！

曼德拉已经见过世面，不愿意回到农村了，他拒绝回去继位，转身去了约翰内斯堡，在黑人矿场看过大门，也在白人律所学过法律，最终于1944年加入非洲人国民大会，投身黑人反抗事业。

而在"非国大"参与反抗事业的数十年中，曼德拉的政治路线有过三次大转折。可以确定的是，曼德拉的每次政治转折，都精准地踩中了时代的脉搏。

20世纪四五十年代的时候，初出茅庐的曼德拉有些青涩，总是以为天下风云出我辈，一腔热血要独自扛起大旗，于是就不同意和其他种族、团体统一战线，共同反抗白人的统治。

约翰内斯堡的政治团体召开大会，准备进行反种族隔离的罢工，但因为罢工不是"非国大"领导的，曼德拉坚决反对，他要捍卫"非国大"的领导权，结果罢工如期举行。

1951年的"非国大"会议上，曼德拉上台发言，继续反对南非的种族统一战线，结果他的意见被全票否决。

经过这两次打击，可能是真的接受统战思想，也可能是被现实所迫，曼德拉开始改变策略，与以前的自己划清界限，彻底推翻坚持多年的观点，开始支持种族统一战线。

这是他的第一次政治转折。

1960年，南非政府宣布"非国大"为非法组织，非国大执委会决定，除曼德拉以外的领导人都转入地下工作，非必要不暴露。于是曼德拉成为唯一正常活动的非国大领导人，外界也把曼德拉当成非国大的代表。

毫无疑问，这种危险的工作，也给曼德拉积累了巨大的声望。被推到前台的曼德拉觉得，既然南非政府已经撕破脸，那"非国大"也不能继续非暴力斗争，必须改变策略，用武装暴力斗争推翻南非政府。

非国大执委会讨论之后，同意曼德拉的意见，便成立了武装组织"民族之矛"，并任命曼德拉为民族之矛的司令。

当时"民族之矛"有四种斗争方案：破坏基础设施、游击战争、恐怖活动、彻底的革命战争。

曼德拉认为后三种方案太暴力，不利于缓解南非的种族和阶级矛盾，便选择了最简单的“破坏基础设施”方案。

曼德拉希望破坏铁路、桥梁、水库、街道等设施，让外国资本逃离南非，给南非政府造成压力，然后接受他们的意见，建设种族平等的南非。

从这里也能看出来，曼德拉的个人政治倾向其实是偏向温和的，这也给曼德拉的第三次政治转折以及当选总统后的执政思路埋下了伏笔。

不过，曼德拉的理想很美好，现实却很残酷。他带领民族之矛搞了数十次破坏，发现没有任何效果，因为南非政府根本不在乎，外国资本也不在乎，无非是几个小毛贼搞破坏，重新修起来就是。于是曼德拉决定升级武装斗争的方案，不破坏了，改成游击战争。

这是曼德拉的第二次政治转折。

1962 年初，曼德拉秘密出国，访问了英国、埃塞俄比亚、突尼斯等国，得到 5 000 英镑的赞助，还在阿尔及利亚参加了几个月的军事训练，准备带着钱和技能，回南非举义旗打游击。

那时正值第三世界的反殖民浪潮高涨，所有被殖民的国家，都在反抗白人的统治，而那些武装反抗的组织背后，几乎都有苏联的影子。

所以也有一种说法，曼德拉准备游击战争，其实是加入了南非共产党，而且还是中央委员会成员。不过关于入党的事，曼德拉自己没有承认，我们也不要揣测了。

但是曼德拉的运气很差，同年回国准备大展拳脚，就被南非政府逮捕，以“煽动罪”和“非法出国罪”判处五年监禁，两年后被判终身监禁。

从此以后，曼德拉开始 28 年的坐牢生涯，这一坐就到了 1990 年。在牢里的日子，曼德拉其实过得不错。他可以读书学习，琢磨园艺，还能和外界通信，所以曼德拉不是与世隔绝的，他的观点和想法依然能传递到外界，而且随着坐牢的时间越长，曼德拉的声望就越高，反抗技能也越叠越厚。

到了 1989 年，黑人反抗运动已经持续几十年，在南非闹得风起云涌，再加上德国柏林墙开放的示范，南非的种族隔离作为一项国策，面临非常严重的道德压力。

最重要的是，20 世纪 80 年代国际金价暴跌，从 1980 年的 850 美元/盎司，跌到 1985 年的 300 美元/盎司，然后又回到 1989 年的 350 美元/盎司。

国际金价过山车一样涨跌，彻底扯下南非“发达国家”的遮羞布，让南非经济陷入长期的低增长甚至是负增长。

这种经济环境下，白人都过不好，黑人更过不好，如果再不取消种族隔离，缓解矛盾，南非的星星之火很快就压不住了。

于是南非的新总统戴克勒克，先是无条件释放除曼德拉以外的非国大囚犯，然后在1990年2月无条件释放曼德拉，并且让所有禁止的政党合法化。

而就在出狱以后，曼德拉开始了第三次政治转折。

他放弃曾经的游击战争，也反对“把白人赶下海、向白人报复”的种族对抗，而是主张“让南非成为不分肤色、不分种族、不分宗教信仰的国家”。

曼德拉的政治口号简单来说就是和解，以前的殖民和战争都过去了，从现在起，我们重新开始。

而对于“民族之矛”的武装斗争，曼德拉一再强调，民族之矛是和平手段失去合法性的条件下，被迫采取的行动，非暴力依然是“非国大”的基本传统。

这是曼德拉的第三次政治转折，也正是这次转折，让曼德拉成为世界的“伟人”。

叁

为什么曼德拉被世界各国奉为伟人呢？因为曼德拉满足了几乎所有国家的诉求。

南非的白人殖民者，面对风起云涌的黑人反抗运动，非常清楚废除种族隔离的大势不可逆，他们最担心的是，废除种族隔离后遭到黑人的清算，最想要的是保护财产和既得利益。

曼德拉的和解政策，就提供了这样的机会。和解就是不清算，和解就是和平共处，那么白人最担心的不存在了，最希望的也得到了，他们不可能不支持曼德拉的和解政策。

而数百年来，白人在全世界开辟殖民地，奴役落后国家的人民，可以说殖民是白人国家的原罪。那么曼德拉和南非的白人殖民者和解，其他被殖民国家，是不是也可以和白人殖民者和解？

不论其他被殖民国家愿不愿意和解，起码曼德拉提供了一个样本，值得大力宣传，尝试推广到全世界。

此外，曼德拉出狱不久，便发生了苏联解体、东欧剧变，以美国为首的资本主义国家要建立世界霸权，就必须披上一层温情的面纱，洗清曾经的罪恶，也把自己打扮得冠冕堂皇一些。

所以曼德拉的和解政策，满足了全世界所有白人国家的诉求。对于曾经被殖民的国家来说，曼德拉的意义不在于和解，而在于数十年来曼德拉都是南非反抗运动的领袖，在这个层面上，他们也能找到共同点。即便是不支持曼德拉，起码也没有反对的理由。

于是在历史的进程下，曼德拉便成为全世界的宠儿，刚出狱就到赞比亚、利比亚、阿尔及利亚、英国、法国、美国、古巴、印度、澳大利亚、日本等国访问，刷足了人气。

回国以后又以自己的地位和声望，说服黑人反抗组织不要暴力，要团结起来和政府谈判，争取结束种族隔离，解放黑人。

两边讨好，两边都不得罪，曼德拉自然成了众望所归的人物，1994 年当选为南非第一位黑人总统。

曼德拉就任南非总统

（1994 年 5 月 11 日，曼德拉时年 76 岁。）

肆

既然是种族和解，那曼德拉就不能用国家政权的力量，去剥夺南非白人的既得利益，这是他选定的执政路线，不能违背。这种事基本是在民间层面进行的，效果也有限。

但黑人反抗成功，变成南非的主人了，总要分享胜利果实的。怎么办？

曼德拉推翻曾经坚持的全面国有化方案，要求在不吓跑白人、黑人也能得到实惠的基础上，建立公私兼顾的混合经济，于是曼德拉推出了折中的“黑人经济振兴”方案。

所谓“黑人经济振兴”方案，其实就是要求白人向黑人让利，主要是这么几项内容：

政府部门优先采购黑人公司的产品，依据是黑人在公司的持股数额、公司的黑人高管数量、黑人得到的技能培训等。

商业许可证的配额向黑人倾斜，参考标准依然是黑人在公司的持股数额、公司的黑人高管数量、黑人得到的技能培训等，这个在广播、电信、娱乐等行业执行。

推动国企私有化，规定在私有化的过程中，黑人必须占有25%以上的股权，鼓励私有化的企业招募黑人员工，对黑人企业家进行资金扶持。

经过“黑人经济振兴”的操作，大量黑人进入制造、通讯、采矿等行业，在南非有了一定的经济基础，此外还有很多黑人成为政府职员、工程师等高收入职业。

如果不考虑南非的整体经济情况，以及经济领域从业者的素质，只考虑黑人种族地位的变化，毫无疑问，曼德拉的政策是成功的。

一个被殖民奴役了几百年的种族，能抓住时代的机遇，从被奴役者一跃而成国民经济的重要力量，掌握了一部分政治和经济的话语权，怎么也谈不上不成功。

总有人说，南非是发达国家，被黑人折腾成了落后国家。但问题是，发达国家是白人的发达国家，是没有占人口多数的黑人的发达国家，这个国家再发达也是殖民者的国家，和黑人没有关系。如果算上黑人的话，南非本来就不是发达国家，黑人掌握了一部分政治经济话语权，只是让南非回到原本的位置罢了。

当然了，“黑人经济振兴”方案在政治上是成功的，不能掩盖它不成功的地方。

其一是黑人的受教育程度普遍不高，有些人连电脑都不会开，就跑到办公室上班了，造成企业和政府的工作效率低下，不如受教育程度高的白人政府。

其二是在国企私有化和转让股份的时候，一部分有权势和影响力的黑人，利用权力寻租、低价购买等不正规途径，得到数额庞大的股份，一跃而成南非的新兴权贵阶层。

那些没有下海的政府官员，也利用权力贪污腐败，比如监狱总监挪用 120 兰特公款、社会福利官员贪污退休人员补助金数百万兰特、100 多亿兰特的水电费被集体贪污等。

这种事情发生在哪个国家都让人痛恨，但客观来说，每个国家在转型的时候，或多或少都会发生类似的事情。无非是有的国家能纠正，有的国家不能纠正，对于南非这种落后国家，我们其实不必太苛刻。毕竟不是每个国家都有机会决定自己的命运，落后地区的落后国家，生来就是在夹缝里求生存。

伍

前文把南非历史和曼德拉的人生捋了一遍，现在可以总结一下了。

全世界都说曼德拉是伟人，这个称呼也要区分来看。

归根到底，曼德拉是在合适的时间、做了合适的事情、说了合适的话，成为被历史进程选中的普通人。

而从反殖民理论上来说，清算白人是南非黑人的历史使命，但如果没有一个雄才大略的领袖、没有一个组织严密的政党来领导，清算只会演变成混乱。

如果没有曼德拉，南非极有可能爆发漫长的种族仇杀，要是严重的话，外国军队介入也说不定。对于南非数千万普通的白人和黑人，这恐怕不是一个好结果。

所以在 20 世纪 90 年代那个时间点上，曼德拉做南非总统的使命，也不是开创新的南非，而是白人政权向黑人政权安稳过度。

从这个角度来说，曼德拉已经完成了自己的使命，以后的事都和他没关系了。

非洲兄弟的中国情

壹

如果说世界上什么地方的人生存环境最恶劣，毫无疑问是非洲。

那地方的自然环境太差，雨季经常爆发大洪水，旱季土地结成硬块，导致没有稳定的自然生态，很多年都没有发展出农耕文明。虽然某些地方气候宜人、土壤肥沃，但适宜人类生存，同样也适合病毒猛虫繁殖，在没有高级农业技术的古代，想杀死病毒猛虫相当困难。所以非洲的很多地方，不出事还好，一旦出事就是大事。日常饥荒属于最轻量级的挑战，稍不留神，就要被肆虐的病毒一波带走。

整个非洲大陆，也就撒哈拉沙漠以北的埃及、利比亚等国家，能做欧洲的后花园，过着相对安生的日子。撒哈拉沙漠以南的中南非地区，到中国进入魏晋的时候，还处于狩猎采集的阶段。这种落后的文明状态，一直持续到近代，典型的被文明遗忘的角落。

我们现在看非洲，总感觉与非洲人不在同一个世界，根本原因就在于非洲依然处于巨大的历史惯性里。

因为自然环境恶劣，非洲人没有农耕文明，而没有长时间的经验积累，也就没有生产工具和技术的升级，然后就没有思想、哲学、文化等文明的发展，是全球化让非洲文明跃迁。而文明大跃迁，也让非洲付出了惨痛的代价。

时间进入 19 世纪末期，世界其他富裕的地方已被瓜分完毕，只有欧洲列强看不上的非洲，属于无主之地。那么大的土地面积，结果连喜欢征服土地的欧洲列强都看不上，你可以想想非洲惨到什么程度了。

不过，也没有别的办法，蚊子肉也是肉啊。1880 年左右，比利时国王侵占了刚果 90 万平方公里土地，法国随后跟进，圈占了刚果到地中海的整个西非地区，直到现在，法国在非洲的影响力都非常大。

而英国和德国则圈占了东非地区，“一战”后德国战败，百万平方公里的德属东非被瓜分，其中英国分到坦桑尼亚，于是坦桑尼亚、乌干达和肯尼亚就成了英国的地盘。直到现在，英语都是它们的普遍语言。

其实还是那句话，大航海以来的贸易和掠夺，重塑了整个世界，赶上第一波红利的欧洲国家，现在依然享受着几百年前的红利。

随着“二战”结束，旧殖民体系彻底崩溃，亚非拉国家的独立浪潮风起云涌，每个曾经被奴役的国家，都在谋求摆脱宗主国。

而已经独立崛起的中国，自然成为效仿的对象。中国倒也不藏私，特别愿意培养国外青年，希望他们在中国学会“反霸权”的方法，回国做一番大事业。

早在 20 世纪 50 年代后期，6 个喀麦隆人就到北京接受了为期 10 周的军事训练，除此之外，他们还学习了中国革命斗争的经验、人民战争理论、如何在农村建立根据地等政治训练。1959 年，这 6 个人便返回法属非洲，照搬中国经验进行武装斗争。

另一个阿曼游击队员回忆，他在 1968 年经巴基斯坦到上海，再转北京，随后接受了一系列军事和政治训练。

最重要的课程是毛主席著作。他们必须背诵毛主席语录，学习“三大纪律八项注意”，以及毛主席在革命年代拟定的纪律和政策，全部合格才允许毕业。毕业的奖励就是一部阿拉伯语的《毛选》。

那时中国刚起步，家底也不丰厚，为什么要花费巨大代价支援亚非拉呢？其实主要原因有两个。

输出价值观。欧美国家在世界上一呼百应，实力豪横是一方面，另一方面便是价值观的输出，让大批国家心甘情愿地跟着走。中国输出价值观，也是想复制这条路。

翻版的农村包围城市。冷战年代的国际斗争越演越烈，每个国家都要选边站，稍有不慎就万劫不复，而中国却同时得罪了美、苏两大国，外交环境特别惨。毛主席的想法是，既然得罪了世界的两极，那中国就和亚非拉国家交朋友，做独立于美、苏之外的第三极。不管实力怎样吧，起码人多势众。这也是毛主席的一贯思路，在哪个领域都要争取大多数，做声势最大的那个。所以非洲有了无数中国人民的好朋友。

我们把非洲的历史进程捋了一遍，其实是为了说后面的事。可能有人觉得冗长，但是我觉得，说清楚历史背景，才能理解某些事的来龙去脉。

接下来出场的人是穆塞韦尼。

贰

穆塞韦尼是非洲东部的乌干达人，父亲以殖民地子民的身份，参加过英国的非洲步枪团，退役后以畜牧业为生。优越的经济条件，让穆塞韦尼受到良好的教育，在大多数人吃不饱饭的非洲，他居然顺利读完高中，并且于1967年到坦桑尼亚读大学，专门研究政治经济学。

这次出国求学，彻底改变了穆塞韦尼的命运。

坦桑尼亚和中国的关系很好，接受了一系列中国的援助项目，其中最大的项目是坦桑友谊纺织厂，有130多名国内来的专家。

就在穆塞韦尼出国留学的1967年，援非专家把国内的运动带到坦桑尼亚，不仅到处串联非洲青年，还挂起毛主席画像和标语，准备把坦桑尼亚打造成非洲样板，做为对抗美、苏的前线基地。甚至去中国学习的杂技团，也不可避免地受到影响，回国便造反。

坦桑尼亚的激烈气氛，让读大学的穆塞韦尼很激动，在某个暑假实习期间，他竟然跑到莫桑比克境内，接受了游击训练。

1970年大学毕业的时候，一位左派历史学家指导穆塞韦尼，写了一篇很牛的毕业论文：探讨暴力革命理论在后殖民主义时期非洲的可行性。堂堂大学生不努力读书，暑假实习参加游击战争，毕业研究如何在非洲造反，可以说很“朋克”了。

毕业之后，穆塞韦尼回到乌干达，参加了总统奥博特的军事情报机关，正准备报效祖国的时候，乌干达突然乱了。

总统奥博特想把英国遗产国有化，增强乌干达政府的经济能力。英国人只有抢别人的份，现在别人抢到自己头上，完全不能忍。英国私下联系乌干达军队副司令阿明，说总统奥博特是共产主义分子，为了乌干达的未来，你必须推翻奥博特。阿明知道，这是英国看上自己了，那还等什么呢，赶紧政变吧。

1971 年 1 月，奥博特总统出访国外，阿明发动军事政变，在英国的支持下自封为总统，开启 8 年执政生涯。这位以前是拳击冠军，长得五大三粗，执政风格也很粗暴，经常搞种族屠杀，甚至把情敌做成烤肉佐餐。有学者统计，阿明执政的 8 年内杀死 30 多万人。

刚参加工作半年的穆塞韦尼，没有熟悉工作环境便失业了，不过国内政变，给了他一个梦想照进现实的机会。穆塞韦尼跟着前总统奥博特，流亡到了隔壁的坦桑尼亚。

坦桑尼亚总统是尼雷尔，正在推行“社会主义改造”的政策，要对银行和工业实行国有化，与奥博特是革命同志。于是，他们就在坦桑尼亚边境打游击，准备拉起队伍东山再起。

精心准备一年以后，他们主动攻击乌干达，想一举击败阿明复国，却由于实力悬殊惨遭失败。

穆塞韦尼做战后总结的时候，不禁想起中国革命的进程。他们集结人员进攻乌干达，和国民党前期的数十次起义多相似啊，没有革命根据地，军队便是无根浮萍，只要失败一次就完了。

把中国经验和乌干达现实结合起来，穆塞韦尼明白了，这种起义是不可能成功的，游击战＋根据地，才是乌干达革命的未来。

他辞别前总统奥博特，自己成立国家拯救阵线，招募人员组建游击队，用《毛选》里的方法指挥游击战。战略战术可以参考《中国革命战争的战略问题》，建立根据地要学《中国的红色政权为什么能够存在》，统战必读《中国社会各阶层的分析》，给军队做思想工作直接用《星星之火可以燎原》，至于复国战略自然是《论持久战》。

这样坚持 6 年，穆塞韦尼的游击队不仅没有失败，反而发展到 5 000 人左右。在非洲小国里，已经是很可观的力量了。

1978 年，执政 8 年的阿明侵略坦桑尼亚，想用战争转移国内矛盾。为了增加成功率，阿明找来一个重量级帮手——利比亚的卡扎菲。

乌干达军队突袭坦桑尼亚，很快夺取卡盖地区，阿明和卡扎菲估计，用不了多久就能占领坦桑尼亚全境。

但是坦桑尼亚总统尼雷尔借鉴了中国军事斗争所采取的战略战术，一鼓作气击败侵略军，进入乌干达境内。除此之外，尼雷尔和坦桑尼亚境内的阿明反对派，正式组成统一战线。穆塞韦尼等28个组织，成立乌干达全国解放军，并且组成乌干达全国解放阵线，统一领导复国工作。穆塞韦尼是11人执行委员会成员之一。

阿明的军队迅速溃败，于1979年4月出逃利比亚。

“解放阵线”主席卢莱，出任乌干达新政府的总统，穆塞韦尼以卓越战功做了国防部长，他的5 000游击队也编入国家军队。

那年的穆塞韦尼才36岁。

叁

早年读书的时候，穆塞韦尼就从《毛选》中知道，国家要强盛绝不能依附于列强，必须走独立自主之路。可现在革命成功了，做了国防部长的穆塞韦尼却发现，国内各派系都是列强的傀儡，不管谁做总统，都唯英美马首是瞻。这是闹什么啊。敢情乌干达的革命进程，才走到中国的1927年？

而且国防部长才做了半年，穆塞韦尼便被解除兵权，调任没有实权的区域合作部长，心情惨到极点。为了挽救局面，穆塞韦尼创建“乌干达爱国运动”政党，想用选举夺权，然后按照自己的方式，带领乌干达走出一条新路。结果穆塞韦尼在大选中惨败，126个席位只得到1席。

希望破灭了。穆塞韦尼觉得，只能走最后一条路了——上山起义。

穆塞韦尼搞到了5本英文版的《毛选》，带着26名亲信进入了西北丛林。

穆塞韦尼带走的那几本书就是培训干部的教材。他要和中国一样，在贫困山区白手起家，摆脱列强对乌干达的影响力，重新打造一个新的乌干达。

穆塞韦尼学习中国革命的经验，去了各方势力交错的卢韦罗三角区，最大限度减轻了政府军围剿的压力。他还带着亲信们走街串巷，给乌干达贫苦农民讲道理，争取农民的支持，并且帮助穷人看病，很快赢得民心。

贫苦农民里的健壮汉子，自愿成为穆塞韦尼的士兵，保卫胜利果实，而穆塞韦尼得到民心，便能建立根据地。

为了保证纪律，他甚至颁布严格的军纪：

不准拿群众的财物。

不准不付钱吃田里的香蕉。

胜利前不能喝酒。

不能和妇女发生不正当关系。

很难想象，这是一个非洲穷困小国的军纪。

不到一年时间，穆塞韦尼的军队发展到万人，再过几年已经超过五万人，比坦桑尼亚游击队时期壮大十倍。

发展得这么快，有什么其他秘诀吗？当然是"敌进我退、地驻我扰、敌疲我打、敌退我追"的游击战十六字诀了，这种游击作战方式，在落后的非洲也很合适。

1984年，他们攻破西部城市霍伊马，打开仓库发放粮食，在城市站稳脚跟。

以政变上台的乌干达新政府发现，如果继续让穆塞韦尼发展下去，很快就要解放乌干达了，必须用和平的名义谈判，让他们停止战争啊。于是，穆塞韦尼收到一封谈判书。

他知道了，乌干达革命战争，已经到"国共和谈"阶段了……在起义军势如破竹的时候，内斗不休的政府害怕了。

既然如此，那就学习外来经验，给各方一个面子，也给渴望和平的人民一个负责任的交代，反正谈不拢可以打嘛。

这种谈判是没有结果的。拖拖拉拉地谈了几个月，到1985年12月才签署和平协议，但是短短20天后，起义军向政府军的8个据点同时出击，1986年1月26日攻破首都坎帕拉。

正所谓，非洲风雨起苍黄，五万雄师过城墙。革命5年，终于成功了。

3天后，穆塞韦尼自任乌干达总统，而且直到现在，他还是乌干达的总统。

肆

乌干达的特产是咖啡，占总出口份额的50%，而且种植咖啡的农户有170万户，30%以上的家庭都以咖啡谋生路。

20世纪70年代阿明执政的时候，正好赶上世界咖啡价格暴跌，直接引爆国内经济危机，再加上多年战争破坏，乌干达成了一穷二白的国家。

穆塞韦尼在回忆录《播种希望》里说："乌干达的殖民地经济太明显，处于崩溃的边缘，1986年全国经济负增长，外汇储备负2.54亿美元，通货膨胀率是240%。"

怎么恢复国内经济呢？穆塞韦尼想到两条路。

第一是搞混合经济。

乌干达是非洲小国，没有全面工业化的能力，经过领导集体反复讨论，决定放弃完全国有化的意见，再次向中国学习，把国有经济和自由经济结合起来，搞混合经济。允许自由市场的存在，国家也保留控制经济的权力。

穆塞韦尼政府大力吸引外资，对负债严重的国有银行破产重组，并且归还被驱逐的亚洲人财产，让他们回乌干达搞活经济。也就是说，穆塞韦尼直接从中国的1949年跳到1979年了。

自从穆塞韦尼执政以后，乌干达的经济增长率从1986年的2%，一路飙到2003年的6.1%，虽然乌干达依然是最不发达的国家之一，但也是非洲经济增长最快的国家之一。

后来乌干达依然走歪了，开启国企私有化和金融自由化的"扑街"操作，以至于现在的工农业领域，很多都是英、法、美的垄断公司，尤其以印度公司居多。

第二就是出口咖啡。

1989年穆塞韦尼访问中国，顺便问了一下，能不能在中国开几家咖啡店？并且吐槽诉苦："乌干达的咖啡出口价格完全控制在西方垄断国家手里，中国能不能开放咖啡市场，让乌干达赚点钱？中国有十多亿人口，如果每人喝一杯乌干达咖啡，那就供不应求了。"潜台词就是，需要中国的《毛选》，也需要中国的市场。

当时中国正在经济调整期，没理他，直到2000年才同意乌干达，可以和中国办咖啡合资企业。此后乌干达生产的咖啡95%用来出口，成为非洲第一、世界第八的咖啡出口国，每年能赚4亿～5亿美元，而中国是乌干达咖啡的主要市场。说不定你喝的咖啡里，就有来自乌干达的。

看了穆塞韦尼的作风，你就知道，他已经读过《邓选》了。

伍

之前听过一种说法，中国支援非洲那种穷地方，没有任何好处，纯粹是花钱买罪受，还不如发给国内穷人。

这么说是不对的。乌干达这种典型的非洲穷国，工业能力非常落后，除了咖啡以外，能向中国出口的东西很少。而工业产能落后，结果就是不能提供急需的工业产品，那么就需要向中国进口。

所以中国和乌干达等非洲穷国的贸易，往往顺差贸易，也就是赚钱的。而且中国以技术、资金、产品的方式援助非洲，等这些援助的东西有效果之后，非洲国家对中国的需求只会更大，到那个时候，赚的钱也会越多。

你好我好大家好，才叫人类命运共同体。

最近几年，中国成了乌干达第一大投资国，投资企业可以享受“一站式”服务，并且利用与坦桑尼亚等国的关系，可以进入东南非共同市场、东非共同体、南部非洲发展共同体等自贸区，把生意覆盖到 57％的非洲大陆、27 个国家、6.3 亿人口的大市场。

中国和非洲发展中国家做朋友，真的有好处啊。

第五部分

其他

改变世界的1968年:环球同此凉热

壹

1961年1月,即将卸任美国总统的艾森豪威尔在白宫发表告别演说,例行表达对美国的骄傲之后,他的话锋一转,说出让后世警醒的一番话:“一支庞大的军队和一个大规模军事工业相结合,在美国是史无前例的。它的全部影响在每个城市、每座州议会大楼、每一联邦政府机构内部都能感觉到。我们承认这种发展绝对必要,但我们不应忽视其重大的影响。它涉及我们的人力、资源、生活乃至我们社会的结构……在政府各部门,我们必须警惕军事—工业联合体取得无法证明是正当的影响力,不论它这样追求与否。极不适当的权力恶性增长的可能性,目前已经存在并将继续存在。”

这是美国官方首次明确军工复合体的存在。

美国的军工复合体,要追溯到“二战”期间。

1941年12月,日本偷袭美国的珍珠港,罗斯福总统判断,战火已经烧到美国本土,美国必须参与世界大战了。1个月后,他便下令成立战时生产委员会,对美国经济进行全面动员。

战时委员会设立12个区域办事处,经营全国各地的120个办事处,任务就是指导企业生产战争需要的钢铁、铝、橡胶等物资,并且控制物资价格和工人薪水。办事处的官员,则帮助企业申请银行贷款。

其实说到底,战时生产委员会就是国家出钱、企业出力,一起发动对外战争。事成之后国家赢得荣誉地位，企业赚到利润，皆大欢喜。

美国参战的4年时间，政府送出1 750亿美元的军事合同，生产的飞机、坦克、大炮、枪弹等武器，远远超出轴心国的总和。尤其是海军舰艇，“二战”结束前是日本的16倍。

美国的工业产能冠绝世界，成为“二战”的最大赢家，绝不是偶然。但美国爆产能的同时，巨额军事合同几乎都被100家大公司拿走，其中通用汽车公司，就拿到合同总额的8%，相当于140亿美元。

而且在“二战”的时候，美国为了研究新型尖端武器，成立了国防研究委员会、科学研究与发展局，把大学和军队绑定起来，雇用了19.9万科学家，每年划拨科研经费15亿美元。

钱在哪儿，利益就在哪儿。经过“二战”的巨额合同滋养，美国军队、大企业和学界赚得盆满钵满。这也是军工复合体的基本盘。

“二战”结束以后，美国随即成立北约和参加朝鲜战争，军事在美国的比重越来越大，此后美国军费就没有低于1 500亿美元的年份，这些钱都是军工复合体继续膨胀的肥料。

到了1957年，仅美国国防部就拥有1 600亿美元的资产、3 200万英亩土地，雇用350万人，每年支付工资超过100亿美元。

兰德公司给美国空军服务，IBM生产的集成电路卖给五角大楼，国际电报电话公司给宇航局生产精密仪器等。

可想而知，那些企业赚到多少利润，科学家和工程师、工人的收入增加多少倍，他们的家庭生活水平提高多少。这些人加起来，足够涵盖美国相当一部分人群。

艾森豪威尔就吐槽，不管我们在武器系统上花费多少金钱，他们永远也不会满足，并不断要求继续增加军费。

这都不用多说，与古代地主兼并土地类似，谁能和钱过不去呢?

到艾森豪威尔卸任的20世纪60年代，军工复合体及其枝枝蔓蔓，已经成为美国参加“二战”的最大受益人群。当然，美国参加“二战”的受益人群还不止这些。

“二战”后美国成为世界霸权国家，首次有了主导世界政治经济的能力，美元顺理成章地成为世界重要结算货币。而西欧和东南亚的国家，被“二战”摧残成一片废墟，不论军政影响力还是经济生产能力，都差美国一大截。于是有国际影响力和经济生产能力的美国,在世界上一枝独秀。

将近一半的商品在美国生产出来,卖到世界各地,然后把廉价原材料和利润输送回美国,给美国创造了史无前例的财富,国内经济一片繁荣。

短短 15 年时间,美国 GDP 从 2 000 亿美元飙升到 5 000 亿美元,家庭收入从 3 083 美元增长到 5 657 美元,几乎 60%的美国家庭都达到中产阶级水平,甚至连流水线工人,都能开着汽车到处玩耍。美国辉煌的 20 世纪 50 年代,基本是当时人类能想到的最高水平。

这一切都来自“二战”。换句话说,包括军工复合体在内的美国企业、白领、工程师、工人等群体,都是美国参加“二战”的受益者。

美国梦,终于在美国普及了。于是美国的整整一代人,形成一个庞大的利益集团。既然是利益集团,那就最害怕改变。他们追随美国的脚步,走入人生的高光时刻,便想抽调进步的梯子,焊死列车的车门,让自己永远留在相对高级的社会阶层,后来者永远在他们的身后吃灰。20 世纪 50 年代的军工复合体、银行财团、国会议员和中产阶级们,默契地达成共识,要保护现在的一切,不要做出任何改变。

于是就有了反对共产主义的麦卡锡主义血洗美国,有了死板教条的学校课程,有了沉闷环境里培养出来的“沉默的一代。”

虽然这些事没有明确的纲领文件,但都是偶然中的必然。因为当一代人有了共同的诉求,必然用自己的言行举止,推动国家完成他们的诉求。

其实不止美国,接受马歇尔计划的西欧发达国家,也在这条路上狂奔。比如英国、法国和联邦德国,经济进步一日千里的同时,由经历“二战”的大佬们组成政府,管理国家的日常事务。用当时的视角来看,这很正常。人家在战争年代立功了,凭什么不能进入政府管理国家,难道让战争英雄们提前退休,选一些无能之辈来执政?

但是换个角度来看,20 世纪 50 年代的欧美国家,其实就是“二战”功臣们的权威政府与国内既得利益集团组成的国家。

贰

美国的盛世之下,藏着汹涌澎湃的暗流。

包括美国在内的世界发达国家,虽然在“二战”前已经完成国家工业化,但那时的工业化，只是国家的硬件。

机器替代人力可以大规模生产了，科学技术的进步可以用枪炮替代弓箭了，社会组织从分散的田园牧歌，过渡到集中的城市生活了。但在思想文化方面，世界发达国家相比工业革命前，基本进步不大。

宏观的国家层面，英、法有庞大的殖民地奴役落后国家的人民，德国在积极拓展外空间，想给德国人民找一块阳光下的地盘。美国更不用说，嘴上说着民主自由，其实一直想排挤其他发达国家，主导世界的运行规则。这些发达国家的骨子里，依然是弱肉强食的秉性，社会达尔文的属性非常浓郁。

微观的个人层面，信奉“社达”的欧美发达国家，内部都有不同程度的种族歧视，以及个人权利的束缚。人民利益是资产增值以外顺便的事，如果实在给不了人民利益，那就算了吧。换句话说，美国等发达国家完成硬件工业化以后，一切不符合工业化国家的制度、思想、文化、观念都需要进行改造，完成软件的工业化。

经济基础决定上层建筑。现在经济基础变了，那么上层建筑也要跟着变。

怎么改造呢？我觉得应该是破除人民心中的封建等级观念，同时给每个人以平等自由，让人民不畏官、不畏商、不畏军阀、不畏资本。总之一句话，人民当家作主。

但权威政府和固化社会，根本没有意识到问题的严重性，这是美国的第一个隐忧。

思想文化的改造，既然权威政府不愿意做，那就只能等待青年来做。

我们前文说了，“二战”以后欧美国家都恢复和平，国家经济进步，个人收入不断增长。那么人们对未来的生活，便有了更大的预期，不免想多生几个孩子。于是欧美国家喜迎婴儿潮。

以美国为例。20世纪50年代的时候，美国女性的平均结婚年龄，从22岁下降到20岁，甚至有些高中女生直接辍学结婚。此后几年，美国的生育率直线攀升，都要和印度持平了。其中相当一部分家庭，有三个以上的孩子。

美国人口从1950年的1.5亿，暴涨到1960年初的1.79亿，其中17岁以下的人口占40%。也就是说，年轻人成为美国的主流人口，而将近一半人口是莽撞的青少年。

青年总是对未来满怀憧憬，可美国的青年却发现，现实世界和理想世界完全不一样。

比如他们从小接受的教育,要求他们听话、勤俭、老实本分,于是他们内心深处已经接受了这套道德说教。但现实世界却是经济发展之后,大部分美国人都不满足于努力工作,开始想办法用花钱来改善生活。

美国从生产型国家,转变成消费型国家了。参加工作的青年人,很少和父辈一样存款,而是选择花光工资甚至贷款,买自己想要的汽车、烟酒和衣服。

据统计,1952—1956 年间,美国人的债务从 274 亿美元增加至 425 亿美元,分期贷款增长 63%,汽车销售数据增长 100%。这才是短短 4 年的数据,再延后 10 年,还要翻一番。

在消费型国家长大的美国青年人,没有经历过父辈的艰苦岁月,根本不理解父辈为什么坚持传统的道德说教,只会认为:"你们呐,落伍了。"其实他们哪里知道,上一代人的道德说教,一方面是自己的人生经验,另一方面是要焊死车门的潜意识。

当青少年成为美国主流人口,现实世界又和理想道德脱节的时候,美国必然撕裂成中老年人和青少人两个泾渭分明的群体。这是美国的第二个隐忧。

不过没关系。青年人迟早会形成自己的共识,来反抗上一代人的道德说教,以及"二战"后的既得利益集团。

所以婴儿潮出生的人成长到 20 世纪 60 年代,他们一切行动的宗旨便是反封建、反权威、要自由。而青年人的诉求,正好与美国的历史进程对接在一起,于是便出现了狂飙突进的 60 年代。

叁

最先起来反抗的是美国黑人。

"二战"期间,数百万美国黑人为军队工作,属于开了眼界、见识过世界的一群人,他们明白了自己的处境,便决心改变黑人的社会地位。而 20 世纪 50 年代的经济狂飙,让很多受过教育的城市黑人,成为美国的中产阶级,并且转型成当地黑人的领袖。这些有钱有眼界的黑人,已经不是百年前种植园里的奴隶了。

1955 年 12 月,黑人妇女罗莎·帕克斯在蒙哥马利市乘坐巴士,拒绝给白人让座,结果被警方逮捕。

黑人领袖们正在等机会呢,没想到美国警察送上门来了,那还等什么,赶紧闹啊。于是黑人领袖们组织黑人，反抗巴士的种族隔离制度，黑人要么专门乘车上下班，要么干脆徒步行走，反正就是不服从美国的种族隔离。

由于黑人运动声势浩大，第二年美国最高法院宣布，公共交通中的种族歧视违法，黑人的反抗运动才落下帷幕。

日后名扬世界的牧师马丁·路德·金，也在这次反抗运动中崭露头角，崛起为新一代黑人领袖。当然，他的成就远远不止黑人领袖。

艾森豪威尔卸任美国总统之后，约翰·肯尼迪当选为美国新总统。此人是美国历史上最年轻的总统，当选时才45岁，想在美国建立医疗体系、改善城市贫民住房条件、颁布民权法案等。不论人格魅力或者执政理念，肯尼迪都非常符合美国青年人的期望。

于是肯尼迪在民间的威望高涨，青年人都把肯尼迪当成偶像，希望肯尼迪能带着他们，改变沉闷的现实世界，实现自己的理想。

1963年，肯尼迪因亚拉巴马州的种族运动，痛斥美国面临"道德问题"："如果一个美国人，因为皮肤是黑色，而不能享受我们人人追求的充实自由生活，我们当中有谁愿意改变自己的肤色，设身处地地体验一下他的感受?"

数天后，肯尼迪推出法案，禁止在公共场所施行种族隔离，严禁就业中的种族歧视。这番动作为肯尼迪赢得了黑人的心。

为了支持肯尼迪，金牧师领导20万人在华盛顿游行，并且在林肯纪念堂前，举行了美国有史以来最大的示威活动。

金牧师站在高台上，发表了《我有一个梦想》的著名演说，台下的黑人、白人、拉丁裔等族裔，爆发出震耳欲聋的欢呼声。

虽然他的演讲是号召黑人自由，但"自由"二字，本身就是美国黑人和年轻白人的共同诉求。政治这种事，你说什么不重要，能在恰当的时机，代表更多人的诉求更重要。

金牧师在林肯纪念堂前的演讲，让他脱离黑人领袖的身份，成为和肯尼迪一样的青年偶像。

黑人反种族歧视、白人青年反权威，至此合流。约翰·肯尼迪和金牧师，也成为美国的偶像。

所以在黑人运动风起云涌的时候，美国的白人青年也受到鼓舞，站出来反抗权威政府,而他们的主阵地是学校。

为什么是学校呢?因为婴儿潮出生的人口,此时也不过 20 岁左右,大部分人都在读书,所以白人青年的反抗运动,其实就是学生运动。

1964 年,加州大学伯克利分校的学生们,在校门口募集政治活动的经费,并且在校内散发政治读物,结果被校方明令禁止。学生们愤怒了,你们管天管地,还能管我们贴大字报?早就看你们不爽了,反抗吧。于是加州大学伯克利分校爆发"言论自由运动",学生们占领学校的行政大楼,将近 75%的学生罢课。这件事是美国学生运动的开端。

此后数年,加州大学伯克利分校就没消停过,校园一度成为警民交战区,学校内部也爆发类似于武斗、革命派和保皇派之争的校内冲突,场面混乱得一塌糊涂。而且伯克利分校的学生运动,迅速传到哈佛、哥伦比亚等大学,美国的青年学生们蠢蠢欲动。

美国成了火药桶,遇到星星之火便可燎原。

肆

时间终于来到 1968 年。那年 4 月,金牧师遇刺身亡,6 月,罗伯特·肯尼迪竞选总统时遇刺身亡,这两件事是美国青年运动的转折点。

金牧师已经说过,是美国的青年偶像。罗伯特·肯尼迪是约翰·肯尼迪总统的弟弟,在约翰·肯尼迪总统遇刺之后,他接过哥哥的政治遗产,成为美国青年的新偶像。他的政治理念,更倾向于照顾底层的黑人、印第安人和穷困白人。而且自约翰逊总统决定出兵越南以来,罗伯特·肯尼迪一直反对出兵越南,同时反对约翰逊总统继续执政。在美国人的心目中,罗伯特·肯尼迪比哥哥更有人情味,感觉他将来做了总统,一定能实现美国青年的理想世界。

为什么反对越战能得到美国青年的支持呢?主要原因就是,美国出兵越南肯定要征兵,而第一批征兵对象就是青年人。要是反抗侵略者的话,那也没什么可说的,肯定踊跃报名参军。可越南又没有侵略美国,为什么要去越南打仗呢?美国到底图什么,青年人为什么要去越南送死?

美国青年想不明白。尤其是电视里播出的美军在西贡枪毙俘虏的血腥画面,直接让美国青年坐不住了，原来美军才是反动派啊。在国内压迫青年人，在越南屠杀人民，那我支持你干什么？

美国青年反对越南战争，表面上是不想为不正义的战争送死，其实是不想给既得利益集团做炮灰。你们“焊死车门”在家吃肉，送我去越南替你们送死，想得美。

现在罗伯特·肯尼迪遇刺，说明在体制内反对越战和改造国家，已经没有任何希望了。金牧师遇刺，说明既得利益集团连黑人领袖都不放过，民间的反抗力量，也面临毁灭性打击。

朝野都不能实现美国青年的诉求，他们感觉梦想幻灭，终于发现，那个最大的敌人不是总统，而是资本主义体制。

而就在美国镇压国内反抗力量的时候，美军现役人员增长到354万，在全世界有2 000多个军事基地，超过54万人在越南作战，军费预算连年增长。据统计，越战期间的军费达到3 500亿美元，比“二战”和朝鲜战争时期的军费开支还大。

“二战”养肥了军工复合体，可想而知，军工复合体在越战期间要赚多少。那就拼了吧。

金牧师遇刺不久，哥伦比亚大学爆发了伯克利分校暴动之后规模最大的美国学生运动。

这件事的起因是，哥伦比亚大学的左派学生，发现校方和国防部智库合作的秘密文件，学生们认为，哥伦比亚大学间接参与了越战。学生们反战，校方参战，这算什么事。

后来校方决定在附近公园建一座体育馆，周围黑人可以免费使用底层体育场，哥大学生则使用上层的体育设施。原本这事也没什么，但校方的设计图上，面向大学的体育馆出入口豪华气派，但面向社区黑人的出入口又小又窄，导致社区黑人领袖大骂，这是种族歧视的体育馆。

这下，哥伦比亚大学引爆了青年学生、种族歧视两颗大雷。

左派学生和黑人发起反抗运动，占领哥大的教学楼等建筑，纽约警察则武装清楼，双方爆发大规模的武斗。最后有700多人被拘捕，132名学生、12名警察受伤。

同年，伯克利分校重燃战火，校园示威、暴动、占领学校大楼的行动，每天都在发生。打砸抢和武斗，更是题中应有之义。

哥大和伯克利分校，只是最著名的事件。1968年的前6个月，美国的101所大学,爆发了 221 次学生游行运动,除了哥伦比亚大学和加州大学伯克利分校以外,哈佛、斯坦福、杜克、普林斯顿等知名大学都参与其中。

1968 年的学生运动,是“二战”以后美国社会矛盾的总爆发,美国命中注定有此一劫。而“二战”后的科技进步,让电话、电视、报纸等媒介进入千家万户,世界各国越来越同步,再加上婴儿潮、经济增长、权威政府是世界发达国家的共性问题,美国的学生运动和黑人运动,便和其他国家遥相呼应起来。所以在 1968 年,环球同此凉热。

1968 年 1 月,亚历山大·杜布切克当选捷克斯洛伐克共产党第一书记,不久后推行“带有人性面孔的社会主义”,包括恢复大清洗牺牲者的名誉、学习西欧国家引入市场经济、修复和欧美国家的外交关系等。杜布切克的执政理念,受到捷克斯洛伐克青年的热烈欢迎。眼看捷克斯洛伐克要脱离掌控,数月后,苏共总书记勃列日涅夫决定派出 20 万军队、5 000 辆坦克,兵临布拉格,强势镇压捷克斯洛伐克的改革。这是发生在苏东国家的布拉格之春。

1968 年 4 月,联邦德国学生领袖鲁迪·杜奇克遭遇枪击,西德学生暴走,在各地的大学门口罢课抗议,其中一部分更激进的人,日后组建红军旅,走上武装斗争的道路。

1968 年 5 月,法国学生罢课游行,军警用催泪瓦斯弹镇压,于是学生们聚集在凯旋门高唱《国际歌》,造起街垒和法国军警巷战。受法国学生影响,近千万法国工人罢工游行。工人和学生合流,共同打出“永别戴高乐”的旗号,要求“二战”英雄戴高乐下台,重新改组法国政府。戴高乐说“改革可以,捣乱不行”,学生和工人用漫画回应“捣乱者是他”。戴高乐被逼得逃离巴黎,到巴登巴登找到军队支持,才敢返回巴黎发表强硬演说,表示不辞职、不换总理,而且这种情况要是继续下去,他要采取其他做法。所谓其他做法,只能是军队镇压。后来戴高乐用工会瓦解工人,用军警镇压学生,轰轰烈烈的法国“五月风暴”才落下帷幕。

1968 年 6 月,意大利工人占领工厂,米兰和罗马的学生罢课示威,向来懒散的意大利人,也在这一年度过火热的夏天。墨西哥的学生工人,不满执政的革命制度党,组织了全国罢工委员会,要求政府在社会、教育方面进行改革。

1968 年 10 月,英国学生在美国大使馆前抗议越战,利物浦工人罢工,北爱尔兰爆发民权运动,《泰晤士报》的文章说,英国处于动乱前夕。

1968 年 5 月,法国巴黎学生罢课游行

1968 年的革命动荡,其实是那个时代出了问题。以美国为首的工业国家要反封建、婴儿潮的年轻人要反权威、第三世界国家要反殖民、少数族裔要反压迫。这些事如涓涓细流,终于在 1968 年汇聚成大江大河。大江大河把 1968 年染成血色,也冲垮了坚固的世界壁障。

伍

20 世纪后期,世界正在进行冷战。

不论是追随苏联的社会主义阵营,还是追随美国的资本主义阵营,都有不满现状的年轻人。两个阵营的年轻人想改变现状,便只能向对方阵营学习,而由于地域和信息差的限制,各国青年学习对方阵营的过程,必然会出现偏差。也就是说,他们看到本阵营的不足,却看不到对方阵营的不足,看到对方阵营的优点,却忽略了本阵营的优点。所以各国青年在改变现状的时候,往往有一种盲目的冲动,感觉对方的东西一定是好的。

既然过程出现偏差,结果也会出现偏差。美、法、德青年厌恶的消费世界,是捷克斯洛伐克青年追求的幻境。捷克斯洛伐克青年反感的体制,正是美、法、德青年幻想中的乌托邦。

这样的青年运动,很难承担起建设理想国的重任。而且世界各国的青年运动,冲锋陷阵的都是学生和工人,与 20 世纪 20 年代的革命相比,青年运动缺少稳定的核心领导团队。

青年们朝气蓬勃,有改变世界的雄心,但除了一腔热血以外,提不出任何有价值的政治经济纲领。即便名气大如金牧师,也是在原有的体系内追求平等自由,却对造成不平等自由的既得利益集团束手无策。

归根到底,他们有摧毁旧世界的能力,却不知道摧毁旧世界以后,要建设一个什么样的新世界。所以世界青年运动汇聚成的大江大河,历史使命就是在历史的关键点上,用无坚不摧的人民伟力,摧毁既得利益集团的堤坝。

世界青年在 1968 年以后,基本完成历史使命,到了 20 世纪 70 年代越战结束,青年们的热情消退,而且发现建设理想世界无望,曾经风起云涌的青年运动,也就销声匿迹了。最重要的是,婴儿潮出生的孩子都长大了,他们要参加工作,养家糊口,根本没工夫谈什么理想。他们消解了崇高,也耗尽了自己的热情。

陆

20 世纪 60 年代的美国青年运动,给两拨人留下了深刻印象。

其一是军工复合体、银行财团、工业资本家等既得利益集团,他们被美国青年的力量震惊了,担心类似的事情再来一次,便决定结成同盟,稳住阵地,同时向底层让利。

其二是知识分子。他们感觉 20 世纪 60 年代的破坏性太大,不利于美国稳定发展,甚至有可能颠覆美国的根基。

这两拨人达成共识,美国青年和黑人又回归正常生活,于是新右派登上美国的历史舞台。

而此时的美国正在走下坡路。原本作为世界最大的工业国家,美国是“二战”后工业品的主要输出国,这些工业品的利润养肥了美国。但是经过战后几十年的休养生息,日、法、德、英重新崛起,制造出来的工业品,抢占了美国的市场份额。美国的钱,没那么好赚了。

再加上20世纪70年代初期的滞涨危机、中东国家的石油禁运，美国经济一片惨淡，企业的日子紧巴巴，个人也不敢过度消费。新右派便提出自己的政经理念，国家不应该对经济指手画脚，市场经济下的自由竞争才是最好的，同时要给企业减税，让企业保证国家经济的活力。

新右派的理念非常受欢迎，因为减税好啊，能留在自己兜里，谁想给国家多交钱？于是新右派推举里根为总统候选人，让里根入主白宫做自己的代言人，而里根也承诺，只要当选总统，一定颁布减税政策。

时代天地皆同力。1981年，里根成为美国新总统。刚上台没多久，里根便签署减税25%的法令，国会顺利通过。

减税的另一面是国家财政收入减少，美国政府不能大手大脚花钱了，于是在减税的同时，里根大幅度削减联邦预算，国会也顺利通过。

这就结束了吗？没有。

军工复合体是美国最大的既得利益者，不喂饱他们，里根这总统当的有什么意义？

所以伴随着减税、削减联邦预算，里根推出15 000亿美元的五年防务计划，以及耗资1 800亿美元的六年核战略计划。

这才是里根给军工复合体的回报，至于“星球大战”，不过是用来骗苏联和美国人民的“噱头”。

里根和新右派们，一起把美国改造成“小政府、大市场”的模式，并且通过“经济全球化”的方式，向世界各国推销。什么叫杀人诛心啊，这就是。

美国不仅扶持大企业到全球剥削利润，还要把美国的政治模式、意识形态推广到全球。

有些国家没留神，很快进了美国的套子。已经变相成为美国的殖民地了，还美滋滋地想:学习美国肯定能发达。

所以什么是新右派啊，简单说就是经济上自由竞争，政治和文化上保守权威，漠视社会的平等正义，只关心经济和资本的发展效率。

而就在新右派和里根改造美国的时候，英国新右派领袖撒切尔夫人出任首相，大力推行私有化和自由竞争。

再过几年，东欧剧变苏联解体，纷纷开始“休克疗法”，极力向欧美国家靠拢。至此，美国进入世界单一霸权的新时代，世界也进入全球化经济的新时代。

五百年来的白银贸易和全球化

壹

一只南美洲亚马孙流域热带雨林中的蝴蝶，偶尔扇动几下翅膀，可以在两周后，引起美国得克萨斯州的一场龙卷风。

美国气象学家爱德华·洛伦兹关于"蝴蝶效应"的说法，可以用来解释很多八竿子打不着、却又在冥冥之中产生关联的事情。

比如美洲发现的白银。美洲白银作为一种可以量产的贵金属，自从被西班牙发现以来，逐渐成为世界各国都认可的货币，承担起连接世界的重任。

它通过西班牙的贸易线大量流向中国，交换到中国的丝绸、瓷器和茶叶等商品，不仅把古代中国的制造业推向巅峰，海量的白银货币也重塑了中国生态。而西班牙等欧洲国家，用几乎无偿获取的白银，购买到了中国制造的商品，过上了中国制造(made in china)的日子。

但是长期的贸易逆差，又成为欧洲爆发工业革命的重要因素。白银这个深埋在地下的蝴蝶，在美洲扇动的翅膀，刮起长达数百年的飓风，让无数国家崛起又没落，也让数不清的恩怨情仇重复上演，直到今天，这场飓风依然没有散去。

我们仍然活在白银塑造的世界里，但我们正在努力开创一个新的世界。

贰

时间再次回到16世纪。自从哥伦布发现新大陆以后，西班牙和葡萄牙对于航海殖民的意向，比以往任何时候都要强烈。

为了协调两国的矛盾，罗马教皇于1494年发出邀请，要求西班牙和葡萄牙坐下来谈谈。经过一番讨价还价，最后由罗马教皇做主，在地图上以亚速尔群岛和佛得角群岛为基准向西370里格（1里格合约3海里、5.5公里）的地方，从南极到北极划了一条界线，史称“教皇子午线”，规定分界线以东是葡萄牙的殖民范围，以西则是西班牙的地盘。

教皇没有经过世界其他国家的同意，便私下把世界给分了，这可能是最早的地图开疆。不过对于西班牙来说，罗马教皇有着无与伦比的权威，他老人家说定的事，无论如何也得遵守。

于是在1519年，西班牙国王查理五世派遣麦哲伦出海，绕过已经殖民的美洲大陆，继续向西探索，争取完成一次环球航行，把教皇划定的地盘，全部收入囊中。

总体来说，这次环球航行是成功的。

3年后，船队绕地球一周之后回到西班牙，除了带回大量香料抵消航行成本以外，还发现葡萄牙人已经占领最重要的香料产地——摩鹿加群岛，也就是现在印尼的马鲁古群岛。

唯一悲催的是，船长麦哲伦死在了菲律宾，出发时的256名船员，也只剩下18人生还。

既然两国的海外扩张边界是东南亚，又涉及可以发财的香料产地，那么对这一带的争夺，也就不可避免。西班牙组织了数次船队远征，都被葡萄牙击败，没能占领摩鹿加群岛，无奈之下，西班牙决定占领菲律宾，其他的以后再说。1571年，黎牙实比带领的400人远征军，攻占马尼拉，正式在菲律宾建立起西班牙的殖民统治。

而在此之前，黎牙实比派人返回墨西哥，汇报了远征船队和菲律宾的真实情况。

返航船只借6月的西南季风启航，进入北纬37—39度的水域后，借西风横渡太平洋，到达北美西海岸后，再借西北风向南航行，10月份就能抵达墨西哥的阿卡普尔科港口，整个航程需要5个月。

横跨美洲和亚洲的新航线就此开辟，自古以来没有交集的两大洲，即将发生史无前例的亲密接触。

在16世纪，菲律宾是原始蛮荒的地方，根本不能给西班牙殖民者提供任何资源，让他们在这里舒服地住下去。

而西班牙距离菲律宾太遥远,想支持菲律宾殖民地,显得鞭长莫及。再说,西班牙也未必愿意倾尽全力支持菲律宾,毕竟花费巨大的代价到东南亚殖民,可不是为了做散财童子的。于是黎牙实比等殖民者以后该如何生存发展,就是迫在眉睫的事了。

说来也巧,他们在攻占马尼拉的时候,发现港口停着 4 艘中国商船,船里有 40 名来马尼拉贸易的中国商人。黎牙实比等人都穷疯了,想劫掠中国商船,补充一下后勤物资。

那时的中国是大明隆庆五年,虽然已经显露出败象,但依然是世界上强大的国家,所以中国商人都震惊了:“哪来的蛮夷,竟然敢劫掠天朝上国?”

黎牙实比微微一笑:“说出吾名,吓汝一跳。我乃西班牙帝国新西班牙总督辖区的菲岛都督,麾下有 400 大军,还不投降?”

中国商人听完,瞬间松了一口气,原来是群要饭的,便和黎牙实比说道:“你们劫掠的目的,无非是要钱财物资,不如放我们回去,以后每年从中国运物资来和你们交易,这样岂不是更好?”

黎牙实比想想也对,如果能开辟贸易,为什么要抢劫呢?于是双方约定,放中国商人回去,但以后一定要来做生意啊,骗人是小狗。

菲律宾原本就是中国商人的贸易范围,即便黎牙实比不说,他们也会来的。无非是主要贸易对象由菲律宾土著变成了西班牙人而已。

叁

要说西班牙人的运气实在太好了。当时的中国是制造业大国,最不缺的就是商品,尤其是欧洲人最喜欢的丝绸和瓷器。

早在朱元璋做皇帝的时候,便规定有 5—10 亩土地的农民,必须种半亩桑树,有 10 亩土地以上的农民则需要种 1 亩桑树。即便不是桑树的原产地,也得购买种子学习种桑。作为回报,那些种植桑树的土地,可以免除赋税。一句话,国家要扩大丝绸产量,你们种就完了。

但凡国家出政策鼓励什么产业,那么这个产业必然会爆发性增长。比如苏州吴江县,洪武年间有桑树 18 万株,到了永乐末年便增长到 44 万株。可想而知,整个江浙的桑树增长多少倍，又有多少地主因此致富。

桑树的大面积种植，让大明的丝绸业增长特别迅猛。于是大明出现很多以产丝为主的商业重镇。浙江湖州号称“新丝妙天下”，四川保宁的丝“精细光滑不减湖丝。”

这些丝绸在国内是畅销品，而且随着郑和下西洋和沿海走私贸易，走出国门，销售到欧洲宫廷和贵族家里。

为了赚到丰厚的利润，那些产丝的商业重镇，不惜毁掉农田种植桑树，用粮食来换销售额。

电视剧《大明王朝 1566》里的“改稻为桑”，原型就来自这里。

瓷器更不用说，由于工艺复杂，技术含量极高，这东西当年只有中国能制造。外国人喜欢得不得了，偏偏造不出来。于是，瓷器成为欧洲的奢侈品。家里收藏了多少中国瓷器，甚至是欧洲贵族们身份的象征。

葡萄牙公主嫁给英国国王，要用瓷器做嫁妆。波兰国王为了收藏瓷器，可以用 4 队近卫军，与普鲁士王妃交换 12 个青花瓷瓶。

在当时的欧洲，中国瓷器，是可以做传家宝的。

既然有利可图，瓷器便成为欧洲商人争抢的商品。1514 年，葡萄牙商人科尔沙利刚到中国沿海，便一次性买了 10 万件景德镇的五彩瓷瓶。6 年后葡萄牙国王直接下令，回国商船的货物必须有 1/3 是中国瓷器。

在这样的历史背景下，产量大、质量佳的丝绸瓷器，成为中国制造的世界硬通货。

所以，黎牙实比等人遇到中国商人之后，不仅解决了殖民地的生存问题，还顺便开拓了一条贸易线。

中国的生丝、绸缎、瓷器、棉布和药材等商品，在沿海的广州、泉州等港口装船，运到马尼拉之后，再经西班牙人之手横渡太平洋，抵达墨西哥的阿卡普尔科港口，然后由当地商人贩卖到墨西哥城、秘鲁、危地马拉、厄瓜多尔。

中国沿海—马尼拉—墨西哥组成的大帆船贸易，就此成型。此后几年，每年驶向马尼拉的中国船达到 20 艘，装载的货物达到 20 万比索。

而西班牙人除去自己消耗以外，剩下的全部运回墨西哥出售，利润可以达到 10 倍以上。

即便是几十年后，这条贸易线已经走过原始积累阶段，中国商品运到美洲大陆，依然可以达到4倍的利润。

双方都有钱赚，贸易自然做得飞起。

据史料记载，阿卡普尔科原本是偏僻小镇，但随着大帆船贸易线的繁荣，每当贩运中国商品的大帆船抵达时，这里便要举行盛大的贸易集会，其他地方的白人、印第安人和黑人都会赶来交易，人口可以达到1.2万人。

1620—1621年大帆船贸易部分商品的价格情况

货名	单位	在马尼拉价格（比索）	在秘鲁利马的价格（比索）	比价（倍）
生丝	担	200	1 950	9.75
广州缎子	匹	5	50	10
织锦	匹	4	40	10
天鹅绒	巴拉（vara）	0.5	4	8

数据来源：摘编自美国学者E. H. 布莱尔（E. H. Blair）与J. A. 罗伯逊（J. A. Robertson）编辑的《菲律宾史：1493—1898》（*The Philippine Islands* 1493—1898），这是一部55卷本的菲律宾历史资料集。

有些秘鲁商人，直接带着200万比索到阿卡普尔科，只为抢购中国商品。他们把贩运中国商品的船称为“中国船”，因丝绸贸易而繁荣起来的美洲商路，称为“中国路”。

居住在墨西哥的旅行家佩德罗·德莱昂·波托卡雷罗记载：“中国运来的缎子种类甚多，尤其是南京产的闪光白缎、闪光黑绸、非常漂亮的天鹅绒。运往秘鲁的还有大宗南京白丝、各色披丝、妇女头巾和木制装饰品。有麝香、灵猫香、黑琥珀、大量精美的瓷器和其他成套衣物。这些衣物人人喜爱，销路很广，连穷人也买这些衣物来穿，因为这些丝织品的价格非常便宜。”

移民美洲的西班牙贵族也以中国商品为荣。贵族妇女为了买到精致的中国丝绸，不惜耗费大量积蓄，只为在聚会的时候不被闺密比下去。

天主教会的传教士，用中国丝绸缝制法衣，甚至为了让教堂更华丽一些，直接用中国丝绸做教堂的装饰品。

在那个年代，中国丝绸在欧洲人心里的地位，远超现在的很多奢侈品品牌。

就在马尼拉大帆船贸易成型的时候，早年间因为“禁海令”时断时续的海外贸易线，也因为中国民间走私兴起，以及欧洲人做中间商，基本固定下来。其中一条是和日本的贸易。

明朝猛人徐光启曾说过，日本什么都没有，日常用度都要向中国买，包括卧室里的席子、做衣服的丝绸棉布、妇女用的脂粉、彰显门面的瓷器等。

缺了中国商品，他们的小日子一天都过不下去。所以日本商人常年到中国采购，中国的走私商人，如郑芝龙，也不断向日本贩运商品，仅1641年就有三艘商船到日本长崎，带去白生丝2.5万斤、黄生丝1.5万斤、红绸1万匹、其他棉布等纺织品14万尺。

不过，中日直接贸易的占比不大，最主要的中日贸易，是由西班牙、葡萄牙和荷兰做中间商来间接完成的。

于是就有了另一条三角贸易线。

罗马教皇规定的葡萄牙殖民范围，基本在欧亚非大陆。葡萄牙便带着本金从欧洲出发，到广州一带买中国商品，卖到马尼拉和日本赚第一笔利润，然后用这笔钱继续买进中国商品，经印度果阿回到里斯本赚大钱。如此倒卖两次，葡萄牙人的利润不比西班牙差。

根据当时留下的资料，1580—1590年间，葡萄牙人每年运到果阿的丝织品有3 000担，价值24万两白银，利润是36万两。

到了崇祯年间，商船的装载量达到6 000担，利润将近72万两。

肆

说到这里，就有一个问题：贸易的原则是等价交换，欧洲国家和日本馋中国的商品，中国能从全球贸易中换到什么？

要知道，几百年前的欧洲即便开始大航海，但是和中国相比，不论技术或者生产力都非常落后，欧洲国家和日本，确实没什么东西用来贸易，但他们有白银。

西班牙殖民美洲之后，发现了大量的银矿。16—18世纪的300年里，共生产了13万吨白银，尤其是玻利维亚的波托西银矿，全盛时期有6 000座炼银炉，产银量占到全世界的一半以上。差不多相同的时期，日本也发现石见、生野等大银矿，用灰吹法大规模提炼白银，石见银矿最辉煌的时候，产银量一度占世界总产量的1/3。

世界白银存量爆炸性增长，一种量大且保质的稳定货币，开始出现。

中国最需要的就是白银。因为随着商品经济的大发展，中国的市场上必须有大量货币流通，才能满足买卖双方的需求。

但中国自古以来使用的铜钱，由于价值不高而且容易伪造，只适合用来小额交易，远远不能填补市场的窟窿。

而明太祖朱元璋发行的大明宝钞，因为没有保证金制度，导致无限制地超发滥发，短短数十年时间就贬值成废纸。

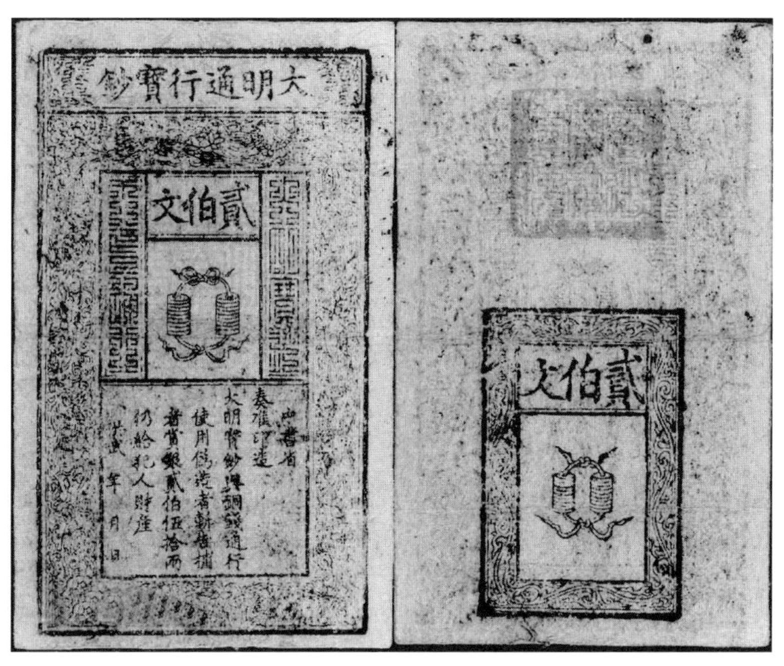

大明宝钞

（图来自来百度百科。）

比如在洪武九年（1377 年），1 贯钞＝1 两银＝1 石米，到了正统元年（1436 年），大明宝钞和白银的兑换率已经跌到 1 两白银兑换 1 000 贯宝钞。

不断贬值的大明宝钞，被大明朝野集体嫌弃，成化、弘治以后，基本退出大明的历史舞台。

铜钱不能满足市场，宝钞没有信用，想来想去，也只有白银才能满足大明市场的需求了。然而中国是缺银国，从洪武皇帝朱元璋到崇祯皇帝朱由检，大明历代皇帝们掘地三尺，也只开采出2 600万两白银，市场上的货币需求，还是不能满足。

就在中国市场为货币流通苦恼的时候，西班牙和日本的银矿，解了中国的燃眉之急。

伴随着全球化贸易线的开辟，中国制造向世界输出，白银则源源不断地流入中国。

当时的西班牙人就吐槽："中国人除了白银以外，什么都不要，他们对白银有一种永无止境的渴望。"

据统计，经过明清两朝的贸易顺差，中国得到将近6亿两白银，其中日本通过贸易线流入2亿两，美洲白银经马尼拉和欧洲两条贸易线，流入4亿两。这些白银从广州、泉州等港口进来，然后走入中国的千家万户，彻底重塑了中国的生态。因为白银作为世界通用的货币，大量涌入中国，犹如央行放水刺激经济。

江南的丝绸瓷器产地，有了白银的流通，比以前更拼命地生产，在追逐利润的路上一骑绝尘。丝绸作为龙头，带动起江南的棉麻纺织产业，紧接着便是手工制造和修理、水陆运输、布料印染等纺织的二级产业，再下一级就是种桑、养蚕、纺线等关系小门小户生计的下游产业。

瓷器作为龙头，也带动起烧制、运输、典当等一系列产业，甚至在广州和泉州港口，专门有一批画工，靠给白瓷描画为生。

制造业的繁荣，自然衍生出繁荣的金融业。江南钱庄、山西票号，就是在这个历史进程下演化出来的。

制造业和金融业联系在一起，结果便是市场经济非常活跃。

穷苦人民如果失去土地，到城市做工也有一口饭吃。

中产阶级开始买田盖房、投资教育，给后代留下丰厚的财产，希望家族一代更比一代强。

至于最高层的豪商地主，要么和江南出身的高官结成利益同盟，要么在本地修建园林享受生活，爽得要死。

而在全国层面，全球贸易和中国经济繁荣的一个结果，就是玉米、土豆等高产作物普及，以及医药技术的进步。

人们有了更多的粮食和医疗，人口以每年0.6%的速度增长，远超欧洲0.4%的人口增长率。

朱元璋时期的中国人口是6 000万，到了清朝道光年间人口突破4亿，占全世界人口的34%。

全球化贸易，甚至改变了贵州的苗族生态。徽州商帮带着白银逆长江而上，到贵州清水江流域，雇用当地苗人砍伐木材。最后徽州商帮带着木材顺清水江—长江东行，白银则留给了当地苗人。

明清时期的贵州，属于落后贫困地区，清水江附近的苗人赚到白银以后，没有消费和投资的地方，竟然搞出世界上最复杂的银饰，全身装束配满需要几十种饰品。至于清水江流域以外的苗人，饰品方面就简朴许多，有几件搭配就行了。

从中国制造到美洲消费，从江南钱庄到山西票号，从苗人银饰到马尼拉大帆船……白银和丝绸瓷器作为媒介，真正让世界成了一个整体。

货出中国，银入神州。那时候的中国，是世界上最繁荣强盛的国家，没有之一。

伍

进入清朝中叶，英国成为中国最大的贸易对象，其马前卒就是英国东印度公司。

然而英国需要中国的丝绸、瓷器和茶叶，中国却除了白银以外，不需要英国的任何商品。巨大的贸易逆差，差点让东印度公司的资金链断裂。

1784年，公司的广州仓库还有21万两白银存款，短短3年后，便出现90万两白银的赤字。

为了弥补贸易逆差，防止白银继续外流，英国东印度公司的高级职员华生上校建议董事会：既然中国不需要我们的商品，那不如向中国销售鸦片？

鸦片是成瘾性快消品，任何人只要体会到鸦片的快感，就会沉溺在这种虚幻的快感中，很难再戒掉。

对于财政困难、没有道德底线的东印度公司来说，如果向中国销售鸦片，相当于养了一只下金蛋的母鸡，可以源源不断地赚钱。

于是，公司丈量了印度比哈尔、比纳莱斯的土地，然后和当地农民签订种植鸦片的合同，最后以每箱300卢比的价格收购鸦片。

公司把鸦片运到加尔各答港，拍卖给申请到特许经营权的散商，由他们运到中国广州出售。

另一个鸦片产地是印度的麻洼，这地方的鸦片和大米一样普遍，基本是当地人运到孟买，然后卖给收购鸦片的商人。商人向公司交纳200～400卢比的转运税，就能运到广州出售了。

鸦片在广州的平均售价是每箱750两左右，比成本价直接翻了三四倍，但是已经沾染鸦片瘾的中国人，根本不管价格多少，只要有货就买。

东印度公司的鸦片销售量，也从1790年的2 000箱，一路攀升到1838年的40 000箱，总价值为2.4亿两白银。

鸦片带给东印度公司大量财富，也让中国的经济走向崩溃。几百年来流入中国的白银，在短短几十年间大量外流，导致市场上的流通货币减少，出现"银贵钱贱"的局面。

原本1000文铜钱可以兑换1两白银，现在要兑换1两白银需要1 600文铜钱，而中国百姓平时小额交易，使用的是铜钱，向政府缴税则需要兑换成白银。

于是鸦片贸易引起的"银贵钱贱"，在中国造成第二次剥削，让中国百姓越来越穷困，负担越来越重。

另外，中国瘾君子的指数级增加，又让他们耗尽积蓄去购买鸦片，导致在中国市场上的购买力降低，很多畅销几十年的商品，现在根本卖不出去。结果便是中国工商业萎缩，国内市场再也没有繁荣景象。

1838年，林则徐到苏州、汉口等地考察发现：各种货物销路皆疲，凡二三十年以前，某货约有万金交易者，今只剩得半数。问其一半售于何货，则一言以蔽之曰，鸦片烟而已。

然后就是林则徐虎门销烟，英国为了保证鸦片贸易的收入，发动第一次鸦片战争，中国向半殖民地半封建社会的深渊滑落。

鸦片流入中国的时候，中国的制造业也在走向没落。在全球化贸易的1.0时代，中国作为制造业大国，常年出口万担以上的丝绸，整个明清时期出口到欧洲1.5亿件瓷器。

中国陆续送走西班牙、葡萄牙、荷兰等几波中间商，依然没有倒下。

但制造业的核心问题是，必须掌握核心技术，才能造出别国造不出的东西。而中国在长期的顺差贸易中，恰恰失去了制造丝绸和瓷器的核心技术优势。

因为长达几百年的赔钱生意，让一票欧洲国家坐不住了，想着我们辛辛苦苦开采白银，或者派出海盗出海抢劫白银，难道就为了给中国送去？我们喜欢的丝绸和瓷器，难道就不能自己造？

这个念头一动起来，欧洲国家纷纷派工匠到中国出差，说好听点是学习观摩，说难听点就是偷盗技术。

最先流出去的是丝绸技术。丝绸作为全球贸易的重中之重，自然是欧洲人接触最多的。早在 14 世纪的时候，蚕和桑便传到意大利的科莫。经过几百年的丝绸贸易，欧洲的商人工匠和中国长期接触，东问问西问问，逐渐学到缫丝、烘丝、络丝、并丝、染色、印花的一系列技术。

另一个学会丝绸技术的是日本，这个就不必多说了，过程和意大利差不多，而且日本从唐朝就开始模仿中国，人家可是学习了一千多年，才把小日子过得不错了。

再加上全球化贸易的原始资本积累，意大利和日本，对丝绸产业进行资本和技术投资，逐渐后来居上，抢占了中国的丝绸市场。

19 世纪后期，科莫便成为意大利的丝绸重镇，到了 20 世纪 30 年代，日本生丝占全世界 75％的份额。

然后是瓷器工艺。

同样是 14 世纪，拜见过元朝皇帝忽必烈的马可·波罗，就在游记里详细记载了瓷器的制作技术。欧洲人照着《马可·波罗游记》，苦苦研究了 400 年，才在 1708 年烧制出粗糙的白瓷。

另一方面，据《欧洲瓷器史》的记载，有一个欧洲传教士偷窥了景德镇制作瓷器的全部流程，然后于 1712 年写在信里寄回巴黎，把最先进的制瓷技术公布出来。

此后欧洲工厂经过研究改进，并且在工业资本和技术的加持下，终于掌握瓷器的制作方法，用资本主义的先进生产力，抢占了欧洲市场。中国瓷器，自然不需要再买了。何况运费那么贵。

最后是茶叶。

茶叶是清朝增长最快的出口产品，广州的出口价是国内市价的 3 倍以上，而英国作为中国茶叶的最大买家，东印度公司凭借中欧转口贸易，能提供英国国库收入的 10％。

既然茶叶生意这么赚钱，英国当然想独占利润，何必和中国分享呢？

于是在 1834 年，英国在印度成立茶叶研究发展委员会，并且派人到中国购买茶苗、招募制茶工人。两年后,他们在印度阿萨姆制作出红茶,成为中国之外唯一制茶成功的地方。这也是现在阿萨姆红茶的来源。

1848 年,英国又在中国买了 2.4 万株茶树、1.7 万粒茶苗、招募 8 名中国茶工回到印度,开始大规模制作茶叶。

印度茶园有英国的资本大力投资,以及几乎免费的印度工人,英国的茶叶产业进步非常快,到 1889 年茶叶出口就超过中国。

从这里就能看出来,技术是不可能永远留在一个国家的。只要这项技术生产的商品,是全世界都想要的,那么这项技术一定会通过市场的漏洞,扩散到全世界。

"货出中国、银入神州"的盛况,到了 19 世纪后期,彻底不复存在。中国没有世界各国需要的大宗商品出口,也就没有白银货币的大量流入,而完成工业化的欧美国家,却可以向中国输入廉价棉布、高档的香水和钟表以及源源不断的鸦片。

居住在中国内陆城镇的地主,开始把地窖里的白银取出来,大量购买欧美国家输入中国的东西。

于是白银开始重新汇聚,要么经黄河和华北商路流入天津,要么经长江和支流向上海涌入,所以天津和上海是清末民国发展最快的城市,而这两个城市,也是南北方买办商人的大本营。

尤其是长江出海口,每年进出口的关税占到全国 70%左右,直接让定都南京的国民政府有了稳定的财政收入,以及和各路军阀争雄的资本。

白银流出,制造业衰落,导致中国进入数千年从未有过的黑暗谷底。

陆

我们前边说到,欧洲国家在世界贸易中能够赶超中国,主要原因是资本和工业技术的加持,而其背后是一个国家的工业化进程。

那为什么世界贸易初期,贫穷落后的欧洲国家能完成工业化,中国作为制造业和资本强国,却错过了工业化的列车?

其实在殖民时代早期,欧洲商人的主业,不是给本国商品开拓市场,而是做欧洲和亚洲的转口贸易。

在世界白银向中国涌入的浪潮中,做转口贸易的西班牙、葡萄牙、荷兰和英国,作为中间商也赚到大量的利润。换句话说，流入中国的 6 亿两白银，是中国制造的商品利润，另外一部分贸易线上的白银，则是欧洲国家的贸易利润。

而且欧洲国家在全世界开辟殖民地，对殖民地的残酷剥削，也成为欧洲国家的重要财富来源。

据德国马克思主义经济学家欧内斯特·曼德尔考证，1500—1800 年间，欧洲国家在殖民地掠夺了价值 10 亿英镑黄金的财富。尤其是英国，1750—1800 年间就在印度掠夺了价值 1 亿英镑黄金的财富。

经过几百年的转口贸易和殖民地掠夺，欧洲国家逐渐完成原始积累，成为世界上仅次于中国的富裕国家。

而欧洲国家经过的几百年的争夺战争，最终英国成功出位，成为欧洲最富最强的国家。

这些钱犹如肥料，滋养了本国的制造业。

虽然英国的制造业开始比较落后，中国根本不稀罕，但英国有遍布世界的殖民地，通过商品倾销和贸易保护政策，让他们制造的商品，有了稳定的市场和利润。英国制造业，就此走上历史的舞台。

由于制造业在世界贸易中的定位，想盈利赚钱，必须遵守两个原则：最大限度降低成本，包括人力成本和原材料成本。最大限度提高生产效率。

英国不把殖民地的人当成人，驱使他们收集原材料，论成本的话，比中国低太多了，于是英国获得最低价的原材料。在这方面的道德标准上，只要他们不尴尬，那尴尬的就是别人。

但是殖民地能解决原材料的问题，却解决不了人力成本的问题。因为在英国制造业的起步阶段，殖民地非常原始，根本不可能把工厂搬到殖民地生产，那些近乎免费的劳动力，对于国内制造业便没有价值。

而我们之前说过，欧洲的人口增长率只有 0.4%，导致人口数量远远不如中国，结果就是人力成本非常高。

英国就出现这样一种局面：原材料不断从殖民地运来，却由于人力成本的限制，不能快速制造成有竞争力的商品，运到全世界赚取利润。

在现实条件的倒逼下，英国工厂对可以节约人力、提升效率的技术和机器，特别感兴趣。

每当工匠有什么技术改进，便快速用到生产中。经过无数工匠的持续革新，英国出现很多小发明、小创造，经过长时间的技术积累，詹姆斯·哈格里夫斯和瓦特站在前人的肩膀上，发明了珍妮纺纱机和瓦特蒸汽机，大大节约了人力成本。而这些机器一经发明，就被到处流动的资本投资，迅速成为制造业的中流砥柱。

于是成本低廉、产量巨大的煤炭、钢铁被生产出来，为了运输煤炭和钢铁，以蒸汽船和蒸汽火车为主的水陆运输业全面爆发，这一切又推动英国纺织业走出国门，向全世界倾销。

在这样的正循环里，英国的工业革命启动了，对全世界的农业国造成降维打击，全球化贸易进入 2.0 版本。

而中国正好反其道而行之。从 6 000 万飙升到 4 亿的人口，导致中国的人力成本非常便宜，根本不需要费尽心思“节约人力”。反而因为人口暴涨导致人均占有耕地减少，再加上土地兼并和地主剥削，导致很多人没有土地，被迫到城镇谋生。他们为了混口饭吃，甚至自愿把薪水降到行业标准线以下。

在这样的生态里，投入资本提升机器效率，就是一件亏本的事，远远不如招募工人“大力出奇迹”划算。

1742 年的一份资料就说到，制造水泵来灌溉农田，可以节约 80%的人力，但是制造水泵需要花费的白银，可以招募更多的人、灌溉更多的田。

这么一算账，那还制造什么水泵？直接去村口喊人多方便。没有动力制造机器，便不可能大幅度提高生产效率，制造出来的纺织商品投放到市场上，自然不如机器制造的纺织品有竞争力。

从这个角度来说，中国低廉的人力成本，在市场的反作用力下，结果却让人力成本大幅度提高。

于是中国离工业化的道路越来越远，等到鸦片侵入，中国白银外流的时候，中国想走工业强国之路，国内也没有足够的资本了。

这是一种成功者的路径依赖。一个国家用什么样的方式强盛起来，就会沿着固定的模式走下去，遇到转弯路口的时候，根本来不及刹车，甚至压根儿没有刹车的意识，最后车毁人亡。

柒

我们现在回头来看，清末那种制造凋敝、白银外流的困境，其实是全球化贸易中心转移的大势。

中国作为世界最大的制造国，随着技术扩散和工业革命的爆发，被英国等欧洲国家“谋逆篡位”，取代了中国在全球贸易中的制造国地位。到了20世纪初期，美国成为世界第一大制造国，篡了英国的经济“皇位”。

而不论哪个国家成为全球贸易中心，都会成为财富黑洞，以强大的生产力吸引全世界的财富向国内汇聚。

似乎没有任何国家能对抗这种大势，尤其是已经没落的国家，注定只能成为新君登基的垫脚石。

包括西班牙、葡萄牙、荷兰、英国、法国都是如此，强大时威势煊赫，落寞时暗自忧伤，再无翻身之日。

毕竟资本没有祖国，只是在不断寻找可以增殖的地方。但历史大势在中国却失去了作用。

在这样薄弱的基础上，我们的历代先辈用70年的时间再造山河，在全球贸易中心从美国转移的历史大势中，让中国再次成为世界第一大制造国。

现在，我们重新走上了“货出中国、银入神州”的旧路。

500年世界风云浩浩汤汤。美洲和日本的白银，因丝绸和瓷器、茶叶而进入中国，又因鸦片贸易和制造没落而离开中国。中国经历过财富黑洞的狂欢，也体会到“落后就要挨打”的苦涩。

我们有志愿军爬冰卧雪为国雪耻的壮烈，也有1亿条牛仔裤换一架波音飞机的无奈。

回首如烟往事，以往的荣耀照亮中国的前路，苦难，同样让我们对可能存在的敌人万分警惕。这些精神财富，必将带着我们回到那个梦幻中的盛世，再开创一个新的世界。

最后，我想用那段传遍网络的话来结尾：

五千年前，我们和埃及人一起面对洪水。四千年前，我们和古巴比伦一样玩青铜器。三千年前,我们和希腊人一样思考哲学。两千年前,我们和古罗马人一样四处征战。一千年前,我们和阿拉伯人一样无比富足。现在,我们和美利坚人一较短长。

五千年来,我们的对手换了好几轮,而我们却一直在世界的牌桌上。

瘾念中的财富密码

壹

自古以来，世界上出现过无数种经济模式、商业模式，但最暴利的，毫无疑问是上瘾型经济。

如果大家仔细观察周围的人和事，就能发现，每个人都或多或少有些离不开的东西，而之所以离不开，是因为这些东西让人上瘾，欲罢不能。

这些让人上瘾的东西，总结起来无非是黄、赌、毒、烟、酒、糖、盐这几大类。

《孟子》里讲："食色性也。"包括正常的生理、繁衍需求在内，享受肉体欢愉是人类与生俱来的"癖好"。

从成年到死亡，每个人都避不开这件事。于是便催生了庞大的周边产业，养活了无数从业者，甚至能给国家财政添砖加瓦。

早在中国的春秋时期，便出现"管子之治齐，为女闾七百，征其夜合之资，以佐军国"的事，齐国能"九合诸侯一匡天下"，这些女闾是做出重要贡献的。此后直到明清时期，中国始终有官办的妓院，一来服务于蠢蠢欲动的男性，二来赚取利润充实朝廷财政。

自从有人类以来，各种形式的赌博就没消失过，古代中国有斗鸡运动，古代罗马有斗兽场，那些动物在场中生死搏杀，分出生死之后，获胜的驯兽人可以得到丰厚的报酬，场外押注的人，也能通过一瞬间的判断下注，得到数倍到数十倍的收益。

而这种"以小博大、不劳而获"的爽感，足以吸引更多的人下水，参与赌博活动，以满足自己那不切实际的幻想。

到了现代社会，很多国家是禁止原始形态赌博的，但赌博作为一项传统活动，出现了更多的变种形态，例如西班牙发起、随即在世界110个国家流行的现代彩票。

不劳而获的赌博逻辑，其实一直是社会经济活动的重要组成部分。

这也是人性之一。

贰

如果说黄和赌是可以通过“自我道德修养”避免上瘾的，那么盐和糖则是身体必需的上瘾型物质。

唯心的道德修养，在唯物的身体需要面前，是特别无力的。美国科学家曾做过一次实验，他们给小白鼠断盐三天，然后再用盐水喂小白鼠。

在这个过程中，科学家们通过检测发现，小白鼠缺盐的时候，大脑会分泌一种蛋白质，而这种蛋白质和尼古丁、可卡因等上瘾物质发作时，分泌的蛋白质非常相似。

澳大利亚也做过类似的试验，结果是当盐进入人体分解时，大脑的杏仁核区域会分泌一种物质，对人的情绪产生影响。

这两个科学实验证明，我们日常食用的盐，具有身体上瘾和生活必需的双重属性。

这么重要的东西，必然也会产生暴利。中国的春秋战国时期，齐国管仲提出“官山海”的政策，对盐和铁进行国有化专卖，所聚财富用来支撑齐桓公“九合诸侯一匡天下”的霸业。

汉朝的时候，汉武帝命令桑弘羊“笼盐铁”，对盐铁进行国有化垄断经营，极大缓解了朝廷的财政压力，并且用盐铁垄断经营的利润，武装起雄壮的汉军，屡次出塞讨伐匈奴。

到了清朝，朝廷通过卖盐引的方式经营盐业，同样能获取暴利。

以乾隆三十七年为例，扬州卖出153万盐引，盐商们带着盐引到海边买盐，成本价是0.64两，运到扬州就能卖到1.8两，然后盐商们通过贸易渠道，运到省外指定的销售地区，转手就能卖到10两。

这套流程下来，朝廷赚到巨额利润，盐商们也富甲海内，在扬州建造起煊赫满堂的园林。所以盐作为上瘾型暴利产品，实在是数千年来中国王朝财政的重要补充。我们喜欢吃酱骨头、卤菜、火锅等重口味食物，也是盐对人体的驯化。在这件事情上，国家和个人属于双向奔赴。

而作为盐的反面，糖同样是上瘾型暴利产品。

根据科学家的研究，糖的甜味也能刺激大脑，让包括人类在内的动物提高快乐值，并且产生长期的依赖性。

古代世界的生产力不发达，人们只能从蜂蜜和水果中尝到甜味，国家和商人能赚到的利润也有限。

直到大航海以后，欧洲人发现气候温暖湿润的拉丁美洲，非常适合种植甘蔗，特别是加勒比海地区，甘蔗可以全年生长，甘蔗种植园开始在拉丁美洲迅速扩张，为欧洲市场提供了大量的糖，这显著影响着世界历史。

葡萄牙在巴西种植甘蔗，制成蔗糖，不仅满足了欧洲人的甜味需求，也给自己赚到海量的利润。

1513 年，葡萄牙国王为了炫富，送给教皇一尊蔗糖做成的等身塑像，以及围绕在周围的 12 名“红衣主教”、300 根 1.2 米高的巨型蜡烛。这架势和王恺用糖水洗锅、石崇用蜡烛烧饭差不多了。

后来蔗糖成了海地的主要作物，直接导致海地的经济爆发，让名不见经传的海地也成为最富裕的地区之一。而为了更大规模生产蔗糖，欧洲国家在拉丁美洲的殖民地，需要大量廉价劳动力，于是便催生了非洲的奴隶贸易。

1500—1800 年间，大约 1 000 多万黑人奴隶被运到拉丁美洲，大部分都送到甘蔗园制糖。

可以说，人类与生俱来的糖类上瘾属性，催生了拉丁美洲的制糖业，制糖业催生了奴隶贸易，而欧、美、非的三角贸易，促进了半个地球的资本人员流通，让欧洲国家完成原始资本积累，开始塑造新世界。

盐和糖，都潜移默化地改变了历史。而盐和糖结合起来产生的暴利经济，便是现代的汉堡、薯条、薯片等“垃圾食品”。

说它们是垃圾食品，是因为这些食品都高盐、高糖、高油，吃到身体里很不健康，日积月累甚至可能损害器官的机能。但垃圾食品确实好吃啊，虽然明知道不健康，却按捺不住“尝一尝”的冲动。这背后的逻辑就是，你已经对高盐高糖制成的垃圾食品上瘾了。

叁

说到这里，我们可以阶段性总结一下。

黄、赌、盐、糖之所以是上瘾型物质，根本原因在于，这些东西都有强烈的刺激性，稍微尝试一下，就能让你出现短暂而强烈的快感。这种短暂而强烈的快感，就是人体意识对外界物质的正反馈。

人是惰性很强的动物，一旦为某件事付出努力却没有结果，便很容易放弃，例如追姑娘一个月没有成功，那就不追了，读一百本书没赚到钱，那就不读了。

很多人喜欢用意志力说事，但对于大部分人来说，意志力是很虚幻的，不到面临生死抉择的时刻，几乎不可能产生钢铁般的意志力。

那么对于意志力不坚定的大部分人来说，要想成功做成某件事，必须有及时的正反馈，让他看到成功的希望，然后投入下一阶段的努力。

但可惜的是，几乎所有前景光明的事业，都必须经过暗无天日的努力，才能看到一点点微弱的光芒。这个过程实在太劝退了。

于是读书二十年没有升官发财，便出现了读书无用论。工作三年没有升职加薪，便出现“这辈子就这样了”的躺平心理。健身一个月没有减肥成功，便有了“我是易胖体质”的自我安慰。

而提供正反馈最及时的，恰恰就是黄赌毒、盐糖、烟酒等上瘾型物质。

你根本不需要付出巨大的努力，只要吃一块蛋糕、撸一根烤串、喝一口酒、抽一根烟、买一张彩票，精神马上就会兴奋起来，产生一种绝无仅有的爽感。然后你会觉得，哇，好爽啊，再来一次。这样不断重复，大脑不断受到刺激，你会沉溺于这种短暂的爽感中，这就是我们说的上瘾了。

上瘾型经济能成为暴利经济，本质上是因为迎合了人性的弱点，然后在此基础上不断驯化，最终让人体变成上瘾型物质的奴隶。

人体都成上瘾型物质的奴隶了，那么上瘾型物质便有了生产资料的属性，这些上瘾型物质怎么可能不暴利，生产资料的拥有者怎么可能不赚钱?

我们在这个基础上继续推导一步，就能得出另外一个深层次的结论：既然人体对上瘾型物质产生长期依赖，而这种长期依赖又能带来及时正反馈，那么人体依赖的其实不是黄赌毒、烟酒、盐糖等上瘾型物质，而是这些东西带来的爽感。

爽感才是一切问题的根源，爽感就是财富密码。

能给多少人提供爽感，便有多大的财富规模，那些提供爽感的人也犹如上帝一样，操纵着芸芸众生。

主动或被动享受爽感的人，便自觉或不自觉地成了上帝的奴隶，资本家的韭菜。

而提供爽感和享受爽感的暴利经济，数百年来始终在改变着世界的走向。

北美的印第安人原本不喝酒，但英、法把朗姆酒运到北美，与印第安人交换皮毛。享受到醉酒爽感的印第安人，对朗姆酒的需求越来越大，为了得到英、法的朗姆酒，不惜攻杀自己的同胞、捕杀北美的动物获取皮毛、摧毁族群赖以为生的森林和草原。仅仅三百年时间，印第安人便基本消亡，北美大陆也成了美国的天选之地。

中国人原本不吸食鸦片，但是为了扭转对华贸易逆差，英国运来鸦片卖给中国人，从而让数千万中国人沾染毒瘾。鸦片贸易，不仅导致中国白银持续外流，还差点让中国亡国灭种。

17 世纪 20 年代，原产美洲的烟草成为全球性作物，种植面积最大的地方，就是现在美国的弗吉尼亚州和马里兰州。短短 50 年后，弗吉尼亚州和马里兰州向英国的烟草销量，便从每年 30 吨，增长到每年 9 000 吨。

这些烟草让美国度过初期的艰苦岁月，也让英国烟民支持了政府财政。

到了 20 世纪 50 年代，全世界的烟草年产量达到 380 万吨，供全世界近 10 亿烟民使用，仅仅是美国烟民，平均每秒钟就要购买 1.5 万支香烟。这背后的具体利润，几乎是难以估量的天文数字。

所以，烟民抽的不是烟，那是通往天堂的云梯，是射向敌人的子弹，是帝国横行世界的能量。

肆

最后做一些总结吧。凡是能让人上瘾的东西，都是一把双刃剑。国家用得好能屠城灭国，用不好便要损伤自己的根本。个人用得好，能把大目标划分成小目标，不断设置爽感来激励自己进步，用得不好就会沦为上瘾型物质和文化的奴隶，被一波一波地割韭菜。

用批判的眼光看待能上瘾的东西，总是没错的。

如果有可能的话，我们还是要尽量戒掉上瘾型物质文化的短期爽感，利用这些能上瘾的东西，制造一些长期的爽感。

以下纯属举例啊，大家举一反三。

别人追求撸串的爽感，你可以追求卖烤串赚钱的爽感。

别人追求沉浸文学作品幻境的爽感，你可以学习金庸的写作技巧，通过给别人制造爽感来满足自己的爽感。

哪怕这些都做不到，也可以揣摩“爽感是财富密码”的道理，在人际交往的时候，先恭维一番，或者送点礼物，给对方送去一些爽感。

毕竟，别人爽了，自己才能爽。

用这个方法论去做事情，总是不会错的。

关于圈地和农民的一些思考

壹

英国圈地和我国古代圈地有什么区别，为什么英国圈地成就了日不落帝国，中国圈地却怨声载道？

相当于中国元朝的时候，英国农村和中国差不多，都是每家每户占几小块田地，分布在村里的不同地方，上午到村头锄麦子，下午到村尾浇韭菜，非常不方便。

慢慢地，英国农民发挥主观能动性，想着，不如我们互相置换田地，都弄到自家门口岂不更好？于是通过置换，英国农民的小产权分散田地，变成稍具规模的农业庄园，然后用篱笆围起，不允许外人进来。在这个小庄园里，英国农民可以混合经营，不仅提高了土地利用率，还能改造农具，提高生产效率，亩产量直线上升。这也是最初的英国圈地运动。

到了明朝中晚期，欧洲的大贸易圈出现，关系千家万户的纺织业开始爆发，于是对羊毛的需求量飙升，英国便大量出口羊毛赚外汇。那个时候，羊毛出口占英国出口总量的90%以上。

养羊能轻松赚钱，谁愿意苦哈哈地种地啊？而同时期，英国雇用农民的工资一路上涨，雇几百人种田的收益，还不如雇几个羊倌养羊的收益高。那还种什么田，不如把农田改成牧场，大家都去养羊吧。

于是在经济利润的驱使下，原先的农场主普遍放弃种田，开始大规模圈占土地，改造成牧场来养羊，然后剪下羊毛出口赚钱。真正意义上的圈地运动，便在市场经济的驱动中开始了。

除了部分头脑机灵的人以外，那些没关系背景的小农场主，几乎都破产了，他们的田地被资本家兼并，形成连成一片的大庄园。据相关统计，1485—1550年间圈占的田地里，乡绅圈占总数的70％，贵族占12％，剩下的由国王和宗教瓜分。

基层的乡绅，才是圈地运动的最大受益人。他们把将近一半的农田改成牧场，出口羊毛赚到的钱，部分投入纺织产业，部分投入剩下的一半农田，改良农具和升级农业技术。结果就是在出口羊毛赚外汇的同时，英国农田的亩产量也提升了。1200年的种子和收成比例是1∶3.7，到1500年已经提升为1∶7，可以说亩产量翻倍提升。而此时英国的纺织业逐渐发展起来，从单纯的出口羊毛原材料，转型成出口羊毛制成品。

有工厂，便需要大量的工人。那些工厂开出的平均薪水，差不多是农业工人平均薪水的2倍，于是在圈地运动中失去田地的英国农民，非常愿意进入城镇做工人，甚至为了进城做工人，主动卖掉乡下的田地。至于没有进城的失地农民，则继续留在大农场里做农业工人，挣得少就少吧，起码离家近。不论如何，英国农民都有一口饭吃。

出口有市场、农业有粮食、农民有工作，可以说英国的内外循环打通了，从此向“日不落帝国”的巅峰走去。

贰

在英国爆发圈地运动的时候，中国的明朝也走上土地集中的历史进程，不过和英国不同，明朝的土地集中其实是土地兼并。据顾诚的《明末农民战争史》考证，明朝宗室圈地非常凶猛。

四川的成都府受都江堰灌溉，田地最肥沃，但是成都最肥沃的土地中，蜀王府占了70％，军队屯田占20％，留给民间的只有10％。周王封在河南开封，号称“中州地半入藩府”。万历皇帝的弟弟在卫辉府占田400万亩，瑞王在汉中占田200万亩。除了江浙以外，全国相当部分的田地，成为藩王私产。

太监和勋贵占田不如藩王猛烈，但也很厉害了。太监谷大用占了百万亩，魏忠贤也在百万亩以上，庆阳伯在清河等县占田54万亩，长宁伯在东光等县占田19万亩。

那些读书出身的缙绅豪门，虽然每家占田没有藩王和太监多，却胜在人数众多，每家圈一些,加起来就是大多数。当时的人就说:"缙绅之家,田之多者千余顷,少亦不下五七百顷。"

英国圈地成就了日不落帝国,明末圈地却没有腾飞起来,反而造成农民没有田种,纷纷投奔李自成和张献忠,汇聚成改朝换代的农民起义大军。等他们用暴力手段,推翻明朝的统治之后,关外的清军出来摘桃子。清朝用投降加官一级的撒官帽手段,保护了缙绅地主的利益,迅速平定半壁江山。要不是多尔衮着急推出"剃发令",估计清朝平定天下的速度,是历代王朝里最快的,根本不用等到康熙年间。

其实明朝不是亡于李自成,而是亡于圈地,以及由圈地引起的财政枯竭。不过清军入关之后,并没有主动改变明末的土地关系,而是开始新一轮的圈地运动。

1644 年 12 月,摄政王多尔衮借 6 岁的顺治皇帝之手,发布了圈地令,"把近京州县的无主荒地,分给东来诸王、勋臣、兵丁人等"。说是要圈无主荒地,其实不管田地有没有主,只要八旗勋贵们看中,立刻跑马圈地,原有的田主净身出户,田地、房产、家具、存款都归八旗勋贵所有。而且朝廷允许汉族人民"带田投充",也就是主动把田地和家产,送给八旗大爷,得到免除赋税的特权,或者政治上的庇护。

经过数十年的圈地和投充,清朝最少占了 1 600 万亩田地,以至于遵化的纳税农民不到原来的 1%,冀州的纳税农民不到原来的 2%。

区区 1 600 万亩,和明朝相比也不多么。但是清朝初年八旗男丁不到 10 万,平均下来人均占田 160 亩,而且经过几十年的战争,全国田地总数从千万顷降到 500 万顷,八旗圈地的比例其实很高了。从某种程度上说,八旗圈地让中国退回到农奴制了。

不过和明朝一样,清朝八旗的圈地也没什么经济效果,农业技术没有改进,亩产量没有增加。之所以没有爆发农民起义,只是因为死人太多了,人地矛盾没有到不可调和的时候。

对比英国和明清圈地,我们可以看出来,同样是圈地运动,但有三个区别。

英国圈地是经济行为,不论是圈地的动机,还是圈地之后的利润分配,都是在市场经济和国际贸易的推动下,为资产增值服务的。明清圈地是政治行为,由于参加国际贸易的力度不大，中国北方也就谈不上纺织产业革命，那么为了赚钱，只能依赖政治特权，从小民口里夺食。经济和政治，是两种圈地方式的第一个区别。

既然出发点不同，那么英国和明清圈地的目的便不同。英国的圈地运动，主要是为了扩大牧场养羊，然后出口羊毛和毛纺品赚取利润，同时国家能收一笔丰厚的赋税。国家有利可图，就会支持贵族和乡绅圈地，毕竟他们圈地的最终归宿，是占领海外市场，间接帮助国家向海外扩张。而明清的圈地运动，丝毫没有种植经济作物，出口创汇的觉悟，而是为了自家的荣华富贵，镇压国内的底层农民。所以这种圈地方式，国家是反对的，即便暂时支持贵族和缙绅圈地，那也是要他们支持国家政权，饮鸩止渴罢了。

同样是欺负农民，但只要和国家的利益一致，便是国家的同路人，和国家的利益不一致才是阶级敌人。

最大的区别是什么呢？给农民的出路不一样。

英国圈地归圈地，起码城市有纺织产业革命，失地农民可以进城务工，不至于因圈地丢了饭碗，而且我们前文说了，因为进城务工的工资高，农民甚至主动卖掉田地进城。而明清的城市，几乎没有纺织产业革命，农民卖掉田地便不能保证生活，所以打心底里抵制圈地运动。即便在政治特权的强迫下卖掉田地，心里也是不情愿的，不仅对圈地的贵族和缙绅怨恨，连带着对国家也产生怨恨。一旦农民对国家产生怨恨，那就说明国家政权失去了民心。

所以英国圈地欺负了农民，但依然有诗人赞美圈地，写着“走遍天涯海角，哪里能比美好的圈地生产更多的牛肉和羊肉，更好的谷物、奶油和干酪”的诗句。而欺负了农民的明清圈地，终究被钉在历史的耻辱柱上，留下“土地兼并”四个字警醒后人。

其实说到底，农民是国家的基石，要是出现欺负农民的事，国家总要图点什么。要么用圈地的手段向外扩张，带来长久的国家经济利益，然后反哺农业，让农民有点盼头。

要么剥夺农民的剩余劳动价值，积累资本发展各种产业，哪怕是充实国库、维修水利和赈济灾民呢，也算一回事。最怕国家莫名其妙地和贵族缙绅一起欺负农民，农民莫名其妙地产生怨恨，这就不好了。

圈地运动也好，土地兼并也罢，其实不是不可调和的原则性问题。真正的分歧在于，圈地是经济行为还是政治特权行为，是与国家利益绑定还是谋取个人私利，是给农民出路还是把包袱扔给国家？这才是问题的根源。

两万年来的气候变化和人类命运

壹

人类的生命很短暂，对历史变迁没有深刻感知。

如果只关注局部事件，世界的每一个微小改变，都是惊天动地的大事，但如果把时间线拉长到万年的尺度，其实都不算什么。

21 世纪以来，全球气温逐渐升高，甚至塔克拉玛干沙漠出现“湖泊”[①]，都引起人们啧啧惊叹。其实在人类文明早期，塔克拉玛干始终是水草丰茂的地方，就连北非的撒哈拉沙漠，都是湖泊遍布的天选之地。

用修仙小说做类比的话，人类文明早期的气候环境，应该是灵气充盈的修行盛世，前些年偏冷的气候环境，则是不利于修行的末法时代。现在气温持续升高，类似于灵气复苏，又适合修行了。

这篇文章，我们就聊聊两万年来的气候变化和人类命运。

贰

差不多两万年前，末次冰期[②]最寒冷的阶段结束，冰川逐渐向南北极退去，曾经

---

① 2022 年 8 月，塔里木河受上游流域昆山脉和天山山脉气温升高及极端天气影响，大多支流陆续出现超警戒洪水，是近十年来水量最大的一年，这些沙漠“湖泊”即是在全球变暖背景下形成的短暂性水域，并不是真正湖泊。

② 末次冰期属于第四纪冰河时期内发生的最近一次冰河时期，约于 7 万年前开始，于 1.15 万年前完结，最盛期发生于约 2.1 万年前。

延申到德国、匈牙利、北京、密苏里河一线的永久冻土，也变得适宜人类生存。

这样的环境如鸿蒙初开似的，草长莺飞、百兽争鸣，充满生命的气息。人类脱下厚厚的兽皮袍子，以家族为单位，在河流山谷之间自由迁徙，饿就采集野果或捕猎，吃饱就睡觉，实在无聊，便男女自由合作生孩子。

能不能养活是一回事，生是必须生的。

而且那时候没有太多的病菌，人类感染传染病的概率很小，再加上不用强制工作，所以《人类简史》和《枪炮、钢铁与病菌》的作者都推测——那时的人类幸福指数很高，平均寿命也比农业时代的人类高一些。

这个时期是旧石器时代的尾声。

这也是为什么旧石器时代没有农业革命，因为走到哪里都有野果和野兽，这里吃完就迁徙，明年回来物种又恢复了，人类完全没有生存的压力，不必困在一块土地上伺候庄稼。

人类就这么没心没肺的过了 8 000 多年。

但是到了 1.28 年前左右，世界变了。

持续升高的气温导致北美冰川剧烈消融，奔涌而出的雪水汇成大河流入北大西洋，由于注水量太大，结果影响了北大西洋的环流，温暖水气不能送到高纬度寒冷地区，造成全球大降温。这次大降温从北美开始，迅速传递到欧洲、非洲、中亚和东亚地区，全球气温在短短十年间，下降了 7～8 摄氏度。

整个北半球变得干冷酷寒，已经退回北极的冰川重新南下，包括猛犸象、剑齿虎在内的大量动植物不能适应环境变化，遭到彻底灭绝的命运，而已经迁徙到高纬度地区的人类，也在短时间内被冻死或饿死。由于在这个时期，本来生长在极北地区的仙女木属植物，被发现因气温降低而“迁徙”至低纬度地区，所以这次全球大降温，被称为“新仙女木事件”，“新”表示末次冰期的最后一次寒冷事件(见下图)。

动植物大量消失，采集捕猎便不能适应新世界了，为了生存下去，那些残存下来的人类，开始收集植物的种子，找一块开阔的土地开垦耕种，顺便驯养一些温顺的动物。

人类就此开始了一场农业革命。

所以哪有什么灵光一闪的事啊，人类的每一项进步都是恶劣环境逼出来的，如果能自由自在的混日子，谁愿意撅起屁股种庄稼？但是没有办法，在气温大降的环

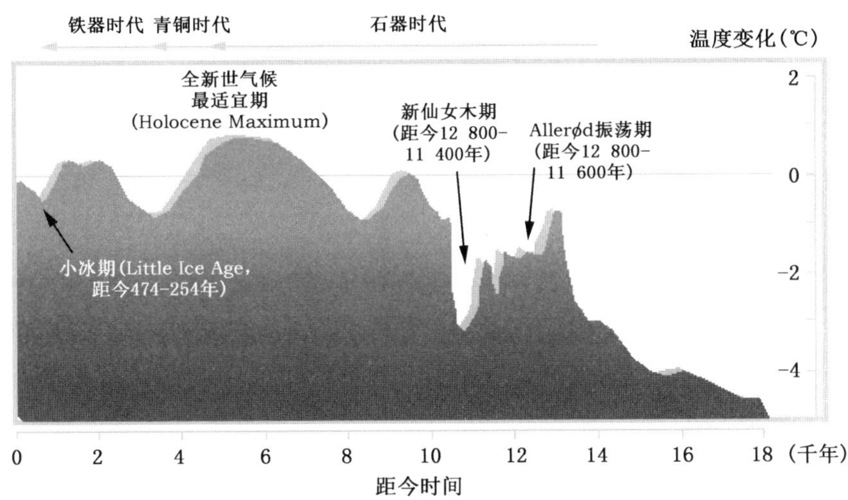

地球近 2 万年来气温变化

境下,不种庄稼就得饿死,只能适者生存了。

气温降低冰川南下,白令海峡的陆桥也暴露出来,最宽的时候能有 1 600 公里,于是西伯利亚的一些残存人类,追着猎物,懵懵懂懂的越过陆桥,来到北美的阿拉斯加。这些人类就是印第安人的祖先。

“新仙女木事件”持续了 1 300 年左右,从 1.16 万年前开始,只用了短短数百年,全球气温便陆续恢复到温暖湿润的状态,甚至比大降温前的气温更高,更适合人类生存。

但经过“新仙女木事件”以后,世界已经变了,人类的一切都回不去了。

农业对土地是有要求的,不是什么土地都能种庄稼,于是为了争夺平原沃土,人类的部落便要征战杀戮。采集捕猎可以不管明天怎么办,农业却要求有存粮,于是剥削剩余价值的首领就出现了。而有了土地和剩余价值,人类部落很自然的出现了阶级和社群,为了方便管理,便发明了文字和计数单位。

以上条件都具备以后,国家就有了雏形。

你可能会说,别人要搞农业就去搞,反正我就愿意采集捕猎,行不行?

当然是可以的,但这么做的人都死了。

因为农业革命对人类最重要的影响有两个,规模化劳动提高组织度,定居造成人口大幅增长。这两个影响,让农业部落的战斗力非常强悍,一旦爆发冲突,可以碾压采集捕猎部落。采集捕猎部落要么被赶尽杀绝，要么转型搞农业，没有第三条路可走。这就和学生补课似的，你可以不补课，但代价就是落榜，想保持正常的水平，就得加入补课的行列。

可见，卷是人类与生俱来的基因。

于是以前与世无争的时代就回不去了，人类以农业革命为起点，开始疯狂的卷，在温暖湿润的环境中卷了几千年，终于卷出四大文明。

水草丰茂的北非撒哈拉地区，有成片的淡水湖，农牧渔三管齐下，古埃及文明崭露头角。

两河流域的新月地带，驯化了小麦和绵羊，诞生了古巴比伦文明。

肥沃的印度河流域出现了古印度文明。

黄河和长江流域驯化了小米、水稻、猪、蚕，便有了荤素食物和奢侈的衣服，中国文明从此走向辉煌。

可以说，人类文明的起点就是"新仙女木事件"大降温。

而那波迁徙到北美洲的人类，随着气温转暖海平面上升，白令海峡的大陆桥被海水覆盖，他们和欧亚大陆彻底失去联系，便以采集捕猎的方式，从阿拉斯加向南迁徙，仅仅一千年时间，就到了南美洲的阿根廷。

远古人类迁徙是很正常的，但这波人在迁徙的过程中，竟然把美洲的马、大象等大型哺乳动物给吃灭绝了。从此以后，他们的后代失去驯化大型哺乳动物的条件，做什么都是靠人力。在工业革命以前，人力肯定不如畜力，于是美洲的人类便没有迅猛的交通工具，进而没有长途的商贸，每个部落都在小范围内圈地过活。

他们就这么"没心没肺"地活了一万多年，哥伦布"发现"新大陆以后，他们抵抗不了欧洲传来的天花等病毒，几百年内几近灭绝。遇上一群"吃货"祖宗，印第安人倒了八辈子血霉。

在气温适宜的环境下，人类的农业革命持续数千年，到了4 200年前，也就是公元前2 200年左右，世界的气候环境再次改变，发生了一次大降温。

现代学者称为"4.2千年事件"。

采集捕猎时期，人类可以搞农业革命躲避灾害，现在农业文明已经稳定，不可能跑步进入工业革命，所以这次大降温，对全世界的打击非常大。

道理很简单。大降温的直接影响是寒冷的冬季变长，温暖的夏季变短，那么农作物的成长必然受到打击，结果就是粮食减产，传导到人类社会，便是不可避免的大饥荒。在大饥荒的环境下，富裕的奴隶主肯定要囤粮食，饥饿的奴隶和贫民则要抢粮食，而大降温导致的草原扩张、农田减少，又会造成周边游牧部族向农耕文明迁徙。

内忧外患之下，战争就不可避免。

于是繁荣昌盛数千年的古埃及文明，进入王权衰落、国家分裂的乱世，混战了将近 200 多年，古埃及才重新统一起来。但因为经过“4.2 千年事件”的摧残，撒哈拉地区的水草开始退化，成片湖泊逐渐干涸，重新统一的古埃及，再也回不到曾经的黄金岁月，慢慢的走下坡路了。

换句话说，撒哈拉地区有水草湖泊的时候，古埃及相当于中国汉唐的兴起，当撒哈拉地区的水草退化湖泊干涸以后，古埃及就类似于中国明清时期的衰落。虽然还是统一的国家，但毕竟今时不同往日了。

不仅古埃及衰落了，两河流域的阿卡德帝国也在国内叛乱、将领拥兵自重、周边游牧部族入侵的三重打击下，一夜崩溃。

可以说，“4.2 千年事件”的大降温，横扫了两个农业发达的古文明国家。

北欧的雅利安人受不了严寒，开始到处迁徙。他们有的到了西欧的法德地区，有的到了中亚占领两伊地区，有的到了印度，经过不懈努力毁灭古印度文明，最远的到了中国新疆，与当地游牧部族融合，留下的混血后裔就是吐火罗人。而且据国内外的学者考证，两汉时期活跃在西域的月氏、乌孙都是吐火罗人，这样看来，博望侯张骞出使西域，其实是在与雅利安人的后裔打交道。

世界历史的线条就这样交织在一起。

“二战”时期，希特勒为了宣扬种族主义，说雅利安人征服了欧亚大陆，是最高贵的种族，其实，不是雅利安人征服了欧亚大陆，而是欧亚大陆的农耕文明遭遇大降温崩溃了，让雅利安人捡了便宜。从源头上说，这就是一群流浪汉。

“4.2 千年事件”大降温席卷全世界，欧亚大陆的最东边却因此受益了。

那段时间中国爆发大洪水，舜帝命令大禹治水，而就在大禹接过治水任务的时候，全世界大降温来袭，直接影响就是降雨减少，洪水逐渐退潮，再加上大禹用了“堵不如疏”的正确方法，成功治理了泛滥的大洪水。

炎热的东南亚原本物种丰富，那里的原始人类不愿意搞农业，大降温开始以后，整个中南半岛出现大范围干旱，丰富的物种大量减少。没办法，老老实实搞农业吧，从此以后，东南亚也进入农业文明。

同样遇到大降温，东西文明的命运截然不同，可能这就是民族的气运吧。

不过这次大降温过去以后，全世界都开始复苏，进入青铜器的时代，两河流域出现古巴比伦王国，中国出现夏商王朝，古埃及垂垂老矣，古印度……就那样吧。

肆

此后全世界又出现三次大降温，这三次大升温都对世界历史的走向产生重要影响。

第一次大降温开始于公元前 1200 年左右，到公元前 800 年前后气温降到最低。

按这个时间点来算，大降温开始的时候，中国爆发了“武王伐纣”，即整个黄河流域都出现不同程度的粮食牲畜减产，商纣王又征战不休，关中平原的周部族顺势搞统一战线，趁商纣王东征的时候，“不讲武德”偷袭朝歌。周部族便建立起姬周天下，大量分封同姓诸侯和异姓功臣，让他们带着部队到封地建立统治，一来保卫镐京，二来同化各地的部族。

但西周时期，世界气温始终在降低，犬戎等游牧部族不停向中原迁徙，终于在公元前 771 年，以“烽火戏诸侯”为导火索，犬戎攻破镐京，杀死周幽王。随后周平王东迁洛阳，开始东周列国时期。

而在西周同时期的欧洲，地中海周围被饥荒和战争席卷，无数人口死亡，部族消散，城市也破败不堪，欧洲称之为“希腊黑暗时代”。

第一次大升温出现在公元前 700 年前后。

那段时间全世界都很混乱，但人类农业文明经过近万年的传承，终于在气温回暖农业增产的刺激下，量变达到质变，再加上帝国覆灭知识流落民间，全世界都进入知识大爆炸的轴心时代。中国有诸子百家，印度有释迦牟尼，希腊有亚里士多德等人，他们构建的知识体系保护了人类文明的星火，并指导着此后两千年人类的前进方向。

这次温暖湿润的气候持续到了公元前29年，那年中国下了一场大暴雪，意味着第二次大降温时期的到来。

气温降低导致农业减产，饥饿的农民和腐败的诸侯，催化了历史周期律的过程，农民起义军为改革失败的王莽送上一曲葬歌，随后建立的东汉，一直处于气温下降的大环境里。于是游牧部族向农耕区迁徙的剧本又上演了。南匈奴渗透到山西临汾，乌桓和鲜卑迁徙到内蒙古阴山一线，羌人在凉州作乱百年，不知不觉就在关中住下不走了。

公元168年，名将段颖向汉桓帝汇报说："自云中、五原西至汉阳两千余里，匈奴、诸羌并擅其地。"也就是说，游牧部族定居在内蒙古、山西、陕西、甘肃等地，在汉末三国到来以前，已经把中原农耕区给包围了。

随着汉末三国的乱世杀戮，曹操和袁绍都用过游牧部族的骑兵，那些人口不足的地方，他们继续内迁游牧部族，用来填充人口。到了西晋，司马家的"八王之乱"打得赤地千里，内迁的游牧部族发现机会，立即起兵争天下。

经过三百年的酝酿，五胡乱华就这样来了。

西域大国楼兰也是这个时期消失的。

因为随着气温降低，天山的冰川蔓延，导致罗布泊干涸。没有了水源，城市和农业自然不能维持，于是楼兰迅速衰败。公元400年高僧法显西行，路过楼兰故地，发现"上无飞鸟，下无走兽，唯以死人枯骨为标识"，曾经繁荣的楼兰古国，消失得无影无踪。

欧洲也差不多，日耳曼部族忍受不了严寒和饥饿，顺着草原迁徙到罗马边境，军力强盛就抢劫罗马村镇，打不过的就加入罗马做雇佣军，最后随着罗马帝国的衰落，日耳曼部族东征西讨，欧洲进入"蛮族入侵"的黑暗时代。阿提拉[①]的"上帝之鞭"，只是给欧洲的棺材钉上最后一颗钉子罢了。

第二次大升温是公元600年前后的事了。

全世界恢复温暖湿润的环境，农耕区重新向草原扩张，中国长城附近的地区，也能经常丰收并储备粮食，从而成为军队远征的前沿基地，中国便迎来辉煌绚烂的大唐盛世。

气温升高对青藏高原很有利。

---

① 阿提拉（406—453年），是欧亚大陆上匈人的领袖和皇帝，史学家称之为"上帝之鞭"，意指阿提拉是上帝派下来鞭打罗马帝国的人。

平均海拔4 000米的青藏高原，现在有很多气温低下的无人区，但在那个时候，这些无人区都是肥美的牧场和农田。有农田就有粮食，有牧场就有战马，而农牧经济又能促进人口增长，所以寂寂无名数千年的吐蕃，迅速崛起成强势政权，与大唐在四川、西域、河西走廊展开全方面的竞争。

不止吐蕃崛起，黄沙漫天的阿拉伯半岛也出现大量新绿洲。这些绿洲养育的人口和粮食，与伊斯兰教的教义结合在一起，便打造了东征西讨的穆斯林大军，他们的兵锋东到撒马尔罕，西至西班牙，南抵波斯湾，北占土耳其，建立了横跨三大洲的阿拉伯帝国。

欧洲也结束混乱的战争，开始恢复生产，进入漫无边际的中世纪。

这个时期的世界，可谓是神仙打架，各大帝国都强得离谱，虽然是数百年乱世后的能量大爆发，但我觉得与气候升温也有极大关系。

第三次大降温从公元900年前就开始了。

随着这次持续千年的大降温，中国和古埃及一样，走向漫长的下坡路。

在这个大周期里，有两次气温低谷，分别发生了1127年的“靖康之变”以及1644年的“满蒙联盟入关”。也有三次气温小幅回调，一次给了元朝百年国运，一次发生在张居正改革时期，一次塑造了清朝的康乾盛世。而随着这三次小幅回调结束，中国气温再次下降，无一例外都发生了因饥饿爆发的农民起义——元末红巾军起义、明末李自成起义、晚清太平天国和捻军起义。

当然了，发生这些改变国运事件的时候，宋元明清都已经腐烂了，但每次爆发大事件的时候，都与气温的升降同步，要说完全是巧合也不客观。还是前文说的那句话，气温下降导致农业经济受损，催化了本就腐败的王朝政治灭亡，加速历史周期律的到来（见下图）。

至于这次大降温对世界历史的影响，则是埃及彻底荒漠化，更加不适合人类居住，青藏高原的农田和牧场退化成无人区，此后再也没有青藏高原政权崛起，与唐朝争锋的吐蕃成为高原仅有的绝唱。

阿拉伯地区的遍地绿洲消失，穆斯林失去农业经济和人口的再造功能，再加上欧亚大陆的东西端开辟了海洋航线，穆斯林也不能再做欧亚大陆贸易的中间商。穆斯林世界便彻底衰落，只能用伊斯兰教的教义，维持着最后的体面。

那为什么欧洲不受影响呢？

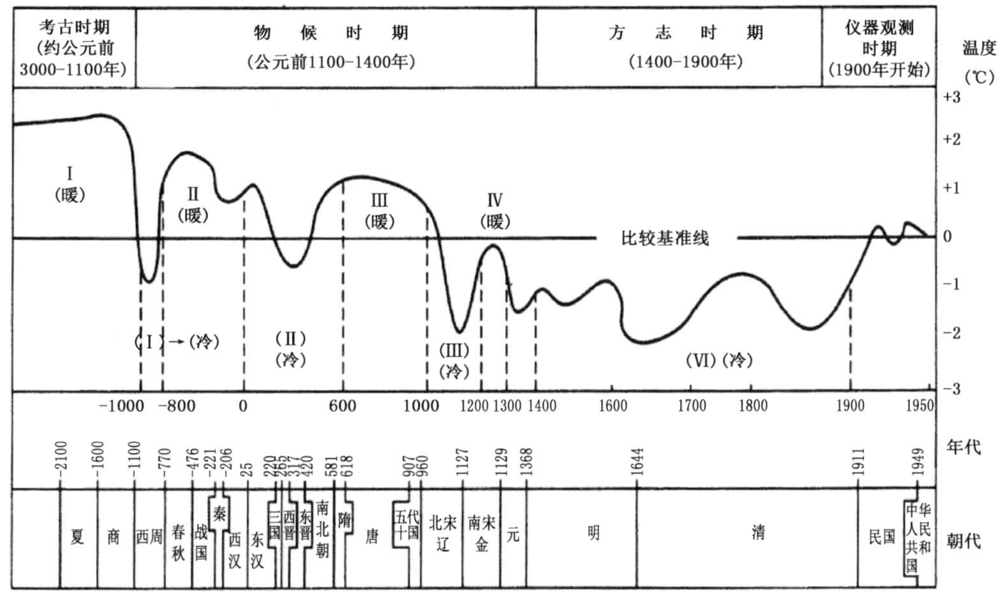

数据来源：竺可桢，《中国近五千年来气候变迁的初步研究》。

中国近 5 000 年来的气温变化曲线(竺可桢曲线)

其实欧洲也受影响，只不过欧洲国家无意间找到了新出路。

他们为了寻找香料和黄金，发现了美洲的“新大陆”，而欧洲国家的农民因粮食收成不佳，被迫到温暖的“新大陆”谋生。他们在“新大陆”见到失散一万年的“老乡”，一咬牙一跺脚，含着热泪把老乡都几近消灭了，然后占了“老乡”的土地。结果就是，欧洲国家向美洲输送了大量人口，不仅缓解了欧洲的人地矛盾，还额外增加了国家和人民的经济收入，甚至开创了资本主义新世界。

欧洲国家很少受历史周期律的影响，根本原因在这里。

历史书上说，欧洲人移民美洲是新教徒受到迫害，其实吧，宗教问题是浅层逻辑，经济问题才是深层逻辑。气温下降最厉害的 1800 年代，同时也是欧洲人移民美洲最疯狂的年代。你能说，这都是巧合？从这个角度来看，4 200 年前的大降温成就了中国，这次大降温成就了美国，风水轮流转。

第三次大升温是 1850 年左右开始的，到现在已经 170 年了，并且将继续进行下去。所以我们能看到，新疆的降雨量暴涨，塔克拉玛干沙漠出现成片的“湖泊”。西伯利亚冻土层消融，俄罗斯人可以挖掘猛犸象赚钱。

21 世纪以来的反常高温，只是与最近几百年相比反常而已，放到千年乃至万年的时间跨度上，其实是世界升温的小插曲。现在的气温，远远没到汉唐的最低气温，与“4.2 千年事件”“新仙女木事件”以前的适宜气温相比，差距更大。

伍

我们把气候变化和人类命运简单捋了一遍，最后做个总结吧。

两万年以来，每次出现重大气候变化，人类命运都会发生翻天覆地的转变。

“新仙女木事件”大降温，催化了人类的农业革命。“4.2 千年事件”导致欧亚大陆的种族大迁徙，并且给人类神话提供丰富的素材。此后的三次大降温和大升温，成为游牧部族和农耕文明战争的幕后推手。

大降温的时代，游牧部族是“穷山恶水出刁民”，强势崛起，从四面八方围攻农耕文明。大升温的时代，农耕文明是时来天地皆同力，随着农耕区的扩张，屡次深入不毛之地围捕游牧部族。

世界的主导权，就在气温的操纵下反复易手。

现在的气温持续回升，意味着未来可耕地扩大，能养活更多的人口，对于缓解世界粮食危机甚至增加人口，都是利好消息。但也有很多国内外学者发出警告，说工业化导致的气温急速升高，会加快冰川的融化速度，万一冰川消融影响洋流，可能造成“新仙女木事件”重演。

一旦发生这种事，人类的文明将毁于一旦。

未来的世界会向哪个方向演变，没有人可以预测，我们安心过好自己的日子，让时间来揭晓答案吧。